Rohlfs, Gerhard; Conrad, Svenja (Hg.)

Erfahrungen in Afrika

Band 5

Reise von Tripolis nach der Oase Kufra

EUROPÄISCHER
HOCH
SCHUL
VERLAG

Rohlfs, Gerhard; Conrad, Svenja (Hg.)

Erfahrungen in Afrika

Band 5

Reise von Tripolis nach der Oase Kufra

ISBN: 978-3-86741-527-9

Auflage: 1
Erscheinungsjahr: 2010
Erscheinungsort: Bremen, Deutschland

Erfahrungen in Afrika
Band 5

Reise von Tripolis nach der Oase Kufra

Von Gerhard Rohlfs

Über den Autor

Gerhard Rohlfs wird am 14. April 1831 als Sohn eines Arztes in Vegesack geboren. Obwohl er als schwacher Schüler gilt und nach Beendigung seiner Schullaufbahn zunächst als Unteroffizier der schleswig-holsteinischen Armee beitritt, beginnt er im Alter von 19 Jahren auf Wunsch seiner Eltern ein Studium der Medizin in Heidelberg, Würzburg und Göttingen, bricht es jedoch nach nur wenigen Semestern wieder ab. Von da an widmet er sich ausschließlich seiner großen Leidenschaft, dem Reisen. Zunächst führt es ihn als Fremdenlegionär nach Algerien und er nimmt von 1855 bis 1860 als Feldscher an französischen Feldzügen teil. 1860 bereist er, als Muslim und Wanderarzt getarnt, das nördliche Afrika. Fünf Jahre später durchquert er als einer der ersten Europäer die Sahara und liefert mit seinen Aufzeichnungen und Beschreibungen wichtige Erkenntnisse für die Geografie. Seine abenteuerliche Reise vom Mittelmeer an die westafrikanische Küste gilt als zweite europäische Afrikadurchquerung überhaupt. Dies war zuvor nur dem Engländer David Livingstone geglückt.

Trotz seiner mangelhaften fachspezifischen Ausbildung wird Rohlfs auf Grund seiner detaillierten wissenschaftlichen Arbeiten, aber vor allem dank seiner fesselnden Reisebeschreibungen zu einem der wichtigsten deutschen Forschungsreisenden.

Gerhard Rohlfs stirbt am 2. Juni 1896 in Rüngsdorf bei Bad Godesberg. Er ist auf dem Friedhof Vegesack in Bremen beigesetzt.

Anmerkung

Der folgende Text unterliegt den Regeln der alten deutschen Rechtschreibung. Sämtliche Abweichungen sind deshalb keine Rechtschreibfehler, sondern gewollt.

Inhalt

1. Einleitung und Vorbereitung zur Reise

Einer der grössten Afrikareisenden hat den Anstoss gegeben zu einer wirklichen Periode der Entdeckungen, in welcher wir seit fast einem Jahrzehnt leben, um den schwarzen Continent zu entschleiern. Neidlos sagen wir es, dieser Afrikareisende war kein Deutscher, sondern ein Engländer. Bewundernd mussten wir aufsehen zu dem Manne, der nicht nur selbst so Grosses leistete, sondern dessen anregende Persönlichkeit eine Reihe von Expeditionen ins Leben rief, welche in der That für die afrikanische Entdeckungsgeschichte, sowie für die Civilisation der Neger von einschneidendsten Folgen gewesen sind. Denn war nicht Cameron's Reise verursacht worden durch die Kunde, Livingstone sei verschollen? Und die bedeutendste Entdeckung bezüglich hydrographischer Verhältnisse im letzten Decennium, ich meine die Erforschung des Congo durch Stanley, war diese nicht eine natürliche Folge seiner Reise: "Wie ich Livingstone fand"? Und als der grosse Erforscher und Dulder am 1. Mai 1873 seinen Leiden und körperlichen Anstrengungen in Ilala am Bangueolosee erlag und dann seine Leiche von seinen treuen Dienern auf den Schultern bis zum Ocean getragen wurde, um sie am 18. April 1874 in der Westminster-Abtei in London beizusetzen, hatte damit keineswegs seine Wirksamkeit aufgehört. Auch über das Grab hinaus dauert die Kette fort, die uns mit Livingstone verbindet; denn durch Nachricht, Livingstone sei verschollen, wurde der König der Belgier, dieser hochherzigste und uneigennützigste Förderer afrikanischer Interessen, zuerst auf den Gedanken gebracht, den verschwundenen und todtgeglaubten englischen Reisenden aufsuchen zu lassen. Und als man später glücklicherweise Livingstone wieder auffand, liess der König der Belgier den Gedanken Livingstone's, die Neger zu christianisiren und zu civilisiren, keineswegs fallen, denn jedermann weiss, dass keiner zäher festhält am Gedanken, den schwarzen Continent zu eröffnen, als der Präsident der internationalen Association, König Leopold. Aber auch in Deutschland erfasste diejenigen, welche sich besonders mit Afrika, mit der Erforschung dieses Welttheils, mit der Civilisation der schwarzen Rasse beschäftigt hatten, ein verstärkter und verjüngter Enthusiasmus, und war es namentlich unser um die Erforschung der ganzen Erde so hochverdienter Bastian, welcher das schon erwachte Interesse für Erschliessung Afrikas neu zu beleben verstand. "Nach der politischen Geltung eines Volks bemisst sich die Höhe der Verpflichtungen, die ihm in Lösungen der Culturaufgaben obliegen. Seit Deutschland wieder den ihm gebührenden Sitz im Rathe der Nationen eingenommen hat, muss es auch in der Pflege der Wissenschaft mehr noch wie früher voranstehen, ziemt es ihm vor allen, in der Leitung geographischer Unternehmungen, die neue Gegenden der Kenntniss gewinnen sollen, an die Spitze zu treten, denn solche Erwerbungen werden in der Geschichte unter dem Namen desjenigen Volks verzeichnet, das zuerst kühn und entschlossen sich die Bahn nach ihnen brach." So sprach Bastian, und sein Aufruf fand Beifall. Alle geographischen Gesellschaften vereinigten sich im April 1873, und es wurde die "Afrikanische Gesellschaft" gegründet,

4

welche als specielle Aufgabe sich die Erforschung Südcentralafrikas gesetzt hatte.

Mit welch unermüdlichem Eifer die Gesellschaft bestrebt war, und wie die von ihr ausgesandten Reisenden bemüht gewesen sind, das Ihrige beizutragen zur Erforschung des schwer zu besiegenden Continents, das ist allen, die sich mit der Entdeckungsgeschichte Afrikas beschäftigen, genugsam bekannt. Nicht jedem ist es vergönnt, ein Stanley zu werden, und wie wenige haben die Mittel zur Verfügung, welche dem kühnen Amerikaner den Zug von Bagamoyo bis Emboma ermöglichten. Aber auch die Reisenden der Afrikanischen Gesellschaft, wie Güssfeldt, Pogge, Soyaux, Lenz, Lux, Pechuel-Lösche u. s. w., alle haben, jeder in seiner Art, ihr Verdienst an der Entschleierung des geheimnissvollen Erdtheils. Zeitgenössische Neider und Nörgler vermögen nichts davonzunehmen.

Die Afrikanische Gesellschaft oder wie der officielle Titel lautete: die "Deutsche Gesellschaft zur Erforschung Aequatorialafrikas", kann gewissermassen als die Mutter der internationalen afrikanischen Gesellschaft betrachtet werden, welche Leopold II., der König der Belgier, im September 1876 ins Leben rief, und welche, da Deutschland sich an derselben mit regstem Eifer betheiligte, dahin führte, dass der deutsche Theil der internationalen afrikanischen Association und die schon bestehende deutsche afrikanische Geseltschaft sich im December 1876 zu einer "Afrikanischen Gesellschaft in Deutschland" bildete.

Wenn erstere Gesellschaft mehr die rein wissenschaftlichen, rein geographischen Ziele im Auge hatte, so verfolgte die neue afrikanische Gesellschaft als

Zweigverein der internationalen Association gleichzeitig die Aufgabe, auf die Cultur und Civilisation der Eingeborenen, also vorzugsweise der Schwarzen, hinzuwirken, Handel und Verkehr als hauptsächlichsten Hebel der civilisatorischen Bestrebungen zu beleben und endlich nach Kräften dem Sklavenhandel entgegenzuarbeiten.

Und so erhielt ich denn im Herbste des Jahres 1878 vom Vorstand der Afrikanischen Gesellschaft den Auftrag, von Norden her vorzudringen. Als eigentliches Erforschungsobject hatte ich selbst bezeichnet: die Wasserscheide festzustellen zwischen Benue, Schari und Congo, eventuell Ogowe, und auch heute bildet dies immer noch in Afrika eins der wichtigsten zu lösenden Probleme. Die Afrikanische Gesellschaft billigte insofern vollkommen meinen Vorschlag, als sie ihrerseits die Aufgabe stellte: die Erforschung des nördlichen Theils des Beckens des Congo und der angrenzenden Gebiete, insbesondere der Wasserscheide des Schari und Ogowe, sowie beider Flüsse gegen den Congo hin. Dies wurde als das zu erforschende Gebiet bezeichnet und deshalb sollte die Expedition von Tripolis abgehen und dem Eindringen über Kufra der Vorzug gegeben werden.

Es lässt sich nicht leugnen, dass man dem Vorgehen vom Norden her manche gewichtige Bedenken entgegenhalten konnte, namentlich die Entfernung vom eigentlichen Erforschungsobject und besonders die Roheit und den Fanatismus der zu durchziehenden Mohammedanischen Stämme. Denn das lässt sich nicht hinwegleugnen, dass der religiöse Fanatismus den Reisenden mindestens ebenso gefährlich in Afrika ist, als das mörderische Klima gewisser Regionen.

Von den vielen, die dem religiösen Fanatismus erlagen, nenne ich nur Hornemann, Röntgen, Vogel und Moritz von Beurmann. Engländer und Franzosen sind gleichfalls mit einem starken Contingent von Märtyrern vertreten. Dieser religiöse Hass findet sich aber nur bei den semitischen Monotheisten, demnach auch in Nordafrika bei den Mohammedanischen Völkern und selbst bei den "christlichen" Abessiniern ausgeprägt. Die Grenze des fanatischeu Hasses gegen Andersdenkende erstreckt sich etwa von Norden her bis zum 5.deg. nördl. Br. Von den polytheistischen Negern hat aus religiösen Gründen noch nie ein Reisender Schwierigkeiten erfahren, geschweige dass er deshalb ermordet worden wäre. Die Länge des Wegs also und die auf Fanatismus beruhende Feindseligkeit der Eingeborenen waren für das Eindringen vom Norden her die gefahrdrohendsten Momente. Andererseits aber bot das Vorgehen vom Mittelmeer aus viele nicht zu unterschätzende Vortheile. Den Verkehr mit dem Vorstand der Afrikanischen Gesellschaft, sowie mit dem Gesammtvaterlande konnte man lange unterhalten; ja, wenn dort nicht die unglückliche Nachlässigkeit der türkischen Regierung herrschte, würde man von Tripolis aus mittels des Telegraphen direct mit Berlin verkehren, also Nachrichten z. B. von Sokna aus in 5 Tagen nach der Hauptstadt des Deutschen Reichs übermitteln können. Und Sokna liegt circa 500 km von Tripolis entfernt. Der einst arbeitende telegraphische Draht zwischen Tripolis und Malta liegt aber jetzt zerbrochen auf dem Grunde des Meeres. Kein Mensch denkt daran, ihn wieder aufzunehmen und herzustellen. Als Dr. Nachtigal von hier aus seine ruhmvolle Reise nach Bornu und Uadaï unternahm, erhielt er von der Regierung telegraphisch seine Mission angewiesen. Im Jahre 1868 hatte Tripolis telegraphische Verbindung, 1878 existirte sie nicht mehr. So etwas kann doch nur in solchen Ländern vorkommen, welche unter der Regierung der türkischen Efendis stehen. Man schreitet nicht vorwärts, sondern fällt zurück in Barbarei.

Aber abgesehen davon, hat doch Tripolis noch immer bessere und schnellere Verbindungen mit Europa, als sie gegenwärtig von der Loangoküste und Angola aus bestehen. Und können wir Deutschen nicht gerade Tripolitanien bezüglich des wissenschaftlich-geographischen Standpunktes als unsere ureigenste Domäne bezeichnen? Hornemann begann ja erst von hier aus seine Reise. Barth hatte Tripolis als Anfang und als Endpunkt seiner ausgedehnten Wanderungen genommen und vorher schon ganz Tripolitanien auf seiner Reise längs der Gestade des Mittelmeeres durchwandert. Vogel, Overweg und Moritz von Beurmann gingen von Tripolis aus. Keiner von ihnen sah zwar das Vaterland wieder: sie wurden alle drei ermordet; von Maltzahn weilte längere Zeit in Tripolis, und Nachtigal trat von hier aus seinen kühnen Flug an, der ihn nach dem nie betretenen Tibesti, Borgu und Uadaï brachte. Ich selbst hatte Tripolis vorher schon dreimal besucht - 1864, als ich von der Uebersteigung des grossen Atlas zwischen Fes und Mikenes über Tafilet und Tuat bei Tripolis das Mittelmeer wieder erreichte; 1865, als ich von hier aufbrach, um Afrika zu durchqueren, und 1868, als ich abermals von hier aus meine Reise nach Cyrenaïka unternahm. Mit den örtlichen Verhältnissen war ich also vertraut.

Ein anderer nicht zu unterschätzender Vortheil ist aber der, dass man nirgends in Afrika so gute Transportmittel findet, als an der Nordküste. Im Süden dieses Erdtheils hat man allerdings jene Ochsenkarren, deren sich auch Eduard Mohr bediente, als er seinen Zug nach den Victoriafällen des Zambesi unternahm. Aber sie werden doch eigentlich nur in Ländern angewandt, wo die Cultur bereits Wurzel schlug: in der Capcolonie, dem Orange-Staat, in Natal, Transvaalien und in der Kalahariwüste. Weiter nach dem Norden zu hat man als einziges Transportmittel an beiden Küsten bisjetzt nur den Menschen selbst. Wenn wir von den Gestaden des Rothen Meeres absehen und vom französischen Senegalien, von wo aus man mit Pferden, Maulthieren und Eseln (die Engländer verwendeten zu ihrem Eindringen in Abessinien auch Kamele und sogar Elefanten) vorgehen kann, hat man jenen grossen Raum zwischen dem 10.deg. nördl. Br. und 20.deg. südl. Br., auf welchem man in Afrika bislang nur auf den Transport mit Menschen angewiesen ist. Wie umständlich, unsicher und namentlich unangenehm eine solche Fortschaffung der Gegenstände ist, haben wir sattsam aus den Berichten aller Reisenden entnehmen können. Dazu kommt, dass ein Träger durchschnittlich nicht mehr als 25, höchstens 30 kg fortschaffen kann. Und nicht jedem Reisenden gelingt es, Träger zu bekommen, wie z. B. Stanley das Glück hatte. Die meisten müssen immer darauf vorbereitet sein, dass die Leute eines schönen Tags Gepäck und Flinte in den Busch werfen und aus irgendeinem, zuweilen stichhaltigen, meist aber eingebildeten Grunde erklären, die Reise nicht weiter fortsetzen zu wollen. Das ist noch halbwegs günstig, denn sehr häufig ziehen sie es vor, sans adieu, mit oder ohne Gepäck, mit oder ohne Waffen abzuziehen. Auf diese Art vordringen zu müssen, gehört an beiden Küsten zu den grössten Unannehmlichkeiten und ist oft genug die Ursache des Mislingens einer Expedition.

Nun hat zwar König Leopold II. von Belgien den Versuch gemacht, mit Elefanten den Waaren- und Gepäcktransport zu bewältigen; aber zur Zeit würde es noch zu früh sein, ein endgültiges Urtheil über die Verwendbarkeit indischer Elefanten in Afrika abzugeben. Als die Engländer mit vierundvierzig Elefanten nach Abessinien kamen, starben von diesen nur fünf. Aber die Thiere hatten nur geringe Lasten zu tragen, und waren andererseits vorzüglich genährt, mit Futter, welches andere Lastthiere mitschleppten. Von den vier indischen Elefanten, die der König Leopold in Bagamoyo ausschiffen liess, starben zwei unterwegs, der dritte, "Sokannalli" genannt, dicht vor dem Ziele. Der vierte Ueberlebende aber, er hiess "Pulmalla", ertrug nicht nur die Anstrengungen des Marsches, sowie das fremde Futter - die indischen Elefanten waren ausschliesslich auf die afrikanische Vegetation angewiesen -, sondern befand sich, nach den Berichten der Herren Carter, Popelin und Cambier, als er Karema erreichte, in einem bessern körperlichen Zustande, als zur Zeit seiner Abführung von der Küste Sansibar.

Man hat bisjetzt nicht versucht, mit andern Lastthieren von den Küsten aus ins Innere zu dringen, und doch ist es keineswegs erwiesen, dass der Importation von Büffeln, Lastochsen, Pferden, Maulthieren oder Eseln unüberwindliche, namentlich durch den Stich der Tsetse verursachte Schwierigkeiten entgegenstellen. Nur sind jene Lastthiere an den Küsten leider noch nicht heimisch. Als ich 1867, aus dem Innern kommend, Lagos am Golf von Guinea erreichte, wurde die ganze Stadt in Bewegung gesetzt durch drei Esel, welche mein Gepäck trugen; man hatte diese Vierfüssler dort nie gesehen.

Im Jahre 1873 machte ich der Deutschen Gesellschaft zur Erforschung Aequatorialafrikas den Vorschlag, Esel und Maulthiere versuchsweise zum Transport zu verwenden, wie solches in Nordcentralafrika von allen Reisenden geschehen sei, namentlich von Denham, Clapperton, Mungo Park, Barth u. a., die sich zum Transportiren ihres Gepäcks auch der Lastochsen, Pferde, Maulthiere und Esel bedient hätten. Aber man wollte nichts davon wissen, und namentlich bekämpfte Dr. Boer, damals Vorstandsmitglied der Gesellschaft, aufs heftigste meinen Vorschlag. "Die Frage der Träger", wie der verewigte Petermann sagte (Petermann's "Mittheilungen", 1875, S. 9), "oder sonstiger Beförderungsmittel erscheint in jeder Beziehung eine so wichtige, zunächst und vor allem auch für Leben und Gesundheit der einzelnen Reisenden und Forscher selbst - die je nach der Verlängerung ihres Aufenthaltes in den Küstenstrichen mehr oder weniger gefährdet sind -, dass ich an die Verwendung von Elefanten zu erinnern mir erlaube, selbst auf die Gefahr hin, dass sie sich eventuell als unnöthig erweisen sollte." Der Verwendung von Elefanten für Centralafrika möchte ich jedoch unter allen Umständen die der Maulthiere und Esel vorziehen, denn erstere können z. B. nicht überall hingehen und namentlich nicht die dichten Urwälder durchdringen. Ausserdem ist es noch nicht bewiesen, ob die zumal nur auf die afrikanischen Pflanzen angewiesenen indischen Elefanten im Stande sind, dem Klima, den Beschwerden und dem Aufenthalt in Afrika überhaupt Widerstand zu leisten. Versuche zur Zähmung afrikanischer Elefanten hat man noch nicht gemacht, obschon man auch in dieser Richtung jetzt, wie wir mit Freuden vernehmen, Experimente auf Befehl des Königs der Belgier unternimmt.

Es wäre um so wünschenswerther, mit Maulthieren und Eseln vorzugehen, als diese Thiere um einen äusserst billigen Preis in Nordafrika oder Asien zu haben sind und sich mit dem am Wege gefundenen Futter begnügen. Ausserdem ist ihre Tragfähigkeit relativ grösser, als die der Elefanten, ja absolut so gross als die der Kamele. Ein Elefant kann auf dem Transport nur mit einer Last von 400 kg beschwert werden [1]. Ein Esel trägt 50, 70 bis 80 kg. Acht Esel entsprechen also einem Elefanten, oder wenn man die stärksten Langohren nimmt, würden vier Esel einem Elefanten an Tragfähigkeit gleichstellen.. Rechnet man die Anschaffungskosten hinzu und bedenkt man, daso die Elefanten nicht durch Urwälder gehen können, dass sie täglich Wasser nicht nur zum Trinken, sondern zum Selbstbespritzen bedürfen [2], so erscheint es noch um so wunderbarer, dass man aus Scheu vor dem Gespenste der Tsetse nicht einmal mit den andern Quadrupeden Versuche [3] anstellen will. Angesichts der grossen, durch falsche Transportmittel verursachten Verluste hätte man aber längst Versuche machen sollen mit andern Lastthieren. Herr Dr. Datriene, einer der belgischen Forscher, welcher der Expedition von Sansibar aus als Arzt beigegeben war, sagt [4]: "Die Tsetse greift Esel, Maulthiere und Rindvieh an, aber nicht alle. Nichts ist allgemein geltende Regel, noch bestimmt vorgeschrieben. Eine gewisse Zahl dieser Thiere widersteht dem Bisse in nicht zu leugnender Art und Weise. Es vollzieht sich hier gleichsam eine wirkliche Selection. Uebrigens starben die von der Tsetse gestochenen Thiere nach sehr verschiedenen Zeiträumen, einige erliegen den Stichen erst nach Monaten, sie können also immer noch während verschiedener Wochen benutzt werden."

Im Norden von Afrika hat man hieran gar nicht zu denken. Das Kamel ist dort für den Reisenden wie gemacht, und wer die Wichtigkeit der Transportmittel für das Eindringen anerkennt, muss in dem Vorhandensein einer so wichtigen Beförderungsart allein schon die Berechtigung eines Vordringens vom Norden her zugeben. Dazu kommt, dass, wenn man glücklich zu Kamel die Sahara durchzogen hat, man in ganz Nordcentralafrika so vorzügliche Lastthiere vorfindet und zu so unglaublich billigen Preisen, wie vielleicht nirgends in der Welt. Es ist wahr, dann muss man das Kamel einfach stehen lassen; nach einer Durchquerung der Sahara wird es momentan ganz dienstuntauglich, und das Futter im Süden selbst ist nicht dazu angethan, dem erschöpften Thiere neue Kräfte zu verleihen. Im Gegentheil, Futter und das warmfeuchte Klima beschleunigen nur noch sein frühes und schnelles Verenden. Blos das schleunigste Zurücktreiben zu einem nördlichen Hattieh in der Sahara oder zur Vorwüste selbst kann das Thier retten. Meistens wird dies versäumt, oder man unterlässt es, das Kamel unbeladen schnell zurückzusenden; kurz es ist verloren. Wenn dagegen bei Anwendung von Eseln oder Maulthieren nach der Ankunft im Sudan der Reisende oder der eingeborene städtische Kaufmann aus Nordafrika etwas, im günstigen Falle einige Thaler [5] für sein Lastthier erhält, so steht er sich noch immer besser, als wenn er ein Kamel gemiethet hätte. Auch befindet er sich nun an der Schwelle des reichen centralen Afrika, wo für sein ferneres Fortkommen durch eine Auswahl der verschiedensten Lastthiere um ein Billigstes gesorgt ist.

Ebenso ist der Umstand wohl in Erwägung zu ziehen und fällt für ein Vordringen vom Norden schwer ins Gewicht, dass der Reisende, namentlich der, welcher die Tücken des afrikanischen Klimas noch nicht kennen gelernt hat, sich bei einer Reise durch die Wüste acclimatisirt. Nicht nur wird er auf diese Weise vorbereitet auf die höchsten Hitzegrade, welche man überhaupt beobachtet, sondern der oft sehr schroffe Wechsel von Kälte und Wärme, von Frost und Hitze stählt den Körper. Denn wenn der Reisende einmal die üble Erfahrung einer kalten Sahara gemacht hat, weiss er sich vor den Wirkungen der kühlen Nächte schon zu schützen. Im übrigen ist aber die trockene und reich mit Ozon geschwängerte Luft der Sahara von dem vortheilhaftesten Einfluss auf die Constitution des Reisenden. Die Trockenheit wirkt keineswegs schädlich auf den Körper. Im Gegentheil, die Haut befindet sich fortwährend in einer heilsam energischen Thätigkeit, da es fast nie zu jäher

14

Schweissbildung kommt, weil der Verlust der Feuchtigkeit mittels der Haut unbemerkt vor sich geht. Dagegen haben die Nieren Zeit zur Erholung, und es wäre vielleicht eine von den Aerzten zu untersuchende Sache, ob die Sahara, die man ja jetzt schon vielfach als erprobtes Sanitarium für Schwindsüchtige empfiehlt, sich nicht auch als solches für die mit gewissen Nierenkrankheiten Behafteten erweisen möchte. Und wenn ja der Reisende durch die meist allerdings sehr ungesunden Oasen seine Gesundheit gefährdet sähe, so hat er es leicht in der Hand, sich diesen gefährlichen und oft sein Leben bedrohenden Einflüssen durch ein Uebersiedeln auf das gesunde Hochplateau der Sahara zu entziehen. Die Sahara an sich hat das gesundeste Klima der Welt.

Dass der Reisende, welcher von Norden kommt, sich bis zu einer gewissen Grenze nach dem Süden des Schutzes der türkischen Regierung erfreut, ist ein nicht zu unterschätzender Vortheil. Namentlich in den Städten, wo türkische Beamte und türkisches Militär sich befinden, ist derselbe von wirklichem Nutzen, und wenn auch oft vom Herzen aus widerstrebend, sind im allgemeinen die Türken äusserst zuvorkommend gegen die Europäer. Je weiter man sich von der Küste entfernt, desto unwirksamer wird der türkische Schutz, bis er sich endlich bis auf ein Nichts reducirt. Will der Reisende sich über fortwährende Täuschung und Enttäuschung nicht ärgern, so muss er allerdings, wenn er seinen Fuss auf afrikanischen Boden setzt, seine Begriffe von "Wort" und "Ehrgefühl" bezüglich der Eingeborenen über Bord werfen, und zu diesen darf man, was das anbetrifft, getrost die Osmanli rechnen. Der höchste türkische

Beamte findet nichts Ehrloses darin, sein Wort und seine bündigsten Versprechungen zu brechen. Er hält dies für erlaubt nicht nur gegen seine Glaubensgenossen, sondern auch und noch mehr gegen Andersgläubige. Mögen die höchsten türkischen Beamten noch so sehr glänzen vom Firnis modernster pariser Civilisation, im Grunde ihres Herzens ist immer eine Kammer voll von Hass gegen die Christen.

Wenn der Reisende einen sogenannten Firman ali, d. h. eine vom Sultan selbst unterzeichnete Urkunde besitzt, so ist er dadurch mit den weitgehendsten Befugnissen ausgerüstet. Einen solchen früher leicht zu bekommenden Firman ali verleiht die hohe Pforte beute nur ungern. Ich erinnere daran, welche Schwierigkeiten Schliemann bereitet wurden, um einen solchen behufs archäologischer Untersuchungen zu erhalten; ebenso Homann für seine pergamenischen Ausgrabungen.

Rechnet man aber nun alles zusammen: Leichtigkeit der Beförderung, bessere Acclimatisation u. s. w., so wird man zugeben müssen, dass dem Eindringen von Norden her, namentlich wenn es sich um rein wissenschaftliche Zwecke handelt, grosse Vortheile zur Seite stehen. Auf meine Bitte hatte mir zu meinem Unternehmen der kaiserliche Gesandte bei der Hohen Pforte, Graf Hatzfeldt, einen Firman ali ausgewirkt, welcher eigentlich nur eine Erneuerung und Bestätigung desjenigen war, den ich vom Sultan 1865 erhielt, als ich von Tripolis aus meine Reise ins Innere von Afrika antrat.

Der Firman lautete in deutscher Uebersetzung:

"Die Botschaft Seiner Majestät des Deutschen Kaisers und Königs von Preussen bei meiner Pforte der

Glückseligkeit hat mittels amtlicher Note uns benachrichtigt, dass Mugtafa-Bei [6], einer der angesehensten deutschen Unterthanen, eine Reise durch Afrika anzutreten gedenkt, und uns gebeten, ihm einen kaiserlichen Firman auszustellen. Ich fordere dich, Generalgouverneur von Tripolitanien, daher auf, den genannten Mustafa-Bei bei seiner Ankunft in Afrika, sobald er auf seiner Reise die unter deiner Verwaltung stehenden Länder betritt, gastfreundlich aufzunehmen und ihm die gehörigen Ehrenbezeigungen zu erweisen. Du sollst ihm Speise und Trank verschaffen und gegen Entgelt die erforderlichen Reitthiere zur Stelle bringen. Wenn er es verlangt, sollst du ihm eine genügende Anzahl von Bewaffneten beigeben und derart acht geben, dass er wohlbehalten und sicher reist. Zu diesem Zwecke habe ich vorstehenden kaiserlichen Firman ergehen lassen. Handle seinem erhabenen Inhalte gemäss.
Geschrieben am 8. Tage des Silkade-Monats, 1295 [7]
Unterschrift des Sultans."
Die deutsche Botschaft liess es hierbei nicht bewenden, sondern Graf Hatzfeldt erwirkte mir noch ein Privatempfehlungsschreiben von Safvet-Pascha für den Generalgouverneur von Tripolitanien, das folgenden Wortlaut hatte.
"Die hiesige deutsche Botschaft hat uns gebeten, dem Herrn Gerhard Rohlfs, deutschem Unterthan und Person von Ansehen, bei einer in Afrika zu unternehmenden Entdeckungsreise den grösstmöglichsten Vorschub zu leisten. Folglich empfehle ich ihn dir, ihm so viel, wie es nur angeht, nützlich zu sein. 23. Silkade, 1295. Safet." (18. Nov. 1878.)

Da sich die beiden Schriftstücke in vollkommenster Ordnung befanden, wenigstens keine sichtbaren geheimen Zeichen trugen, [8] auch an einer Ecke abgeknipst waren und oben das geheimnissvolle stand, so meinte ich in dieser Beziehung aller Befürchtungen überhoben zu sein, und in der That muss ich von vornherein anerkennen, dass fast alle türkischen Beamten bemüht gewesen sind nach besten Kräften meine Mission zu fördern.

Aber auch die Afrikanische Gesellschaft hatte es an nichts fehlen lassen, um mir das Erringen des Ziels soviel wie möglich zu erleichtern. Nicht nur kostbare Geschenke verschaffte mir der Präsident der Gesellschaft von Seiner Majestät dem Kaiser, sondern auch die wärmsten Empfehlungsbriefe für den Sultan von Uadaï, der die Geschenke erhalten sollte. Und wenn dieselben auch ursprünglich nur für diesen Fürsten bestimmt waren, um ihm den Dank unsers Kaisers auszudrücken für die Gastfreundlichkeit, mit der er unsern Landsmann Nachtigal empfing, so liess andererseits mit Bewilligung des Kaisers der Vorstand der Afrikanischen Gesellschaft mir so weiten Spielraum in der Verwendung derselben, dass ich sie eventuell, falls ich nicht Uadaï erreichen sollte, jedem andern beliebigen Negerfürsten zum Geschenk machen konnte, und zwar demjenigen, welcher der Expedition am nützlichsten sein würde.

Die Geschenke selbst bestanden meist aus deutschem Fabrikat: vor allem ein prachtvoller grünseidener Sonnenschirm, mit weissseidenem Atlasfutter, von aussen reich mit Goldarabesken gestickt und mit langen goldenen Fransen versehen. Der mit Goldblech ausgeschmückte Stab hatte 2m Höhe, der

18

Schirm selbst 1m 50cm Durchmesser. Ein dem Schirm durchaus gleichwürdiges Geschenk war das grosse, in Solingen aus feinstem Stahl gefertigte und reich damascirte Schwert, eigentlich ein Riesenrichtschwert, in rothsammtner goldumsponnener Scheide. Dann zwei Mausergewehre neuester Construction. Die Kostbarkeit dieses Geschenks bestand nicht so sehr in den Waffen selbst, als in den prächtig gearbeiteten Nussbaumkästen, welche die schönsten Metalleinlagen und namentlich in der Mitte auf dem Deckel das kunstreich angefertigte Wappen des deutschen Reiches zeigten. Zu den Gewehren gehörten 6000 Metallpatronen. Besonders schön waren zwei in Tunis gearbeitete Burnusse: der eine von violettem Sammt, der andere von rothem Tuch, beide äusserst geschmackvoll mit Goldstickerei bedeckt, für europäischen Geschmack vielleicht überladen, aber durchaus dem Sinne jener südlichen Völker entsprechend, denen ja nirgends Gold und hochtönende Farbenwirkung zu viel ist. Diesen kaiserlichen Geschenken hatte ich aus, eigenen, d. h. aus den mir zur Verfügung gestellten Mitteln noch Waffen, Uhren, eine schöne genfer Spieluhr, sowie ein kleines tragfähiges Klavierharmonium hinzugefügt, Aus eigener Erfahrung die Vorliebe der Neger für Musik kennend, glaubte ich durch Beigabe dieser musikalischen Instrumente einigermassen den Gedanken jener zahlreichen Musiker Rechnung zu tragen, welche sich für die Expedition angeboten hatten. In der That fand ich bei schliesslicher Durchblätterung der Anmeldebriefe, dass von den circa 600, welche mich zu begleiten wünschten [9], ungefähr 50 der edeln Musica angehörten. Einer, früher ein Schüler Liszt's, wollte bezüglich der musikalischen Leistungen der schwarzen Söhne Afrikas theoretische Forschungen anstellen; ein anderer, ein Franzose, in Erfahrung bringen, ob die Studien "de Mr. David sur la musique des Arabes" nicht auf dem Mangel musikalischer Kenntnisse beruhten; ein dritter, ebenfalls Franzose, untersuchen, ob "les extrêmes se toachaient", nämlich inwieweit die Wagner'schen Compositionen mit denen der Meister der Neger Berührungspunkte fänden. Der Unglückliche! Er wusste gar nicht, dass jetzt fast jeder Deutsche ein Wagnerianer ist und dass ich selbst, einer der eifrigsten Verehrer des grossen Meisters, die Baireuther Blätter sogar für Kufra nachgeschickt erhielt. Aus der Blumenlese dieser musikalischen Anerbietungen darf ich eine nicht vergessen, die aus Kaiserslautern mit dem Vorschlag kam, mich mit einer vollständigen Musikbande durch Afrika zu begleiten, "um durch schöne Musik die grausamen Herzen der schwarzen Könige weich zu stimmen". Und als ich auch dieses Anerbieten dankend ablehnen musste, glaubte der Musiker durch das Ins-Treffen-Führen des Ewigweiblichen mich selbst "weich" machen zu können - seine stattliche Schwester solle als Köchin mitgehen; indess auch jetzt musste ich antworten: "Alles besetzt!" Aber nicht nur für Geschenke hatte die Deutsche Afrikanische Gesellschaft gesorgt, sondern wie gesagt auch für Empfehlungsbriefe. Den Brief von Dr. Nachtigal an den Sultan von Uadaï übersetzte der berühmte Orientalist Dr. Wetzstein zu Berlin ins Arabische, und zwar so gut und so dem Geiste des elastischen Koran-Arabischen entsprechend, dass er überall das Erstaunen und die Bewunderung der eingeborenen

20

Schriftgelehrten hervorrief, wenn ich ihnen denselben vorzeigte. Sie erklärten neidlos und anerkennend, dass heutzutage kein Mensch in Tripolitanien im Stande wäre, ein solches Schriftstück zu verfassen. Der Brief lautete:

"Nachdem wir Eurer Majestät unsern Gruss nebst den feierlichen Huldigungen dargebracht, zeigen wir Eurer Majestät an, dass wir, der Schreiber dieser Zeilen, vor fünf Jahren, und zwar zu Lebzeiten Eures Herrn Bruders, des Sultans Muhammed Ali, glückseligen Angedenkens, in Eurem blühenden Reiche waren und in Eurer Residenz Abeschr gegen acht Monate sicher und geehrt weilten, wofür wir Gott und dem Herrn Sultan, glückseligen Angedenkens, dankbar sind. Und als wir Euer Reich verliessen, erleichterte der Sultan, glückseligen Angedenkens, unsere Abreise in jeder Weise, sodass wir unsere Heimat erreichten und mit unsern Lieben wieder vereinigt wurden, wohlbehalten und mit Dank erfüllt gegen Seine Majestät, den der Allbarmherzige aus dem Rahik el Ginan (ein Fluss im obersten Paradies) tränken möge! Und als wir gehört, dass Hochderselbe in die Barmherzigkeit Gottes eingegangen sei und Eure Majestät den Thron bestiegen haben, so dankten wir dem hochgelobten Gott, dass er den Edlen zum Nachfolger des Edlen machte. Nie möge die Sonne Eures Glückes sich verdunkeln und niemals der Neumond Eures Ruhmes untergehen.

Und gegenwärtig kommt zur Schwelle Eurer Majestät der Träger dieses Schreibens: unser Freund, Genab [10] Mustafa Bei el Rohlfsi, ein Mann, angesehen in unserm Lande und geehrt von unserer Regierung. Und zwar kommt derselbe in der Eigenschaft als

Abgesandter mit dem Grusse unsers gnädigen Herrn, Seiner Majestät des Imperator, Königs von Borussia [11], und mit einigen Geschenken für Eure Majestät, von der Art, wie sie ein König einem Könige zu überreichen pflegt. Wir leben der Hoffnung, dass Sie diese Geschenke mit der Gesinnung annehmen, mit welcher sie gegeben worden sind, und wäre der Weg nicht so weit, die Beschwerde der Wüstenreise nicht so gross und der Gefahren auf der Reise nicht so viele, so würden den Geschenken noch andere, eines Königs würdige, hinzugefügt worden sein. Wir bitten Eure Majestät, den Mustafa Bei gnädig zu empfangen und aufzunehmen, wie die Edlen ihren Gast und die Könige ihren Schützling, einen von den Seinen getrennten Fremdling aufzunehmen pflegen. Der Fremdling steht im Schutze Gottes und im Schutze der Edlen. Ferner zeigen wir Eurer Majestät an, dass der erwähnte Mustafa Bei von Eurem Lande aus eine Reise in die südlichen Länder zu machen gedenkt, um jene fremden Völker zu sehen und jene unbekannten Sitten und Zustände kennen zu lernen, damit er in der Heimat davon erzähle und dadurch unter den Zeitgenossen Ehren erlange. Auch ist Eurer Majestät der Ausspruch der Weisen nicht unbekannt, dass der Waller (Pilger), welcher die Wunder der Schöpfung enthüllt, sich den Lohn des Schöpfers erwerbe. Wir bitten nun Eure Majestät, dem Erwähnten diese Reise zu ermöglichen und ihm dabei Eure gnädige Unterstützung angedeihen zu lassen, durch Gewährung eines zuverlässigen Dieners innerhalb Eures Landes und Erleichterung bei dem Uebertritt aus den Grenzen Eures Reiches in die südlichen Länder. Wir aber bitten Gott, dass er Eure

Majestät mit seiner Huld umschliesse, dass er Eure Tage und die Tage aller derer, welche Euch theuer sind, viel mache, dass er Euch wider alle, die Euch feind sind und Euch befeinden, den Sieg verleihe, und dass er Euch die höchsten Stufen der Macht und des Ruhmes ersteigen lasse.

Geschrieben in Berlin von Eurer Majestät Fürbitter bei Gott.

Edris el Nachtigali el Brussiani." [12]

Alle diese Vorbereitungen berechtigten zu der Erwartung eines Gelingens. Nichts war in der That versäumt worden, um mit fast annähernder Gewissheit einen Erfolg voraussagen zu können. Aber leider ist in Afrika alles vom Zufall abhängig oder vielmehr von Ereignissen, die man wol im voraus mit veranschlagen kann, denen man aber aus dem Wege zu gehen hofft oder von denen man nur zu gern glaubt, dass sie nicht eintreten würden.

Man hat viel darüber berathen und gestritten, ob es vorzuziehen sei, bei Organisation einer Entdeckungsreise solche einem einzigen Individuum anzuvertrauen oder mehreren, und im Princip entschied sich die Deutsche Afrikanische Gesellschaft für die Entsendung Einzelreisender. Und doch ist dies beim Zustande unserer heutigen Verhältnisse gewiss nicht richtig. Mit meiner Ansicht konnte ich nicht durchdringen. Freilich hielt man nicht ohne Grund meiner eigenen besondern Erfahrung von 1873/74 in der Libyschen Wüste, wo stets zwischen allen Expeditionsmitgliedern das beste Einvernehmen stattfand, die Verhältnisse entgegen, wie sie geherrscht hatten zwischen Denham, Clapperton und Oudney, oder wie bei der Richardson-Barth-Overweg'schen Expedition, bei den Polarfahrten von Payer, Weyprecht und Koldewey u. s. w. Aber wenn immer unter den Mitgliedern jener Expeditionen mistönende Klänge die Eintracht störten, so lag das wol hauptsächlich daran, dass man vorher nicht bestimmt genug die Verhältnisse der einzelnen Theilnehmer untereinander abgegrenzt hatte.

Hören wir jedoch, was Herr Dr. Harmand nach dem "Journal officiel" in einer Sitzung der Société de géographie commerciale de Paris, gehalten im Mai 1880, sagt:

"Eine von einem einzelnen Reisenden (Dr. Harman befürwortete eine Reise nach Hinterindien) unternomme Reise kann immer nur ein mittelmässges Resultat haben. Wenn man allein ist, wird in der That die Aufmerksamkei durch unzählige Gegenstände beständig von einem einzigen abgelenkt, und man wird ohne Gnade durch eine Arbeit erdrückt und aufgerieben. Ich behaupte, dass eine auf einem Anführer und zwei wissenschaftlich gebildeten, ihm beigegebenen Männern bestehende Gesellschtft nicht nur eine dreifach grössere Ausbeute, nein, ein zehnfach grösseres Resultat gibt.

In Hinterindien sind vier Fünftel der Zeit wenigsten durch die Unterhandlungen, durch langweilige Besprechungen [13] mit den Häuptlingen und Mandarinen, durch unvorhergesehene Verzögerungein, durch Aergerlichkeiten aller Art in Anspruch genommen, ohne die Tage zu zählen, welch infolge von Fieber oder andern Krankheiten als verlore betrachtet werden können.

Bei einer zusammengesetzten Expedition werden alle diese Zeitverluste in grossen Verhältnissen her-

24

abgemindert. Während der Chef im Lager bleibt, sich beschäftigend mit den Lebensmitteln, mit dem zukünftigen Wege, mit dem Fortschaffen des Gepäcks, mit dem Auskundschaften, und während er sich in Geduld darin übt, auf kluge Weise die Spitzfindigkeiten einheimischer Autoritäten zu Schanden zu machen, brechen seine Begleiter auf und unternehmen in Begleitung weniger Diener mit geringem Gepäck ihre Entdeckungszüge nach anthropologischen zoologischen, geologischen oder botanischen Gebieten."

Ja, Dr. Harmand geht noch weiter in seinen Betrachtungen, indem er ein Bild eigener Beschäftigung an seinen Reisetagen entwirft, und beim Lesen derselben wird jeder, welcher reise, den Eindruck bekommen, dass nichts Uebertriebenes in seiner Schilderung enthalten ist.

Darin natürlich wird jeder, der eine zusammengesetzte Expedition befürwortet, mit dem Cochinchinareisenden übereinstimmen, dass der Führer der Expedition eine unzweifelhafte Autorität über seine Gefährten besitzen und älter an Jahren sein müsse, dass man vornehmlich aber darauf sehe, dass alle Theilnehmer der Expedition wohlerzogen sind. Hierin gerade liegt das grosse Geheimniss. Nicht jeder Gelehrte ist gebildet, und noch weniger kann man behaupten, jeder Gelehrte habe eine gute Erziehung genossen. Sodann muss man den Grundsatz in erster Linie festhalten, eine nicht zu grosse Vertraulichkeit einreissen zu lassen. Georg Schweinfurth, welcher allein und in Gesellschaft reise, erachtet es als ein vorzügliches Mittel des Einverständnisses, so wenig wie möglich mit seinen Gefährten auf dem Marsche zu sprechen. Und er hat gewiss recht.

Auch die Frage ist einer Berathung unterworfen worden, ob es wünschenswerth sei, europäische Diener auf Entdeckungsreisen mitzunehmen oder nicht. Nachtigal, der mit seinem Giuseppe Valpreda traurige Erfahrungen machte, ist dagegen. Ich kann nur sagen, dass auf der abessinischen Expedition, während welcher mich ein Franzose, und auf der von Tripolis nach Alexandrien, wo mich ein Deutscher begleitete, sowie auf der zusammengesetzten libyschen Expedition, bei der alle Herren von je einem deutschen Diener begleitet wurden, jedesmal das Resultat ein zufrieden stellendes war. Ist es in der That nicht angenehmer, persönlich von einem Europäer bedient zu werden, der ganz andere Begriffe von Reinlichkeit hat, als die reinlichsten Eingeborenen; mit dem man, falls derselbe nur einigermassen Bildung besitzt, doch vernünftige Gedanken austauschen kann, während die meisten Eingeborenen Afrikas in den Aeusserungen ihres Geistes Kindern gleichen? Ja, selbst die Völker, welche mit den europäischen Nationen in täglichem Wechselverkehr stehen, wie Türken, Araber und Berber, haben eine ganz andere Gedankenrichtung, weil ihre religiösen Ansichten und ihre ganze Halbcultur so grundverschieden von den europäischen sind.

Vor allem lag mir nun daran, einen tüchtigen wissenschaftlichen Begleiter zu bekommen, und ich fand ihn schnell in dem mir vom Vorstand der Deutschen Afrikanischeu Gesellschaft warm empfohlenen jungen Gelehrten Dr. Anton Stecker aus Jungbunzlau in Böhmen. Herr Stecker war zwar von Haus aus nur

Zoolog und als solcher Specialist, aber er hatte noch vor der gemeinsamen Abreise hinlänglich Zeit, sich mit den astronomischen Instrumenten vertraut zu machen, unter Anleitung des praktisch ebenso bewährten wie theoretisch vorzüglich geschulten Dr. Zenker in Berlin, sodass er auf der Reise diesen Theil der uns obliegenden Arbeiten ausführen konnte. Freiwillig schloss sich auf eigene Kosten und mit Bewilligung der Afrikanischeu Gesellschaft Herr Leopold von Csillagh aus Graz an, welcher leider - er trennte sich in Sokna von der Expedition - auf dem Rückwege von Rhadames nach Tripolis den Anstrengungen zu starker Märsche unterlag. Herr Leopold von Csillagh, ein junger Mann von äusserst kräftiger Constitution, der vielfache Erfahrungen im Reisen besass und bereits die Vereinigten Staaten von Amerika besucht hatte, schien allerdings für Ertragung afrikanischer Unbill gut disponirt zu sein. Er hatte jedoch seinem sonst eisernen Körper offenbar viel zugemuthet, ohne zu bedenken, dass man das Gleichgewicht in der Constitution des menschlichen Körper's bei grossen Anstrengungen nur durch Zuvorzüglicher und reichlicher Nahrungsmittel aufrecht erhalten kann.

Zwei junge Deutsche, Franz Eckart aus Apolda und Karl Hubmer aus Graz, ersterer Schlosser, letzterer Uhrmacher, schlossen sich als persönliche Gehülfen an.

An Instrumenten hatten wir mitgenommen [14]: ein Quecksilberbarometer, vier Aneroide (von Secretan und eins von Casella), Thermometer in genügender Zahl, alle selbstverständlich hunderttheilige und darunter Schleuderthermometer und Pinselthermometer von Bodin in Paris; Compasse verschiedenster Construction, einen Prismenkreis nebst künstlichem Horizont, ein Dollond-Fernglas, verschiedene Krimstecher, Lupen, Metermasse, und zwar feste und bandförmige, mehrere Psychrometer und ein Kochthermometer nebst Reservethermometern, verschiedene Schachteln mit Ozonpapier, das mindestens für drei Jahre dauern konnte, einen Perambulator (von mir selbst früher der Afrikanischen Gesellschaft geschenkt), der sich aber diesmal wieder ebenso unnütz erwies, als während der libyschen Expedition 1873/74, endlich ein Pedometer, das aber auch als unnnütz beiseite gelassen wurde. Wenn ich zu dieser Ausrüstung mit wissenschaftlichen Gegenständen noch hinzurechne ein halbes Dutzend eiserne Pflanzenpressen, mehrere Centner Pflanzenpapier, sodann Schreibmatelial, Bücher u. s. w., so ist damit ein Theil dessen aufgezählt, was wir als für unsere Reise zweckdienlich mitnahmen.

Fast alle Instrumente bewährten sich vortrefflich, mit Ausnahme des Quecksilberbarometers, welches wir schon nach einigen Märschen zurücklassen mussten. Die bestellten Reserveglasröhren waren nicht eingetroffen und, nur auf eine angewiesen, hatten wir das Unglück, dass dieselbe trotz der grössten Sorgfalt beim Transport des Instruments zerbrach. An Vorsicht fehlte es dabei nicht; eigens dazu engagirte Leute trugen gegen Extrabezahlung das Instrument. Bei dem heutigen hohen Grade der Vollkommenheit der Aneroide sollte man auf Entdeckungsreisen, wo man ja täglich nicht vorhergesehenen Hindernissen begegnen kann, von der Mitnahme der Quecksilberbarometer ganz absehen. Namentlich wenn man vorher beobachtete Aneroide zur Verfügung hat, womit man eine gegenseitige Controle auszuüben vermag, sollte man jene Instrumente, welche trotz aller Vorsicht vor Zerbrechen nicht geschützt werden können, lieber nur auf Stationen benutzen oder auf solchen Reisen, wo man nicht stetigen Zufälligkeiten ausgesetzt ist.

Die Mason'schen Hygrometer, oder auch schlechtweg Psychrometer genannt, bewährten sich recht gut, weniger gut die Saussure'schen Haarhygrometer, welche gar zu leicht der Staub angreift. Dann Minima- und Maxima-Thermometer, sowol die bekanntern horizontalen von Secretan aus Paris, als auch die sogenannten Rutherford'schen, welche äusserst bequem sind, aber von englischen Minima- und Maxima-Thermometern noch übertroffen werden, welche perpendiculär hängen und deren kleine Eisenstäbchen man vermittelst eines Magnets regulirt. Wir verdanken die Besorgung dieser Instrumente Herrn Rosenbusch in Malta, der sich schon so oft um die Ausrüstung der deutschen Reisenden verdient gemacht hat. Die Chronometer waren der eine von Bader und Kutter in Stuttgart, die andern beiden von Thiele in Berlin.

Der von Dr. Stecker mitgenommene Prismenkreis bewährte sich ebenfalls vorzüglich; besser aber wäre ein einfacher Sextant gewesen, wie Güssfeldt mit Recht meint, der als ein in dieser Branche besonders erfahrener Reisender Gegensatze zu Kaltbrunner vor der Mitnahme der Theodoliten warnt. Und ich glaube, dass Güssfeldt vollkommen im Recht ist. Was sollte man in manchen Fällen anfangen, um ein solches Instrument fortzubringen, wenn es auch aufs kleinste Mass zurückgeführt wäre? Merkwürdigerweise nennt Kaltbrunner in seinem "Manuel du voyageur" den Sextanten nicht einmal. Ebenso wenig wird das Hygrometer erwähnt, obschon dieses Instrument bei keinem Reisenden fehlen sollte, namentlich wenn er das so leicht unbrauchbar werdende Quecksilberbarometer zu Hause lässt.

Die übrige Ausrüstung geschah in Berlin und Malta. Den Vorzug, alles in einem Magazin vereint zu finden, wie es in den Docs de campement, Boulevard des Capucines in Paris, der Fall ist, hat man in Berlin nicht. Und selbst in London, wo auch sehr grosse Magazine für Reiseausrüstungen vorhanden sind, findet man nicht die Gegenstände, wie sie gerade der Nordafrikareisende wünscht. Durch den langjährigen Besitz der beiden grossen Colonien Algerien und Senegalien konnten die Franzosen hinlänglich Erfahrungen sammeln in Beziehung auf Boden. Klima, Bedürfnisse, überhaupt auf alles das, was der Reisende in Nordafrika braucht. Und was ist wol angenehmer, als nur hinzugehen und sich innerhalb einiger Stunden mit allem zu versorgen, was nothwendig ist und wozu andere Reisende in Deutschland oft Monate gebrauchen, um schliesslich in den Besitz unpraktischer Dinge zu gelangen. Denn wer hat in Deutschland Erfahrung in solchen Dingen? Im Gegensatz zu der Meinung des Herrn Kaltbranner, welcher als règle générale aufstellt: "Il faut bien se garder d'emporter avec sei ce qu'on peut se procurer tout aussi bien à destination ou au port de débarquement", möchte ich allen Reisenden empfehlen, ihre Ausrüstung lieber sicherer in Europa, als an einer fremden Küste zu bewerkstelligen. Ja, wenn es sich um eine Reise in Amerika, in Asien oder Australien handelt, dann mag Herr Kaltbrunner vollkommen recht haben, denn in New York und Rio de Janeiro, in Melbourne und Sydney, in Kalkutta und Schanghai kann man gewiss unter fast gleichen Preisverhältnissen alles wie in unsern grossen Städten erhalten. Und doch möchte ich Reisenden, welche diese Continente zum Gegenstand ihrer Studien machen wollen, rathen, manche Gegenstände, z. B. Instrumente, von, Europa mitzunehmen. Unbequemlichkeit hat davon der Reisende keineswegs. Ist das Gepäck nicht umfangreich, so besorgt er es selbst, hat er dagegen zahlreiche Gepäckstücke, so übergibt er sie einem Spediteur, welcher alles versendet. Jedenfalls entgeht er bei Mitnahme seines Gepäcks aus der Heimat der Unannehmlichkeit, in grosse Verlegenheit zu gerathen. Bei meiner letzten Reise verliess ich mich z. B. darauf, unsere Wasserkisten in Valetta zu bekommen. Für die libysche Expedition hatte ich dieselben in Deutschland, in Apolda, anfertigen lassen. Weshalb sollte ich aber auch nicht auf Malta rechnen? Ich vermied dadurch den langen Transport, von dem ich freilich das letzte mal, da ich 500 Wasserkisten über Triest durch Eisenbahn und Lloyddampfer nach Alexandria schaffen liess, nicht das mindeste gemerkt hatte. Ausserdem glaubte ich erwarten zu dürfen, die Kisten in dem englischen Freihafen Malta mindestens ebenso billig und gut wie in Deutschland zu bekommen. Engländer excelliren ja in Eisenarbeiten, und als Freihafen musste meiner vorgefassten Meinung nach in Valetta alles billig sein. Aber wie fand ich mich getäuscht! Der billigste Schmied verlangte in Malta für Anfertigung einer einzigen Kiste 3 Pfd. St., der theuerste sogar 5 Pfd. St. In Deutschland hätten sie kaum mehr in Thalern gekostet. Unter diesen Verhältnissen stand ich davon ab, eiserne Kisten mitzunehmen, was mir aber später die grössten Unannehmlichkeiten bereitete.

Ich habe geglaubt, längere Zeit bei der Vorbereitung zur Reise verweilen zu müssen, weil nichts mehr dem Gelingen derselben förderlich ist, als eine bis ins Detail gehende gute Organisation. Zu einer solchen gehören vor allen Dingen auch die nothwendigen Medicamente, Waffen, Lebensmittel und alles andere, was zur Bequemlichkeit des Reisenden nothwendig ist. Wie schon angedeutet, findet man Zelte von jeder Auswahl und Grösse, und zwar speciell für Afrika berechnet, in den Docs de campement in Paris. Dieselben sind complet eingerichtet, haben ein zusammenklappbares Bett, Tische verschiedener Grösse, von denen man sich einen passenden aussuchen kann, Stühle, und in der Regel zwei zu einem Zelt gehörende "Cantines", d. h. hölzerne, von getheerter Leinwand überzogene und stark mit Eisen beschlagene Kisten, an deren hinterer Wand eiserne Ketten und Haken sich befinden, um sie zu zweien einem Maulthier, resp. einem Kamel über den Rükken hängen zu können. Eine dieser Cantinen enthält eine complete Küche, nebst Essgeschirr für sechs Personen, alles aus Eisen und Eisenblech: Messer, Gabeln, Tassen, Leuchter, Kaffeemühle, nichts fehlt und alles ist gut und dauerhaft gearbeitet. Die andere leere Cantine dient für das Gepäck des Reisenden oder für Vorräthe der Küche. Sonstige Gegenstände, wie Gummikisten, Gummibadewannen, Gummimatratzen und Anzüge sind dort ebenfalls zu bekommen, und nach einigem Ermessen kann sich der Reisende von dem einfachsten Nähetui an bis zum prachtvollst eingerichteten Zelt innerhalb einer Stunde ausrüsten.

Unsere Waffen hatten wir bis auf einige von Berlin mitgenommen, namentlich Mausercarabiner, die sich vorzüglich bewährten. Nur muss man während des Aufenthalts in der Wüste darauf achten, die Waffe nicht mit Oel einzufetten, da sonst der mit dem Oel vermischte Staub den Mechanismus gleich unbrauchbar macht. Lefaucheux-Jagdflinten und Lefaucheux-Revolver fand ich recht gut, weniger dagegen eine in Paris gekaufte Winchester-Repetirbüchse, weshalb ich sie auch gleich als nicht praktisch für uns den Geschenken einreihte.

Die Medicamente waren natürlich in Deutschland mitgenommen worden und bestanden vor allem in einem gehörigen Quantum Chinin (500 gr), Opium, Morphium, plumbum aceticum, zincum sulph., kali hydrojod., ether sulph., tart. stibiatus, magnesia sulph. ipecacuanha und einigen Hausmitteln. Binden, Charpie, Nadeln, Bistouri, Lanzetten, Waage nebst Medicinalgewichten fehlten natürlich auch nicht, und alles war in eine stark gearbeitete Kiste zusammengethan, die im Nothfall ein Mann tragen konnte. Vom Chinin aber enthielt die Medicinkiste nur 50 gr, während das Uebrige vertheilt war, sodass jedes Mitglied der Expedition einen Theil davon im Koffer mit sich führte.

Als ein vorzügliches, wenn auch gerade nicht als Medicament anzuwendendes Mittel, um die Gesundheit in Afrika zu unterstützen, soll hier von vornherein nicht unerwähnt bleiben: der häufige

Genuss von Zwiebeln. Schon Heinrich Barth hebt denselben in diesem Continent, wo man so häufig wochenlang frische Gemüse entbehren muss, als äusserst wohlthuend für die Constitution hervor. Im übrigen soll man nicht zu ängstlich hinsichtlich der Nahrung sein, und besonders versuchen, sich sobald als möglich mit den Speisen der Eingeborenen vertraut zu machen. Es ist wahr, dass man bei dem heutigen Stande der Conservirung der Nahrungsmittel für verhältnissmässig geringe Preise alles mitnehmen kann, um jahrelang von den gewohnten europäischen Speisen profitiren zu können. Aber möglicherweise treten doch Fälle ein, wo der Reisende plötzlich seiner ganzen Habe beraubt wird oder sie durch irgendeinen Zufall verliert, sodass er sich auf das angewiesen sieht, was das Land bietet und die Eingeborenen selbst geniessen. Und das ist wahrlich nicht viel; in manchen Gegenden von Afrika und bei manchen Stämmen so wenig, dass man meinen sollte, die Kunst zu kochen hätten sie erst jetzt gelernt.

Nichts ist aber verderblicher und lächerlicher, als wenn ein Entdeckungsreisender wähnt, ebenso leben zu können wie zu Hause; zu glauben, weil er um 12 Uhr mittags zu Hause gespeist habe, müsse das auf Reisen auch so sein, zu verlangen, weil bei ihm zu Hause die und die Speise so gekocht gewesen sei, müsse das auch ferner so geschehen. Bald genug belehrt ihn die eiserne Nothwendigkeit, dass auf einer Entdeckungsreise alles anders ist, als man vorher gemeint, dass die sichersten Vorherberechnungen und besten Voraussetzungen zu Schanden werden. Wäre er aber selbst unbefangen an die an sich so triviale Essensfrage herangetreten, so würde er sich und andern Aerger erspart haben, und Aerger verursacht häufig Krankheit, obgleich er auch mitunter sehr gesund ist.

Auch auf die Kleidungsfrage lege man kein allzu grosses Gewicht. Nur befolge man die Regel, dass man selbst für den heissesten Theil des afrikanischen Continents, die Wüste Sahara, nicht verabsäume, warme Kleidungsstücke mitzunehmen. Ist es heiss, wird man sich von selbst derselben entledigen, bis man schliesslich in, den heissesten Stunden des Tags sich des langen weissen Kattunhemdes bedient. Es ist aber eine längst bekannte Thatsache, dass, wenn es auch im Norden von Afrika, z. B. in Algier, Tunis, Tripolis oder gar im Nilthal fast nie friert, die Nachtfröste in der offenen Sahara während der Wintermonate mit grosser Regelmässigkeit stattfinden. Also vor allem warme Ueberröcke und grosse wollene Decken. Einige haben zwar behauptet, und zu diesen gehört der vielerfahrene G. Schweinfurth, die Mitnahme von Zelten sei überflüssig. Es ist wahr, dass man auf den eigentlichen Märschen oft tagelang nicht dazu kommt, nachts das Zelt aufzuschlagen, denn feuchte Nächte in der Sahara sind selten, noch weniger braucht man Regen zu fürchten; und hat man die sudanischen Länder erreicht, wo sich Ortschaften befinden, dann ist in der That das Zelt überflüssig. Aber wer, der in der Sahara reiste, empfand nicht das Angenehme eines Schattendaches während des Gilens[15] oder wenn Umstände den Reisenden in einer Oase zwangen, im Freien zu campiren, oder wenn ihn in den vorsudanischen Ländern ein tropischer Regen überfiel? In allen diesen Fällen fühlt man die Wohlthat eines Zeltes.

Eine Hauptsache ist die Schuhzeugfrage. Man könnte ja unter Umständen ganz davon absehen, Schuhe oder Stiefeln mitzunehmen, wenn es Europäer gäbe, welche barfuss zu laufen vermochten wie die Eingeborenen Afrikas; aber unter den Reisenden gibt es schwerlich solche, die von Jugend auf an Barfusslaufen gewöhnt gewesen wären, und ich muss es als Aufschneiderei bezeichnen, wenn Reisende zur Hervorhebung ihrer meistens ja schon an sich genug wiegenden Thaten die Behauptung aufstellen, sie seien wochenlang barfuss gewandert. Ich selbst habe eine ziemlich abhärtende Erziehung erhalten, aber in der Jugend bin ich immer beschuht gewesen, und so wird es wol den meisten Reisenden gegangen sein. Durch fortwährende Beschuhung und das Tragen von Strümpfen wird aber der Fuss und die Sohle so weich, dass es unmöglich ist, einen Gang über kiesigen Boden oder gar durch jene überall in Centralafrika vorhandenen stachlichten Gräser zu machen, ohne dass derselbe schon in den ersten Stunden wund wäre. Ich versuchte einmal auf meiner ersten Reise, als ich noch nach einem Ueberfall än den Folgen der offenen Wunden auf Sandalen weiter zu kommen, aber auch das war Unmöglich, da schon nach kurzer Zeit die Riemen, von welchen die Sandalen festgehalten werden, Einschnitte zwischen den Zehen verursachten. Für die Wüste kann man indess als vorzüglich zweckmässig die gelben Pantoffeln der Eingeborenen empfehlen, woran sich die Europäer leicht gewöhnen und deren Brauchbarkeit für jene Gegen den eben durch das Tragen derselben seitens Millionen von Eingeborenen dargethan wird. Und wenn man das Gehen in denselben ohne

36

Strümpfe als Barfussgehen bezeichnen darf, dann haben mein Begleiter, Dr. Stecker, und ich ebenfalls den grössten Theil der letzten Expedition barfuss zurückgelegt.

Von besonderer Wichtigkeit ist die Kopfbedeckung. Die Eingeborenen bringen zwei Systeme in Anwendung, welche beide den extremsten Methoden huldigen. Während man sowol unter den Negern wie unter den Arabern Stämme und Individuen findet, die trotz der sengenden Sonne ihren glattrasirten Schädel den direct darauf fallenden glühenden Strahlen aussetzen, gibt es andere, welche aufs eifrigste bemüht sind, ihren Kopf vor den Einflüssen directer Insolation zu schützen, und zwar dadurch, dass sie denselben durch grosse Tücher oder oft 20m lange und 1m breite Turbane sorgsam umwickeln und vielleicht noch einen gewichtigen breitkrämpigen Strohhut darüber stülpen. Beide Systeme sind gleich unbrauchbar für Europäer. Wenigen möchte es gelingen wie dem Maler Zander, welcher bei dem König Theodoro's von Abessinien Kriegsminister war, sich so abzuhärten, um ungestraft blankköpfig seine künstliche oder natürliche Glatze der afrikanischen Sonne auszusetzen, und wenige werden es angenehm finden, das allerdings nicht schwere, aber lästige Gewebe eines nicht endenwollenden Turbans auf dem Kopfe zu tragen, wie Major Laing es that. Noch weniger zweckmässig ist der Fes, die Tracht der Mittelmeerbewohner Nordafrikas, weil er die Augen vor den Einwirkungen der Sonne nicht schützt. Als beste Kopfbedeckung für Europäer kann man jenen indischen Helm empfehlen, den die Briten bei ihren unter den Tropen befindlichen Regimentern längst eingeführt haben, der nicht nur das Haupt vollkommen vor den Sonnenstrahlen schützt, sondern auch durch einen doppelten Einsatz eine Luftcirculation über den Kopf weg ermöglicht. Denn man muss durchaus darauf achten, dass der Kopf stets kalt gehalten wird, und ich glaube, man kann während der heissesten Tage in seinen Vorsichtsmassregeln nicht weit genug gehen, sodass denn ein öfteres Nassmachen des Kopfes mit möglichst kaltem Wasser sehr zu empfehlen ist.

Was die Lebensmittel betrifft, so verlasse man sich nie darauf, in den betreffenden Ländern selbst etwas zu finden, sondern nehme davon mit, soviel man kann, und wo möglich das doppelte Quantum von dem, was man seiner Schätzung nach glaubt nöthig zu haben. Namentlich versäume man nicht, grosse Quantitäten von Kaffee und Thee, Tartarsäure[16], Zucker mitzunehmen. Letztere beiden Gegenstände sind das beste lindern Mittel, und die Weinsteinsäure kann ausserdem in etwas concentrirter, mit Wasser vermischter Form als Essig zur Anwendung kommen. Condensirte Milch, in Blechbüchsen präservirte Butter, dann alle jene Fleischconserven, namentlich Liebig's Fleischextract, dürfen heute bei keiner Ausrüstung mangeln; in dieser Beziehung Sparsamkeit dem Reisenden anzuempfehlen, heisst demselben einen schlechten Dienst erweisen.

Denn man kann nicht leugnen, dass seit Einführung des Chinin und seitdem europäische Nahrungsmittel dem Reisenden zu verhältnissmässig billigen Preisen mit auf den Weg gegeben werden können, die verderblichen klimatischen Einflüsse viel von ihrer Gefährlichkeit verloren haben. Daher soll der Reisende auch nicht auf die Meinung derer hören, welche behaupten, dass man in den subtropischen und tropischen Gegenden weniger Fleischnahrung bedürfe, als in unserm Klima. Das mag für diejenigen Anwendung finden, die in einem Orte jener Zone bleibend oder längere Zeit wohnen, aber nie für Reisende, welche tagelang unterwegs sind und grosse Strapazen erdulden müssen. Sie werden wohl thun, die verlorenen Kräfte durch nahrhafte Speisen zu ersetzen und zu erhalten. Als vorzüglich kann man in dieser Beziehung das von Amerika importirte Corned beef, ein Pökelfleisch, empfehlen. Hat man kein Fleisch, dann suche man wenigstens dem Mehl, Reis und ähnlichen Lebensmitteln so viel Fett in Gestalt von Butter oder Oel beizuthun, dass dadurch der Nahrungswerth jener Speisen ein erhöhter wird. Hülsenfrüchte, wie Erbsen, Linsen, Bohnen, sind leicht zu transportiren, sie sollten daher nie fehlen.

2. Von Weimar über Paris, Marseille, Malta nach Tripolis

Am 5. October 1878 entliess uns in Berlin die geographische Gesellschaft. Ein Abschied ist nie leicht, aber diesmal wurde derselbe besonders schmerzvoll, da einige Tage vorher die Nachricht von Petermann's Tode einlief. Die Geographische Gesellschaft beauftragte mich, dieselbe bei der Beisetzung des grossen gothaer Geographen zu vertreten; eine traurige Aufgabe, die ich ohnedies auch erfüllt haben würde, welche aber jetzt, so unmittelbar vor der Abreise, für mich tief ergreifend war. Hatte doch von allen Reisenden keiner dem Verschiedenen so nahe gestanden wie ich, hatte vielleicht niemand so viele gute Rathschläge, so viele moralische Unterstützung von ihm erhalten wie ich, und weiss vielleicht keiner mehr als ich, was er gelitten und wie er gekämpft haben mag, ehe er zu dem verzweifelten Entschluss kam, sich das Leben zu nehmen und so der Wissenschaft viel zu früh eine der besten Stützen zu entziehen. Friede seiner Asche!

Mein Begleiter, Dr. Stecker, verliess Weimar am 7. October, um vorauszueilen und in Paris Quartier zu bestellen - es war gerade die internationale Ausstellung -, während ich selbst mit meiner Frau am 8. October die Reise antrat.

In kühner Entschlossenheit hatte diese nicht gezaudert, der Heimat Lebewohl zu sagen, auf alle gewohnten Bequemlichkeiten, auf den Freundeskreis, auf die so ausgesuchten Kunstgenüsse in Weimar zu verzichten, blos um dem Manne ihrer Wahl näher zu sein, um noch einige Wochen länger mit ihm verbringen und namentlich um ihm während der Expedition nützlich sein zu können. Ich nahm das Opfer an, anfangs mit Zaudern, da ich von früher her wusste, dass in Tripolis wenig auf Comfort, auf Bequemlichkeit, ja nicht einmal mit Bestimmtheit auf ein passendes Logis zu rechnen sei. Ich vertraute in dieser Beziehung zwar auf die grosse Gastfreundlichkeit der eurepäischen Consuln, aber wie mancher war, seitdem ich vor zehn Jahren Tripolis besucht hatte, versetzt oder gar gestorben.

In Paris blieben wir nur so lange, um einer eigens veranstalteten Ausschusssitzung der dortigen Geographischen Gesellschaft anzuwohnen, welche noch einige für die Erforschung Afrikas. wünschenswerthe Punkte mit uns festzustellen beabsichtigte. Wie contrastirte das Benehmen der ersten geographischen Gesellschaft Frankreichs, der die grössten Gelehrten des Landes angehören, mit jenem in französischen Blättern kundgegebenen Gebaren chauvinistischer Schreier, welche in meiner Expedition "de la part de la Prusse" den Beginn eines militärischen Unternehmens zur Annectirung Tripolitaniens und zum Bau einer "preussischen Bahn" vom Mittelmeer nach dem Tschadsee erkennen wollten. Ja, einige Zeitungen [17] gingen in ihrem stupiden Treiben so weit, dass sie die französische Regierung aufforderten, mich durch Agenten überwachen zu lassen. Hätte sie mir nur eine militärische Ueberwachungscommission beigegeben!

Den bekannten Weg über Lyon nach Marseille legten wir mit dem gewöhnlichen Zug zurück, completirten in diesem Hafen, woselbst auch Herr von Csillagh und Karl Eckart aus Apolda zu uns stiessen, noch einiges an unserer Ausrüstung und gingen sodann an Bord des der Compagnie Freycinet zugehörigen Dampfers "Assyrien". Der Director hatte in liberalster Weise eine bedeutende Preisermässigung für die Mitglieder der nunmehr auf sechs Köpfe angewachsenen Expedition gestattet.

Der "Assyrien", zwar kein Dampfer wie diejenigen der Messagerie maritime (früher Messagerie impériale, eine Zeit lang auch Messagerie nationale genannt), war immerhin ein recht gutes Schiff. Langsam dampfte es aus dem Bassin Napoléon heraus, Marseille, die traurig ausschauende ehemalige kai-

serliche Residenz und Notre Dame de la Garde ent-
schwand bald unsern Blicken, und somit sagten wir
auf lange Zeit, vielleicht auf immer, dem europäischen Festlande Lebewohl.

Die Fahrt bei ruhigem Meer, frühlingsmässiger Luft
und in Gesellschaft interessanter Persönlichkeiten
war sehr angenehm. Zu letztern gehörte mit Frau
und Tochter Mr. Buggles, welcher im Auftrage der
Vereinigten Staaten als Consul nach Malta ging,
während bislang die Union sich dort nur durch einen
Agenten vertreten liess. Ferner der Patriarch von Ba-
bylon, Monsignore Pantaleone, ein liebenswürdiger
alter Herr, welcher Frankreich, England und Italien
besuchte und nun auf seinen Posten zurückzukehren
beabsichtigte. Dann verschiedene andere Religiöse,
sogar malteser Mönche, die von England kamen,
aber ihre Mönchskutten erst in Malta wieder anleg-
ten. Merkwürdigerweise fand ich, so oft ich auf dem
Mittelmeer fuhr - und meine Mittelmeerfahrten be-
ziffern sich nach Dutzenden - stets die Dampfer mit
einem zahlreichen Contingent religiöser Leute besetzt; wenigstens ein Drittel der Passagiere besteht
zumeist aus Priestern und Nonnen. Und gewöhnlich
gehören die den überirdischen Interessen sich Wei-
henden der französischen Nationalität an. Das ist ein
beständiges Kommen und Gehen der Geistlichen
zwischen Frankreich und dem Orient. Man sollte
glauben, dass Italien, mit Rom als Centrum der ka-
tholischen Kirche, doch auch eine verhältnissmägsig
grosse Anzahl reisender Priester stelle, das ist aber
keineswegs der Fall, selbst auf italienischen Dampf-
fern findet man ebenso viele französische wie italienische Geistliche. Es ist das auch ganz natürlich:

42

nicht die Italiener sind die Propagandisten des Papstes, sondern die Franzosen; nicht Italien ist Protectorin des römischen Glaubens, sondern Frankreich. Nur vergesse man nie, dass Frankreich mehr als je ein anderes Land aus der römischen Religion eine politische Angelegenheit machte. Nicht Italien, wie das eigentlich viel naturgemässer wäre, sondern Frankreich ist officieller Beschützer der römisch-katholischen Kirche im ganzen Orient. Freilich, Italien konnte eine solche Rolle gar nicht spielen, weil, als Frankreich sie schon seit alters übernahm, die Apenninische Halbinsel noch kein politisches Ganzes bildete wie jetzt, und jetzt ist es zu spät. Frankreich beutet sein Amt denn auch aufs vortrefflichste aus: nicht für die römisch-katholische Kirche, sondern für sich selbst zieht es den Nutzen aus dem Schutzrecht im Orient. Deshalb ist es auch ganz einerlei, ob in Frankreich protestantische Männer an der Spitze der Regierung stehen, wie Guizot und Waddington, oder katholische: im Orient wird Frankreich im Einverständniss mit der Kirche immer dasselbe Ziel verfolgen. Aus diesem Grunde kann dort ein ernster Culturkampf auch gar nicht recht aufkommen, und es ist ganz einerlei, ob in Frankreich ein allerchristlichster Kaiser, ein allerchristlichster König, ein allerchristlichster Präsident oder ein allerchristlichster Communard regiert: unter allen Umständen geht man immer Hand in Hand mit der römischen Kirche, um im Orient und am Mittelmeer seines Einfluss nicht zu verlieren. Und selbst, als man in Frankreich eine Zeit lang die Kirche abgeschafft hatte, standen im Orient die französischen Missionen, sowie die Angehörigen der römischen Kirche in Asien und Afrika unter französischem Protectorat. Die augenblicklich aus Frankreich vertriebenen Jesuiten beschützt man im Orient.

Wir kamen bei der corsischen und sardinischen Küste vorbei, sahen abends, am zweiten Tage unserer Fahrt, die ferne Küste von Sicilien und kamen am 18. October abends um 7 Uhr in dem Hafen von Valetta an. Es dunkelte schon, und so verlockend die hell erleuchteten Strassen auch aussahen, zogen wir es doch vor, nachts am Bord zu bleiben, da wir eine Menge Handgepäck bei uns führten, dessen Ausschiffung und Ueberwachung zu grosse Mühe verursacht hätte. Am Bord aber tranken wir abends ein Glas auf das Wohl unsers ruhmvollen deutschen Kronprinzen.

Am andern Morgen früh ging das Geschäft des Landens mit ziemlicher Geschwindigkeit vor sich, dank dem deutscheu Consul Ferro, der mit liebenswürdigster Bereitwilligkeit seinen Secretär, Herrn Attard, sowie seine übrigen Leute zur Verfügung gestellt hatte. Ohne solche officielle Unterstützung ist man in Malta fast so schlimm daran wie in den Häfen Nordafrikas und der Levante, wo ein entsetzliches Durcheinander gesticulirender, lärmender, halbnackter Bummler stattfindet, die sich um den Ankommenden und sein Gepäck streiten. Bald darauf waren wir denn auch mit der ganzen Expedition gut untergebracht im Hôtel de l'Europe, welches, mehr Pension oder Hôtel garni als gewöhnliches Hôtel, dem eleganten Opernhaus gerade gegenüber und dicht bei der Sanct-Paulsbastion liegt, von welcher aus man eine wundervolle Aussicht auf den vielbuchtigen Hafen geniesst.

In Malta schien sich unsere Reisegesellschaft noch um ein Glied vermehren zu sollen und zwar in der Person Henry Noël's, des Negers. Auf Befehl des Kaisers kam derselbe von Alexandria, um sich uns als Diener anzuschliessen. Henry Noël, den mir, wie sich die Leser meiner frühern Reiseberichte erinnern werden, im Jahre 1865 ein Sklavenhändler in Mursuk schenkte, der dann über Bornu, Bautschi, Keffi Abd n Senga, Lokodja, Ilori u. s. w. den Continent bis Lagos mit mir durchwanderte, wurde nach seiner Ankunft in Deutschland auf kaiserliche Kosten zu Berlin im Hause des Professors Strack aufs sorgfältigste erzogen. Als ich im Jahre 1873 die grosse deutsche Expedition nach Aegypten führte, musste Noël, der schon früher mit mir ausser jener ersten Reise auch den abessinischen Feldzug mitgemacht hatte, mich begleiten, weil er das rauhe Klima Norddeutschlands nicht vertragen konnte. Sei es nun, dass man ihm bei seiner Erziehung zu viel in den Kopf gesetzt, sei es, dass man diese überhaupt zu vornehm angelegt, oder sei es, dass seine Eitelkeit auf natürliche Weise sich steigerte - denn wie sollte ein junger Neger, da die Neger ohnedies schon eitler als die Weissen sind, nicht eitel werden, wenn er sich auf Schritt und Tritt bewundert sieht -, kurz, er zeigte schon damals bedenkliche Spuren von Hochmuth und überspannten Ideen. Aber im allgemeinen war er immer noch bescheiden und gefällig, und die mich nach Aegypten begleitenden Gelehrten wussten nicht genug dessen Zuvorkommenheit und liebenswürdigen Eigenschaften, sowie seine bei sonst tief schwarzbrauner Hautfarbe fast kaukasischen Gesichtszüge zu rühmen.

In der That war dieser junge Neger ein nach unsern Begriffen schöner Jüngling geworden, und manche Dame in Berlin erinnert sich vielleicht noch heute dieses Othello, der in den ersten Häusern der Residenz verkehrte und den man als flotten Tänzer überall gern auf Bällen sah. In Aegypten liess ich ihn zurück, anfangs bei amerikanischen protestantischen Missionaren, später unter Obhut des rühmlichst bekannten deutschen Predigers in Kairo, des Herrn Pastor Trautvetter. Gewiss verwandte man auf ihn, den man dazu bestimmt hatte, in die Cavassen-Carrière oder in die der Dolmetscher der deutschen Consulate einzurücken, alle mögliche Sorgfalt; aber es half nichts, es entwickelte sich bei ihm der Hochmuthswahnsinn bald zur höchsten Potenz.

Noël sollte auch diesmal auf Wunsch des Kaisers mich begleiten, aber die Mitnahme eines solchen Menschen war unmöglich. Gleich sein erstes Auftreten, als er am folgenden Tage mit dem französischen Dampfer von Alexandria kam, überzeugte mich, dass man es mit einem vollkommen Irrsinnigen zu thun hatte, und so konnte ich nichts anderes machen, als ihn zurückzusenden. Nur mit Mühe brachte man ihn nach Aegypten zurück. Er weigerte sich aber andererseits auch, mich zu begleiten, und schliesslich hat man ihn von Aegypten nach Ancona ins Irrenhaus bringen müssen, da sein Wahnsinn anfing, gefährlich zu werden.

So endete die kurze Laufbahn eines Negers, der zu den besten Hoffnungen berechtigte: ein warnendes Beispiel, Leute nicht herauszureissen aus einer Sphäre, für die sie bestimmt sind. Uebrigens ist bemerkenswerth, dass bei den Negern Wahnsinn äusserst selten vorkommt. Man wird nicht irre gehen, wenn man annimmt, dass von den Schwarzen neunzig Procent weniger an Seelenkrankheiten leiden, als die europäischen Weissen, und wenn bei erstern Wahnsinn zum Ausbruch kommt, dann äussert er sich nur unter der Form von Hochmuthswahnsinn. Meistens glauben sie, sie seien Könige, Zauberer, Feen, Gott, neue Propheten oder dergleichen, aber auch höchstens von zehntausend einer; nie aber habe ich Tobsüchtige bei den Schwarzen gesehen, während unter den Arabern schon bedeutend mehr Formen von Irrsinn zum Durchbruch kommen.

Malta hat sich wenig, Lavaletta gar nicht verändert. Es ist wahr, einige Hotels bekunden, dass jetzt mehr Fremde nach der Honiginsel kommen; aber es sind das nicht etwa Geschäftsreisende, sondern solche, welche sich im Winter dort aufhalten, und die nur nach diesem, mit einem so köstlichen Klima gesegneten Eiland kommen, um den nebeligen Wintern in England aus dem Wege zu gehen. Man findet nur Engländer als Gäste.

Obschon Valetta Freihafen ist, kann man keineswegs behaupten, dass dies zur Hebung der Stadt beigetragen habe, wie denn überhaupt von den drei am Mittelmeer noch bestehenden Freihäfen Malta, Gibraltar und Triest nur der letztere einen bedeutend entwickelten Handel zeigt. Triest als Haupthafen, fast könnte man sagen als einziger Hafen eines Reichs von fast 40 Millionen Einwohnern, müsste aber heute unter andern Verhältnissen mindestens die doppelte Seelenzahl haben. Venedig fängt jetzt erst an, sich wieder zu erholen, seit es der Freihafenstellung, welche es unter österreichischer Regierung einnahm, verlustig ging; denn es lässt sich nachweisen, dass seit 1874 Aus- und Einfuhr in der Lagunenstadt einen neuen Aufschwung nahmen.

Malta ist übrigens zu unbedeutend, um irgend von den Vortheilen oder Nachtheilen einer Freihafenstellung beeinflusst zu werden. Die Tausende von Schiffen, welche in Malta einlaufen, kommen ja nicht der Insel wegen, sondern um frische Vorräthe, Wasser, Kohlen und manchmal auch um Proviant einzunehmen. Zoll haben die Malteser nur für einige Artikel, namentlich Korn, zu zahlen. Aber trotzdem die Steuern dort unbekannt sind, trotzdem man jede grösstmöglichste Freiheit geniesst, gibt es kein unzufriedeneres Völkchen als diese Malteser. Es gehört wahrlich die Geduld einer britischen Regierung, der abgehärtete Sinn der Söhne Albions dazu, die Verunglimpfungen zu ertragen, womit die Einwohner der Insel tagtäglich in ihren Blättern die englische Regierung überschütten. Und haben die Bewohner etwa Ursache zur Klage? Nicht die geringste.

Die Malteser zahlen keine Steuern, sie haben die weitgehendsten politischen Rechte, sie brauchen nicht als Soldaten zu dienen, sie reden ihre eigene Sprache, sie haben - abgesehen von manchen Eingriffen in civile Angelegenheiten der Bewohner und der Stadt, welche aber durch die Eigenschaft, die erste Festung des Mittelmeers zu sein, durchaus nicht vermieden werden können das ausgedehnteste Selfgovernment, und dennoch! Wenn ich eben sagte, sie hätten nicht Ursache, unzufrieden zu sein, so haben sie jedoch nach ihrer Meinung gewiss eine, nämlich die, von einer protestantischen Regierung beherrscht zu werden, einem ketzerischen Staate anzugehören.

Der Hass der Bewohner der Insel wird von den 1200 Geistlichen (auf 140 Einwohner kommt ein Geistlicher) stets wachgehalten, und namentlich die Landbevölkerung muss den fanatischen Befehlen und Einflüsterungen der römischen Geistlichkeit gehorchen, denn man denke nur, ein Viertel aller Landrenten befindet sich in den Händen der Miliz des Papstes. Das ist gerade wie in Kufra!

Dass unter solchen Verhältnissen die Insel Malta thatsächlich viel kleiner ist für die arbeitende Bevölkerung, als sie dies ohnehin bei so dichter Bevölkerung ist, liegt auf der Hand, und das hat denn auch seit Jahren zu einer starken Auswanderung geführt. Von Algier an aufwärts bis nach Alexandria findet man in allen afrikanischen Hafenstädten, oft auch im Innern des Landes ein starkes Contingent Malteser. Sie befinden sich meist in guter Stellung, ohne gerade reich zu sein. Werden sie begütert, so kehren sie zurück zu ihrer Insel der Glückseligkeit, welche ihrer Meinung nach den Mittelpunkt der Welt bildet.

Es wird sich gewiss manchem beim Lesen dieser Zeilen die Frage aufgedrängt haben: wenn die Malteser unter so ausnehmend günstigen Verhältnissen - abgesehen von der Uebervölkerung, welche eben zum Verlassen der Insel, zum Auswandern zwingt - sich befinden, was wünschen sie denn eigentlich? Im Grunde genommen wissen sie es wol selbst nicht; sie befinden sich eben in der Stimmung jener Leute, welche einen Regierungswechsel à tout prix wollen. Sie würden vorziehen, französisch zu sein, aber so vernünftig sind sie doch, um einzusehen, dass dies zu den Unmöglichkeiten gehört. Viele von ihnen, besonders die vornehme und italienisch sprechende

Bevölkerung Maltas, haben irredentistische Gefühle, aber sie bekennen, dass Italien die Insel weder gegen England noch gegen Frankreich zu schützen im Stande wäre; zudem wissen sie, dass die Mehrzahl der Einwohner, namentlich die Landbewohner, nicht einmal eine mit Italien gemeinsame Sprache besitzt. Zu republikanischen Gefühlen hat sich in Malta, abgesehen von einigen wenigen, wol noch niemand verstiegen, aber einen grossen Wunsch haben alle: sie möchten patrimonial werden! Dieser ihr Wunsch kam so recht zum Ausdruck, als Pio nono zuerst seine eigene Gefangenschaft der römisch-katholischen Welt verkündete. Und als dann die Rede war von einem Verlassen Roms, von einer Flucht des Papstes, wie hofften da die Malteser, er würde nach Malta kommen und ihre Insel als Sitz seiner Herrschaft auserlesen.

Fast möchte man sagen, dies Sehnen nach geistlicher Herrschaft sei hervorgerufen durch eine sich forterbende Erinnerung an die Malteser-Ritter. Haben sie doch immer noch vor Augen den alten Palazzo und die verschiedenen Palazzi der Nationalitäten! Ist doch ganz Valetta selbst ein Product eines ihrer berühmtesten Grossmeister! Aber dieser Traum der Malteser, dass das Inselreich einst Sitz des Papstes werde oder gar, dass es in die Hände einer andern Macht käme, geht voraussichtlich nie in Erfüllung.

So lange Grossbritannien zur See die erste Macht der Welt ist, so lange wird das Mittelmeer und folglich auch Malta englisch bleiben. Für Frankreich ist es zu spät, jetzt noch aus dem Mittelmeer einen *lac français* zu machen.

50

Während unsers mehrtägigen Aufenthalts in Malta nahmen wir alles, was Stadt und Insel Sehenswerthes darbieten, in Augenschein: den Gouvernementspalast, die Bibliothek, die im Innern so prächtige Johannes-Kathedrale, den herrlichen Garten von San-Antonio, in dessen Gartenpalast, ehemals Villa der Grossmeister, die Herzogin von Edinburgh einen Winter zubrachte und hier ihrem Gemahl ihre Melita schenkte.

Wir gingen dem Ende des Monats October entgegen, und hier befand man sich wie im Frühling. In der That ist Malta eine von den gesegneten Inseln des Mittelmeers, wo der Winter absolut fehlt. Die geringste Wärme im Winter beträgt 10deg., während die durchschnittliche Temperatur 12deg. ist. Wunder nehmen muss es, dass auf einer so dicht bevölkerten Insel so wenig für gute Communication gesorgt ist. Die ehemaligen alten, den römischen Triumphwagen nicht unähnlichen federlosen Karren haben allerdings reizenden kleinen viersitzigen Droschken Platz gemacht, aber keine von den Ortschaften im Innern ist mit Valetta durch Post oder Omnibus verbunden. Man sprach seit Jahren davon, zwischen Citta vecchia und Valetta eine Pferdebahn herstellen zu wollen, die Kühnhoffenden redeten sogar von einer schmalspurigen Eisenbahn, aber es bleibt immer beim Project.

Inzwischen boten die Engländer alles auf, um Valetta, uneinnehmbar zu machen, und diese Festung sowie die dominirende Lage von Malta haben in der That etwas Achtunggebietendes. Ob aber, falls die englische Flotte nicht bei der Hand ist, um eine Landung an einem andern Theile der Insel zu verhüten, bei unsern heute so weit tragenden Geschützen Valetta uneinnehmbar wäre, wer würde das mit Sicherheit zu behaupten wagen?

Die Bevölkerung von Malta, bekanntlich entstanden aus einer Vermischung von Gott weiss wie viel andern Völkern, in deren Adern nicht nur Araberblut, sondern sicherlich auch Negerblut rollt - man denke nur an die Raubzüge der Malteserritter, welche ja fast nur gegen Afrika hin unternommen wurden -, hat seit dem Jahre 1800 eine starke Beimischung englischen, also angelsächsischen Blutes erhalten, denn jetzt liegt auf Malta eine ständige Garnison von mindestens 7000 Mann, ausser der Flotte, welche in der Regel durch einige Schiffe der Kriegsmarine vertreten ist. Aber abgesehen von hellhaarigen und blauäugigen Individuen, erhielt bisjetzt der Maltesertypus durch Beimischung der schönern Engländer keine Verschönerung. Die hässlichen Elemente in der Malteserbevölkerung: dunkelgelbe Hautfarbe, dicke Lippen, welche fast an die Wulstlippen der Neger erinnern, Kleinheit der Frauen wie bei den Arabern, viereckige Gesichter, sind zu stark ausgeprägt, als dass sie schnell absorbirt werden könnten. Kein Platz Europas sah in der That so viele vorübergehende Bvölkerungen wie Malta, nicht nur solche, welche, durch Beute gelockt, dahin kamen und zeitweise die Insel in Besitz nahmen, sondern auch auf den friedlichen Wegen des Besuchs und Verkehrs. Täglich laufen Dampfer von allen Herren Länder ein; nicht selten bleiben die Schiffe längere Zeit im Hafen liegen, und es bildet sich zwischen den Fremdlingen und Insulanern ein intimes Verhältniss. Mehr noch und von grössern Folgen wirken die Kriege der Neuzeit.

52

Während des Krimkriegs und während des russisch-türkischen Kampfes standen monatelang ganze Regimenter fremder Nationalität, z. B. 1876 dicht bei Valetta indische Regimenter, im Lager. Alle diese im besten Mannesalter befindlichen Truppen lassen ihre Spuren zurück, sodass man wol behaupten darf, Malta habe die gemischteste Bevölkerung von ganz Europa.

Am Abend vor unserer Abreise mit dem italienischen Dampfer "Lombardia" besuchten wir noch das Opernhaus, wo "Norma" von einer italienischen Gesellschaft recht gut gegeben wurde. Sodann verabschiedeten wir uns von unserm Consul, der uns während der ganzen Zeit unsers Aufenthaltes auf Malta in aufopferndster Weise beistand und sich namentlich bei unsern Einkäufen mit Rath und That betheiligte. Freilich hatten wir viel zu besorgen. Die feinern Provisionen, wie Gemüse und Fleisch in Blechbüchsen (mit Genugthuung constatire ich, dass die vorzüglichen Gemüse aus einer lübecker Fabrik stammten, wie denn überhaupt manche deutsche Waare ihren Weg nach Malta gefunden hat), Handwerkszeug, Munition, Spiritus, Kaffee und Thee, Reis und Zucker u. s. w. wurden hier erst besorgt. Und in Malta ist es keine leichte Sache, zu kaufen, da die Bewohner, welche bis zum Ende des vorigen Jahrhunderts von Piraterie lebten, dies Handwerk jetzt auf eine Art fortsetzend die zwar minder gefährlich ist, aber doch oft den Geldbeutel des Reisenden stark in Anspruch nimmt. Unser guter Consul und sein Secrotär, Herr Attard, schützten uns aber stets vor den Prellereien der Malteser. Es gibt nur ganz wenige Magazine mit wirklich reellen Verkäufern, wo man dann nicht um den Preis der Waare zu feilschen braucht.

Die "Lombardia" war ein recht guter Dampfer, und nach einer Fahrt von vierundzwanzig Stunden hatten wir das Südende des Mittelmeeres, das Nordende Afrikas erreicht.

Unerfreulich ist doch der Gedanke an die weitgestreckten, so lange Zeit der Barbarei preisgegebenen Küsten dieses Culturbeckens. Man kann wohl sagen, die grössere Länge der Gestade des Mittelmeeres erfüllt heute ihren Zweck nicht, denn die Ufer der Türkei, Syriens, Palästinas, die Ufer von Aegypten bis nach Algerien, die Küste von Marokko, was produciren sie? Nichts, gar nichts, wenn man sie mit den Gestaden anderer Länder, mit denen von Frankreich und Italien vergleicht. Man kann mit Recht behaupten, dass dieses Civilisationsbecken, dieses Centrum der alten Welt jetzt ganz seinen Nimbus eingebüsst. Das Mittelmeer und die um dasselbe wohnenden Völker geben heute nicht mehr den Ton an für die übrigen Völker der Erde. Die Geschicke der Welt drehen sich heute nicht mehr um Rom und Konstantinopel. Die Phrase, welche zu Napoleon's I. Zeit Sinn zu haben schien: der Herr Konstantinopels ist Herr der Welt, ist heute eine leere. Heute kann vom Mittelmeer aus niemand mehr die Welt erobern; die Zeiten Roms, Athens und Aegyptens sind längst vorüber. Auch die hierarchische Weltherrschaft, welche die altkaiserlichen Zeiten ablösen sollte, gehört zu den überlebten Institutionen. Trotz der Unfehlbarkeit, trotz der Jesuiten ist die Weltherrschaft des Papstes ein überwundener Standpunkt. Die gewaltigen Anstrengungen können den Zerfall einer auf

Absolutie gegründeten Kirche wol um einige Jahrhunderte hinausschieben, aber nicht ganz verhindern.

Wir leben heute in andern, viel grossartigern Verhältnissen, und die Stelle, welche einst das Mittelmeer hinsichtlich der Cultur einnahm, wird heute von der Nordhälfte des Atlantischen [18] Oceans behauptet. In die grossen Culturfragen der Neuzeit greift, abgesehen von Italien, kein am Mittelmeer lebendes Volk mit ein. Es ist möglich, dass sich dies noch einmal wieder ändert, dass sich die Spanier, die den Balkan umwohnenden Völker ermannen, sich dem verdummenden Einfluss ihrer specifischen Kirche entziehen, augenblicklich ist es aber nicht der Fall, und von den Barbaren Nordafrikas kann in dieser Beziehung gar nicht die Rede sein. Die Zukunft gehört vorläufig den dem Protestantismus huldigenden germanischen Völkern an beiden Seiten des nordatlantischen Oceans. Dieser ist in unsern Tagen das Mittelmeer im vergrösserten Massstabe.

Durch die Besitzergreifung Cyperns seiten Englands ist heute das Mittelländische Meer thatsächlich zu einem grossen Strom Englands herabgesunken. Allerdings lassen sich unsere schnellen und um Wind und Strömung sich nicht kümmernden Dampfer das Mittelmeer durch die Festung Gibraltar nicht verschliessen, wie man zuweilen irrthümlich annimmt. Aber was lässt sich mit einer Panzerflotte, Gibraltar im Rücken, nicht alles machen? Durch eine dort concentrirte starke Flotte ist sicher die Absperrung zu Wege gebracht. Wir begreifen daher vollkommen die Idee der Franzosen, einen für Kriegsschiffe befahrbaren Kanal vom Golf von Biscaya bis zum Golf von

Lyon herzustellen. Und sie haben, so lange England eine so prädominirende Stellung im Mittelmeer einnimmt, nicht nur das Recht, sondern die Verpflichtung dazu.

Man bedenke nur, Malta im Centrum des Mittelmeers, im Osten Cypern und im Westen Gibraltar, diese drei Hauptpunkte in der Hand der grössten Weltmacht, welches Uebergewicht erlangt dadurch auf dieser Stelle der Erde Grossbritannien! Und es scheint, als ob ihm keine dabei interessirte Macht den Besitz streitig machen würde.

Alle Völker, welche um das Mittelmeer wohnen, im Norden die römischen Katholiken, im Süden die Mohammedaner, sind in den Banden von Religionen, welche keine Cultur und keinen Fortschritt gestatten, und ohne diese gibt es keine Macht heutzutage. Die rohe Gewalt siegt heute nicht mehr, sondern das Wissen. Das Volk, welches am meisten weiss, wird das herrschende und starke sein, nicht das, welches am meisten glaubt. Das Volk, welches die besten Schulen hat, wird sich am unbesieglichsten erweisen. Die Zeiten der vielen Kirchen und Schlösser sind vorüber, heute baut man mehr Schulen und Museen, denn lernen wird der Mensch immer, die Wissbegier lässt sich nicht mehr eindämmen.

Es ist nicht zu leugnen, dass durch die Eröffnung des Kanals von Suez das Mittelmeer ebenfalls eine neue und erhöhte Bedeutung gewonnen hat. Eigene Dampferlinien sind entstanden, und im Jahre 1878, als wir in Tripolis uns befanden, passirten den Kanal über 1500 grosse Dampfer, deren Bedeutung erst dann ins Auge springt, wenn man erfährt, dass dieselben einen Gehalt von 3,248600 Tonnen repräsentiren. Wäre der Suezkanal nicht eröffnet worden, so hätte England vielleicht Cypern nicht genommen. Aber die Bedeutung des Kanals für den englischen Handel wird erst klar, wenn man erwägt, dass England durch den Kanal viermal mehr Schiffe gehen lässt, als alle andern Nationen zusammen. Nicht der Besitz von Konstantinopel ist gegenwärtig für England von weittragender Bedeutung, sondern der des Suezkanals, und auch die Besitzergreifung Aegyptens seiten Englands ist wol nur noch eine Frage der Zeit. Sollte nicht die Annectirung von Cypern die blosse Einleitung dazu gewesen sein?

Man muss eben die Verhältnisse nehmen, wie sie sind. Warum haben die am Mittelmeer wohnenden Völker den Handel Englands so überhand nehmen lassen? Jetzt nach Vollendung der Thatsachen lässt sich nichts dagegen machen, und niemand, der die Dinge unparteiisch beurtheilt, wird es einem Lande verdenken können, seine Interessen oder die seiner Angehörigen zu schützen. Am allerwenigsten aber werden sich die Mohammedanischen Völker, welche am Mittelmeer wohnen und nichts thaten für Cultur und Civilisation, sondern bis in die neuere Zeit von Raub und Mord ihr Dasein fristeten, beklagen können, wenn man sie von den Ufern zurückdrängt.

Es ist in der That unbegreiflich, wie bis zu unsern Zeiten an diesem alten Culturbecken, von wo einst durch die hoch civilisirten Aegypter, Griechen und Römer die Menschheit zuerst die Segnungen humaner Ideen erhielt, jene asiatischen Barbaren im Besitze der schönsten Länder der Erde bleiben konnten! Was machten sie z. B. aus Syrien, Palästina und den hundert kleinen und grössern Inseln des Mittelmeers? Und wie haben jene asiatischen Semiten den ganzen Nordrand von Afrika verwüstet? Dort, wo einst Wälder standen und das Klima so feucht war, dass Elefanten existiren konnten, finden wir jetzt vermengte Einöden!

Neidlos müssen wir es anerkennen, dass die Franzosen, die in jüngster Zeit so Grosses in cultureller Beziehung am Mittelmeer schufen - ist Lesseps, der Erbauer des Suezkanals und Schöpfer der Idee dazu nicht ein Sohn Frankreichs? - sich durch die Eroberung Algeriens ein Verdienst um die ganze Menschheit erwerben. Aber warum gingen sie nicht noch einen Schritt weiter und vertrieben die asiatischen Eindringlinge? Warum drängten sie nicht, wie ihnen Ernst Renan anrieth, jene semitischen Räuber dahin zurück, woher sie gekommen: in die Wüste? Hat eine funfzigjährige, von den Franzosen speciell in Algerien gemachte Erfahrung nicht genügt, um zu beweisen, dass man jene Menschen nicht civilisiren kann, weil sie nicht civilisirt werden wollen? Bewies nicht die Erfahrung mehrerer Jahrhunderte, dass die Türken und Araber am Mittelmeer mit europäischer Cultur nichts zu thun haben wollen?

Gewiss besässe man schon manches Land im Norden von Afrika, wenn England nicht wäre, welches seiner commerciellen und politischen Interessen wegen der geborene Schutzherr der Mohammedaner und aller Mohammedanischen Staaten ist. Man erinnere sich nur, mit welchen Mitteln aller Art England sich dem so hoch civilisatorischen Werke der Eroberung Algeriens seiten Frankreichs widersetzte, und dass es, als die Spanier nach der Eroberung von Tetuan

58

auf Fez marschiren wollten, der spanischen Armee ein Halt zurief. Nicht die einzelnen Engländer hegen für Mohammedaner, für Türken und Araber Sympathien, im Gegentheil, die Engländer als Individuen sind viel zu hoch gebildet, um für jene rohen Horden Theilnahme zu besitzen. Es ist immer nur die Regierung.

Aber hoffentlich ist die Zeit nicht fern, wo Marokko, Tunis und Tripolis europäischen Mächten anheimfallen, um dann einer bessern Zukunft entgegenzusehen.

Die einstmals so blühenden Städte Karthago, Cyrene, Leptis, Caesarea und andere werden dann zu neuem Glanze emporblüben. Es kann das aber nur geschehen, wenn die am Mittelmeer gelegenen Länder eine gemeinsame Action nach dem auf sie wartenden Süden unternehmen. Erst wenn Spanien die ihm gegenüberliegende Küste des Mittelmeers, wo es ja jetzt schon Besitzungen hat, einnimmt; wenn Frankreich seine an der Nordküste Afrikas gelegene Colonie abrundet und Italien sein ihm zu Füssen liegendes Land aufhebt: dann erst beginnt für jene Länder eine neue Periode des Glücks. Diese Zeit kommt, und England wird dann erkennen, dass es durch Beziehungen mit civilisirten Ländern in seinem Handel keine Einbusse erleidet. Denn in seiner politischen Machtstellung fühlt England sich doch wol sicher genug. Es hat ja jetzt drei Gibraltar im Mittelmeer oder drei Malta, denn diese Festungen können ohne Unterschied, was Stärke anbetrifft, ihre Namen sich leihen. Falls man in England jenes nicht glauben will, so consultire man die Importe englischer Waaren und Erzeugnisse nach Algerien. Man vergleiche den

Import und Export unter türkischer Herrschaft mit dem gegenwärtigen. Schon ein oberflächlicher Vergleich dieser directen Wechselbeziehung Englands und Algeriens wird genügen, das eben Gesagte zu bestätigen.

Derartige Betrachtungen halfen mir die Zeit verkürzen, und schneller als wir dachten, lag die "Lombardia" im Hafen von Tripolis.

3. Tripolis

Es ist ein eigenes Gefühl, eine Stadt wieder zu besuchen, welche man seit zehn Jahren nicht sah und von der man glaubte, dass man sie nie wiedersehen würde. Eine Fülle von Gedanken stürmt auf uns ein: Lebt der und jener noch? Existirt die Wohnung noch, in der du haustest? Wie wirst du empfangen werden? u. s. w. Und dies um so mehr, wenn es sich um eine von der Welt so abgeschiedene Stadt wie Tripolis handelt. Das grösste und wichtigste Communicationsmittel, was jetzt die ganze Welt verbindet, der Telegraph, mangelt. Ich hatte deshalb auch gar keine Kunde vom Tag meiner Ankunft geben können, und nichts war vorbereitet.

Tripolis liegt nicht unschön. Wenn man von der hohen See kommt, bemerkt man zuerst im Süden den Djebel, welcher als anscheinende Gebirgskette aus den Fluten aufsteigt. Bald darauf erkennt man die hohen blendend weissen Mauern der Stadt, in weitem Umkreise von einem herrlichen Palmenwald umsäumt. Kommt man näher, so sinkt das Gebirge wieder unter den Horizont, die Contouren der Stadt entwirren sich, die einzelnen verfallenen Forts lassen sich deutlicher unterscheiden, die Minarets, schlanker als die im westlichen Afrika, ragen in die Lüfte, und bald liegt scharf gezeichnet die Stadt vor uns.

Obschon jetzt, seitdem die Halfa-Ausfuhr so grossen Umfang gewonnen hat, dass wöchentlich durchschnittlich mehrere Dampfer vor Tripolis Anker werfen, die Ankunft eines solchen nicht mehr als ein ausserordentliches Ereigniss betrachtet wird, so ruft doch das Erscheinen des Postdampfers immer eine grosse Aufregung hervor. Das ist auch ganz natürlich. Man erwartet seine Post, seine Zeitungen, seine Angehörigen, und alles ist auf den Beinen, den Dampfer zu begrüssen.

Empfehlungsbriefe hatte ich von den meisten Regierungen für die dortigen Vertreter, sodass ich auf einen freundlichen Empfang bei ihnen wol rechnen durfte. An Sir Drummond Hay langte, wie ich später erfuhr, mit derselben Post ein Schreiben von Lord Salisbury an, worin dem britischen Generalconsul aufs wärmste die Unterstützung der Expedition der Deutschen Afrikanischen Gesellschaft ans Herz gelegt wurde. Für den belgischen Consul, den alten Herrn Gagliuffi, besass ich von dem Präsidenten der Association internationale, Seiner Majestät dem König der Belgien ein Empfehlungsschreiben, ein gleiches für den niederländischen Generalconsul Herrn Dr. von Testa, ein anderes von der königlich italienischen Regierung für Marquis von Goyzueta, den italienischen Consul, und die pariser Geographische Gesellschaft hatte ein Schreiben an Mr. de la Porte, den französischen Generalconsul, gerichtet. Ich konnte also auswählen. Aber keinen der Herren hatte man vorher davon in Kenntniss gesetzt.

Ich befand mich deshalb in grösster Verlegenheit, wo ich, da es schon spät nachmittags war, meine Frau, meine Begleiter, kurz die ganze Expedition in der ersten Nacht unterbringen sollte. Tripolis ist so in der Cultur zurück, dass es auch heute noch kein Hotel besitzt. Meine in Kisten verpackten Zelte mussten noch die Douane passiren. In eins der arabischen, aller Möbel und jeden Comforts entbehrenden Funduks konnte ich doch mit meinen Begleitern, welche noch hie einen Fuss auf afrikanischen Boden gesetzt hatten, nicht gehen, abgesehen davon, dass derartige, von Schmuz und lästigen Insekten starrende Locale immer erst einer gründlichen Reinigung bedürfen.

In einer keineswegs heitern Stimmung begannen wir indess, mit dem nothwendigsten Gepäck versehen, uns auszuschiffen. Und da standen wir denn am Molo der Douaue, umringt von Hunderten von neugierigen, zudringlichen und lautlärmenden Eingeborenen, welche darauf warteten, unser Gepäck fortzuschaffen. Lange dauerte aber diese ungewisse Lage nicht. Ein alter Herr drängte sich durch; ich erkannte in ihm sogleich den jetzt 84 Jahre alten Consul Gagliuffi, ein freundlicher Händedruck erneuerte unsere Bekanntschaft, und nun wurde auch bald Rath geschafft. Meiner Frau galant den Arm reichend, schlug er vor, nach dem "Casino" zu gehen, da in diesem "Café" vom Besitzer oder Pächter des Hauses einige Zimmer zum Logiren eingerichtet seien. Er selbst könnne in einem Zimmer seiner Wohnung einen Herrn unterbringen, was denn auch Herr von

Csillagh mit Dank annahm. So zogen wir nun durch die engen Gassen dahin, standen bald darauf vor dem unscheinbaren Hause, erstiegen eine halsbrecherische Treppe und betraten einen Salon, der als Ausstattung ein dürftig garnirtes Buffet, in der Mitte ein altes Billard (welches früher Eigenthum des spanischen Generalconsuls gewesen war) und rings herum an der Wand einen Divan enthielt, vor welchem einige Tische standen.

Hier campirten wir im wahren Sinne des Wortes mehrere Stunden, bis die beiden Zimmer für uns in Ordnung gebracht waren. Meine Frau sowol wie alle übrigen fanden sich aber schnell in das Komische der Lage, welches noch dadurch erhöht wurde, dass zahlreiche "Dandies" von Tripolis herbeikamen, um Billard zu spielen, eigentlich aber wol, um uns, "die Eindringlinge" in ihr "Casino", zu beobachten. Aber kein unhöfliches Wort wurde laut, im Gegentheil, man nahm die grösste Rücksicht auf die fremden Ankömmlinge.

Zu essen gab es im "Casino" nichts, aber Herr Consul Gagliuffi wusste auch hier Rath: nicht nur liess er in seinem eigenen Hause eine Bouillon bereiten und senden, sondern sorgte auch dafür, dass in einer benachbarten Garküche - erst später erfuhr ich, dass es auch ein recht gutes Restaurant in Tripolis gibt - ein Abendessen bereitet wurde. Was aber die Hauptsache war, er vermittelte noch am selben Abend die Ausladung aller unserer Güter und lagerte sie in sein Waarenmagazin.

Mittlerweile war auch Herr Labi, der österreichische Consul, gekommen, um uns seine Dienste anzubieten, und Herr Hay, der englische Generalconsul, stellte sich uns durch seine Cavassen zur Verfügung, während ich selbst zu Herrn von Goyzueta ging, um ihn zu bitten, officiell die deutsche Expedition unter italienischen Schutz zu nehmen. Bei der gegenseitigem Eifersucht der Consuln und der Sucht, aus den kleinsten Formfehlern grosse Schwierigkeiten und "questions" zu machen, hatte ich im Anfange geschwankt, unter welches Consulat ich die Expedition stellen sollte. Und ich gestehe offen, hätte ich gewusst, dass die britische Regierung eigens ans Generalconsulat schrieb, so würde ich wol Herrn Hay ersucht haben, weil er mein ältester Freund war, mir seinen Schutz zu ertheilen. Aber, wie schon erwähnt, kam das betreffende Schreiben erst mit demselben Boot an, mit dem ich in Tripolis landete; und aus blos persönlicher Bekanntschaft wollte ich nicht darum bitten. Die andern Consuln, als nicht von ihrer Regierung bezahlte, konnten aber gar nicht in Betracht kommen. Denn bei ja leicht entstehenden Differenzen, entweder mit Beamten der türkischen Regierung oder mit den Eingeborenen, bedurfte ich nicht nur eines wirksamen Schutzes, sondern sobald ich mich im Innern befand, auch der Wahrnehmung meiner Interessen während meiner Abwesenheit, sowie der Protection für meine Frau, die in Tripolis zurückbleiben sollte.

In wirksamer Weise konnte dies nur gewährt werden entweder vom britischen, vom französischen oder vom italienischen Consul. Ein nicht bezahlter Consul hat in den Augen der Orientalen gar kein Ansehen. Es ist daher immer in diesen Ländern vorzuziehen, wenn eine Regierung es nicht für nöthig hält, Geld für einen eigenen Beamten auszugeben, lieber ihre

Angehörigen dem bezahlten Consul einer andern Macht zu unterstellen, als ein eigenes nicht bezahltes Consulat zu errichten. Vollends verkehrt ist es aber, in den Mohammedanischen Ländern ein Consulat in die Hände eines Israeliten zu legen, wie Oesterreich es that.

Ich bin gewiss kein Judenhasser, und nichts liegt mir ferner, als in die augenblicklich von gewissen Leuten in Scene gesetzte Judenhetze einzustimmen, welche am ärgsten von ehemaligen Juden betrieben wird. Im Orient jedoch und wo die Mohammedaner herrschen, liegen die Sachen anders. Den Christen fürchtet man jetzt in der Türkei und den türkischen Provinzen, namentlich den christlichen Consul, besonders wenn er Vertreter einer der Grossmächte ist. Aber den Juden verachtet man noch immer, und auch der consularische Charakter ändert daran nichts. Kommt nun noch dazu, dass solch ein jüdischer Consul nicht einmal bezahlt ist, also in den Augen der Türken gar nicht vollwerthig, sondern nur "Billonneur" ist, etwa sich verhält wie ein Zwanzig-Parastück zum Goldmedjidieh, so sinkt eine solche Vertretung vollends zu einer Caricatur herab. Der österreichische Consul Herr Labi, den ich als einen der ehrenwerthesten Männer von Tripolis kenne, vor dem ich alle Hochachtung habe, dem ich persönlich befreundet und von früher her zu grossem Danke verpflichtet bin (er hatte mir 1865 sein Landhaus während mehrerer Monate zur Verfügung gestellt), hätte gleichwol nie die Protection über unsere Expedition ausüben können. Man denke sich nur den Fall, ich hätte Sonnabends den Schutz des Consuls in Anspruch nehmen müssen - und von nun an hatte ich bald alle Tage auf dem Consulat zu thun -, dann hätte ich verschlossene Thüren gefunden, denn am Sonnabend rührt kein Jude in Tripolis die Hand. Man denke sieh ferner den Fall, Herr Labi wäre mit mir ausgeritten und irgendein zerlumpter Mohammedaner hätte ihn gezwungen, vom Pferde zu steigen, dann hätte ich ihn am Ende schützen müssen, oder er hätte sich Revanche bei seinem eigenen Consul, Herrn Drummond Hay, holen müssen, denn Herr Labi ist englischer Unterthan oder Protégé, obschon geborener Italiener.

Man verzeihe, dass ich diese Angelegenheit hier so weit erörterte und mit namentlichen Beispielen belegte, ab er ich halte die Sache für zu wichtig, als dass jemand mir einen Vorwurf daraus machen könnte. Und wenn ich Herrn Labi die Eigenschaft absprechen muss, grössere und wichtige Interessen im Orient den Türken gegenüber vertreten zu können, nicht weil es ihm an den persönlichen Eigenschaften fehlt, sondern weil die türkischen Beamten zu einsichtslos, die Bevölkerung zu dumm-fanatisch ist, so gilt dieser Vorwurf ganz und gar nicht seiner Person, von deren Vortrefflichkeit ich mich hinlänglich überzeugte, sondern nur dem Princip.

Ich habe mich nicht zu beklagen gehabt, dass ich die Expedition unter italienischen Schutz stellte. Und nicht nur officiell als Führer der Expedition bin ich Herrn von Goyzueta zu grossem Dank verpflichtet für die aufopfernde und intelligente Art und Weise, mit welcher er die Interessen der deutschen afrikanischen Expedition wahrnahm. Damals waren überhaupt von allen Consuln Herr Goyzueta und seine Gemahlin diejenigen, welche am meisten Sinn für wissenschaftliche Bestrebungen an den Tag legten: ich erinnere nur daran, in welch uneigennütziger Art sie unserm verstorbenen von Bary beistanden. Und noch weit über dessen Tod hinaus erstreckte sich die Sorgfalt dieser liebenswürdigen und feinfühligen Menschen für unsern Landsmann. Mit Freuden kann ich aber auch bezeugen, dass jetzt das italienische Consulat in Tripolis eine ganz andere Stellung einnimmt als vor 1870. Es steht jetzt an Ansehen den angesehensten Consulaten, dem englischen und französischen, fast gleich. Dies hat Italien nur der Umsicht und dem Takt des Herrn von Goyzuota zu danken. Es wäre aber gut, wenn Italien die Ebenbürtigkeit seines Consulats mit den Generalconsulaten von Frankreich und Grossbritannien auch äusserlich durch Erhebung desselben zum Generalconsulat an den Tag legte, schon wegen seiner zukünftigen Beziehung zur Regentschaft. Dann würde es dort den Primat besitzen. Am folgenden Tage stellte uns Frau Witwe Rossi, deren Mann vordem österreichischer Consul gewesen war und dessen bereitwillige Dienste sowol Nachtigal wie ich früher vielfach erfahren hatten, eins ihrer Landhäuser zur Verfügung, und so konnten wir uns denn schnell in einer reizenden Villa, welche versteckt mitten in einem Garten lag, einrichten.

Die Rossi'sche Villa befand sich in der Nähe der von mir mit Nachtigal früher bewohnten, welche gleichfalls dem österreichischen Consul gehörte und in welcher wir, beide Junggesellen damals, manche Nächte bis zum hellen Morgen bei englischem Biere durchwachsen. Nachtigal erzählt es ja selbst in seinem Werk, und auch ich denke immer mit Vergnügen an jenen Aufenthalt zurück, den wir zusammen im "petit paradis", wie der hingeschiedene Consul seine kleine Villa zu bezeichnen liebte, verbrachten.

Die gegenwärtig von uns bewohnte war sehr geräumig und bestand aus verschiedenen Gebäuden, welche sich um einen Garten voll schöner subtropischer und nördlicher wachsender Bäume und Blumen gruppirten. Das Hauptgebäude, das mit der hintern Seite an den Scharr el Schott grenzte (die Hauptstrasse durch den um die Stadt gelegenen Palmwald, Mschia genannt), hatte ein grosses mittleres Zimmer, eigentlich Flur oder Diele, mindestens 60 Fuss lang; auf dasselbe mündete rechts zuerst das Zimmer der Jungfer meiner Frau, dann das gemeinschaftlich von meiner Frau und mir bewohnte, mit einer Veranda nach der Strasse hin, und auf der andern Seite der Flur, welche wir als Salon und Esszimmer einrichteten, öffneten sich die Zimmer der Herren von Csillagh und Stecker; alle waren sehr geräumig.

Gegenüber diesem Gebäude lagen die Küche mit Nebenzimmern, und mehrere kleinere Gebäude, in deren einem Eckart und Hubmer wohnten, in einem andern eine Negerfamilie. Die Frau hiess Madame Fernneh und der Mann, welcher Freitags rothe englische Soldatenuniform anzog, Signore Barka. Die schwarzen Kinder, ein Zwillingspaar, waren noch namenlos. Die Aeltern galten als Hausleute und Wächter der Besitzung, während der gegenüber wohnende Ibrahim, ein Weisser, im Garten Gärtnerdienste versah, wenn er nicht mit seiner Tischlerei - das ist eigentlich ein unrichtiger Ausdruck, denn welcher Eingeborene in Tripolis lässt sich Tische machen? - beschäftigt war.

Ich stattete sodann dem Gouverneur, Excellenz Ssabri-Pascha, meinen officiellen Besuch ab, auch einigen der andern türkischen höhern Beamten und machte bei der Gelegenheit die Entdeckung, dass der Höchstcommandirende der Truppen einige Worte deutsch redete: er war in Wien auf der k. k. Kriegsschule gewesen. Noch aus der alten Schule, hatte er Geschwindigkeit und schneidiges Wesen sich nicht angeeignet: wenn er von seiner Wohnung zum Consulat ging, brauchte er zu dieser Promenade, welche ein nicht schnell gehender Europäer etwa in fünf Minuten machte, wenigstens zwanzig Minuten. Von einem ganzen Stab von Dienern und Adjutanten umgeben, von denen der eine den Tschibuk, der andere die Nargileh, der dritte den Tabacksbeutel u. s. w. trug, kam er mit einer unnachahmlichen Grandezza und Langsamkeit daher.

Uebrigens konnten wir, als wir den europäischen Consuln unsere Besuche machten, diesen Leichenbitterschritt auch nicht ganz unterlassen. Die vor und hinter uns gehenden italienischen Cavassen, ganz darauf gedrillt, thun es nun einmal nicht anders: es würde nicht "vornehm" sein, wenn man eilig ginge, es würde aussehen, als ob man Geschäfte hätte, als ob man arbeiten wolle. Arbeiten und Geschäfte haben darf in der Türkei ein vornehmer Mann nicht. Arbeit ist Schande, gilt dort noch immer. Ein Satz, wie der, welcher nach dem Alten Testament eine der höchsten Strafen in sich schliesst: ihr sollt euer Brot im Schweisse eures Angesichts verdienen, hat auch heute im Orient noch immer seine grösste Berechtigung; arbeiten und bestraft werden sind auch heute unter den orientalischen Völkern zwei synonyme Begriffe [19]. Die ersten Tage gingen natürlich nur mit Aeusserlichkeiten hin, die aber nun einmal nicht zu vermeiden sind, denn auf die Besuche folgen die Gegenbesuche, und da mit diesen Ceremonien stets Kaffeetrinken und Limonade- oder Scherbetschlürfen verknüpft ist, so dehnt sich, so gering die Zahl der zu besuchenden Häuser auch ist, ein solches Treiben immerhin einige Tage aus, denn um höflich zu scheinen, müssen die Besuche recht lang sein.

Bald darauf begann aber die eigentliche Thätigkeit des Organisirens der Expedition, und obwol man mir früher geschrieben, es sei sehr schwierig, Leute zu bekommen, meldeten sich so viele, dass ich Regimenter hätte bilden können. Namentlich kamen viele freigelassene Neger, welche gern umsonst mitgehen wollten. Ich liess mich jedoch bereden, nur solche anzuwerben, die eine gewisse Garantie boten; aber was ist am Ende die Bürgschaft jener Eingeborenen aus der arbeitenden Volksklasse? Ich bin überzeugt, ich hätte viel grössern Vortheil von den ersten besten gehabt, namentlich aber von den nach ihrer Heimat strebenden Negern, als von jenen Tripolitanern, von denen der eine einen Papa, der andere einen Bruder oder guten Freund als "Daman" oder Garantie stellte, und welche, als ich sie dann wegjagen musste, vorzogen, so und so lange im Gefängniss zu sitzen, aber zum Zurückerstatten der Gelder nicht zu bewegen waren. Ein Araber, ein Türke, ein Mohammedaner lässt sich lieber ein Jahr lang bei Wasser und Brot in dem scheusslichsten Loche gefangen hal-

70

ten, ehe er sich dazu versteht, auch nur zehn Thaler herauszugeben. Hier helfen nur Prügel.

So engagirte ich unter andern einen gewissen Abd Allah Naib. Er war ein gut aussehender Neger vom Stamme der Haussa und hatte mehrere male den Weg nach Bornu und einmal sogar den nach Uadaï zurückgelegt. Da der alte Staui, ein früherer Diener von Bary's und von mir, der in Tripolis auch gleich wieder in meine Dienste trat, speciell für ihn garantirte, setzte ich besonderes Vertrauen auf ihn. Aber von Sokna aus brannte mir Abd Allah Naib mit einigen funfzig Maria-Theresienthalern durch (circa 200 Mark), und als der italienische Consul den in Tripolis zurückgebliebenen Staui nun als Garanten einsperren liess, bat dieser Herrn von Goyzueta, ihn zu mir gehen zu lassen. Der alte Staui, vielleicht 70 Jahre alt, machte sich denn auch wirklich auf den Weg und legte die schwierige Reise von Tripolis bis Audjila, also mindestens so weit wie von Hamburg nach Triest, zu Fuss zurück. Ja, von Audjila wäre er nachgelaufen bis Kufra, wenn er nur einen Führer und ein Kamel gefunden hätte. Was sollte ich machen?

Ich schrieb Herrn von Goyzueta, ihn freizulassen, hatte er doch, als er jünger war, dreimal eine Reise mit mir gemacht, sich stets brav gehalten und später dem verewigten von Bary die Augen zugedrückt. Aber die Afrikanische Gesellschaft kam um ihr Geld, was übrigens unter allen Umständen verloren gewesen wäre, denn der geizige, gar nicht unbegüterte Staui würde eine langwierige Gefangenschaft der Herausgabe auch nur eines Thalers vorgezogen haben. Der Kamelankauf ging ebenfalls gut von statten, und verdanke ich es auch hier in erster Linie dem italienischen Consulat, dass ich so vorzügliche Thiere erstehen konnte. Herr von Goyzueta hatte einen gewissen Smaui, einen jungen intelligenten Menschen, dessen Vater italienischer Protégé war, beauftragt, für mich die Kamele zu kaufen, weil ein Europäer von den Beduinen auf die unverschämteste Art geprellt wird. Hohe Preise musste ich allerdings zahlen - etwa 95 Mahbub oder 380 Fr. das Stück -, bedeutend mehr als früher, aber daran liess sich nun einmal gar nichts ändern.

Steigerungen der Preise haben überall stattgefunden und werden auch immer vorkommen. Es ist das ein natürliches Gesetz. Die guten billigen Zeiten kommen nie wieder, weil sie überhaupt nie bestanden. Denn zu den Zeiten, auf die wir jetzt als die "billigen" zurückblicken, klagte man schon ebenso über Theuerung, wie wir es jetzt thun, und nach hundert Jahren oder schon früher wird man sich mit Staunen und Verwunderung sagen, im Jahre 1880 kaufte man Brot und Fleisch zu einem Preise, der noch einmal so niedrig war. Uebrigens finden wir dieses Theuerwerden nicht blos in den civilisirten Ländern oder solchen, die mit den Culturstadien in directer Wechselbeziehung stehen, sondern auch in den Ländern, die ganz abseits von der grossen Weltbewegung liegen und nichts mit unserm Handel und Wandel zu thun haben. In Centralafrika, in den Haussa-Ländern kaufte man, als ich dort war, ein gutes Rind für einen oder höchstens zwei Thaler. Jetzt soll unter vier Thalern dort keins mehr zu haben sein. Also auch da Theurerwerden der Gegenstände.

Glück schienen wir indess haben zu sollen. Der Verkehr mit Uadaï war vollkommen hergestellt. Es gingen und kamen direct Karavanen via Borgu, während andererseits auch der Weg über Kufra sehr häufig begangen schien. Freilich, Zuverlässiges konnte man in Tripolis nicht erfahren, und alle Bemühungen, hier direct eine Karavane zu organisiren, mit der ich von dort aus hätte hingehen können, scheiterten an der Feigheit der Unternehmer oder ihrer Sklaven. Die Feigheit wurde nur noch von der Lügenhaftigkeit dieser Gauner übertroffen.

So hatte ich einst tagelange Verhandlungen mit einem alten weissbärtigen, anscheinend sehr ehrwürdigen Neger, einem Sklaven des den Reisenden wohlbekannten Kerheni, dessen Bruder jener berechtigte vormalige Oberbürgermeister (1868) von Tripolis war. Der Mann organisirte eine grosse Waarenkaravane und kam aus freiem Antrieb zu mir, um mit mir zu berathen, wie wir beide nach Uadaï gelangen könnten. Wir hatten lange Conferenzen, und an der Hand der neuesten, mir gerade zugekommenen Chavanne'schen Wandkarte versuchte ich, ihm die verschiedenen Wege nach Uadaï klar zu machen: den über Borgu, einen neuen über Sella und den über Kufra. Ich glaube, der alte Bursche verstand mich auch, er schien mir so intelligent und so und so oft hatte er Karavanen nach Bornu und Kano geführt. Er brenne jetzt, sagte er, vor Begierde, nach Uadaï zu gehen, und wir, er mit zwanzig Sklaven oder Kameltreibern, ich mit dreissig, würden uns schon Bahn brechen. Er verfehlte auch nie, einige Tassen Kaffee zu trinken und dazu einige Cigarretten zu rauchen, und aus dem Tonfall der Worte meiner Frau: "Welch treuherziges gutes Gesicht hat dieser alte Mann!", schien er entnehmen zu dürfen, dass er noch lange auf unsere beiderseitige Bekanntschaft zählen könne. Da führte mich eines Tags ein Geschäft nach dem Hafen, und im Vorbeigehen trat ich in das Bureau des Hadj Kerkeni, der augenblicklich Agent und Besitzer des Dampfers Trablus-rharb ist. Als ich ihm eröffnete, ich beabsichtige mit seinem Sklaven nach Uadaï zu gehen, sagte er ganz verwundert: "Davon, dass mein Sklave nach Uadaï will, weiss ich kein Wort, von mir erhielt er Auftrag nach Kuka." Und so war es auch. Der alte graubärtige Sünder hatte mich hintergangen. Ein solcher Zug ist unter den Arabern, Berbern und Negern keineswegs selten; sie benehmen sich so treuherzig in ihrer Rolle, dass man geneigt ist, alles zu glauben, was sie vorbringen, und ihr Spiel ist so natürlich, dass sie sich oft selbst belügen. Begreiflicherweise stellte der alte Neger, der sich so eifrig geographischen Studien auf der Karte hingegeben hatte, seine Besuche ein, sobald er erfuhr, dass ich wisse, wie die Sache stehe.

Die Zeit verging uns ziemlich schnell. Für mich allerdings war der Umstand sehr zeitraubend, dass ich meist zweimal tags zur Stadt musste wegen der anzuwerbenden Leute, der Kamele, der Vorräthe und hundert anderer noch zu beschaffenden Dinge. Unsere Villa lag aber mehr als eine halbe Stunde von der Stadt entfernt. Dennoch trotz der Entfernung hatten wir nachmittags oder abends meist Besuch.. Auch ein junger Deutscher, Herr Gotthelf Krause, war nach Tripolis gekommen und verbrachte regelmässig die Nacht vom Sonnabend zum Sonntag in unserer Villa. Eine uns gegenüber befindliche bewohnte der französische Viceconsul, Herr Ledoux, mit seiner Gattin. Wir hielten die beste Nachbar-

74

schaft. Auch der alte Frederic lebte noch und pflegte
nie nach der Stadt zu reiten, ohne uns guten Tag zu
sagen. Frederic Warrington ist der letzte der noch
Lebenden aus der Familie des ehemaligen britischen
Generalconsuls, welcher eine Zeit lang Regent von
Tripolitanien war, die Regentschaft den Türken in
die Hände spielte und andererseits bei jedem Auf-
stande der Eingeborenen seine Hand im Spiele hatte.
Warrington bedeutete vor einem Menschenalter dasselbe, was Sir Drummond Hay gegenwärtig für Marokko. Interessant und weniger bekannt ist noch,
dass der englische Reisende Major Laing, welcher
über Tuat nach Timbuktu reiste und auf dem Rückwege von der heiligen Stadt ermordet wurde, sich
am Tage vor seiner Abreise mit einer Tochter Warrington's verheirathete. Er hat seine Eintagsfrau nie
wiedergesehen.

Zur Zeit unseres Aufenthaltes in Tripolis kam auch
eine Gesellschaft französischer Missionare römischer
Confession, die äusserst geheimnissvoll auftraten.
Sie besuchten mich mehrere male und schienen vor-
treffliche Menschen zu sein. Da sie beauftragt waren,
in Rhadames eine römische Station zu gründen,
warum sagten sie nun, dass sie die Absicht hätten,
zur Verbreitung des römischen Glaubens nach Kano
zu gehen? Ich weiss es nicht. Fürchteten sie, dass ich
ihnen Concurrenz machen würde? Die Missionare
und das Missionswesen haben so grosse Erfolge in
der Entdeckungsgeschichte Afrikas nachzuweisen -
man denke nur an Krapf, an Rebmann oder gar Livingstone , dass man nur mit der grössten Achtung
von ihren Bestrebungen reden darf. Freilich, religiöse
Erfolge werden Missionare unter den Mohammeda-

nern und Juden im Norden wol nie haben, unter den Abessiniern noch weniger. Man sollte daher diese Bekehrungsversuche ganz aufgeben. Die römische Mission in Tripolis, mit deren Chef, dem Padre prefetto Angelo, ich seit Jahren befreundet bin, hat unter der Mohammedanischen Bevölkerung noch nie einen Proselyten gemacht. Der Islam und die römische Kirche verhalten sich wie Wasser und Feuer. Dort der grösste Bilderhass, hier die ausgeprägteste Ikonolatrie. Und kommt es ja einmal vor, dass sich ein Mohammedaner, z. B. während seines Aufenthaltes in einem Hafenort, in einem europäischen Krankenhause oder infolge ähnlicher Veranlassungen taufen lässt, so ist dieser Schritt doch meistens durch Geld bewirkt und hat stets nach einiger Zeit wieder Abfall von der Religion des Kreuzes zur Folge. Machte es nicht Leo Africanus schon zu seiner Zeit so? Man vergesse aber auch nicht, dass selbst heute noch der abtrünnig werdende Mohammedaner sein Leben verwirkt, wie das erst kürzlich in Konstantinopel geschah.

Zu den Negern sollte man aber nur Missionare römischer Confession senden, christliche Prediger evangelischer Confessionen werden dort nie etwas ausrichten. Kann aber der römische Sendbote den schwarzen Kindern des sonnigen Continents recht gut beibringen, dass das bunte Bild dieses oder jenes Heiligen ebenso wirksam ist wie jene hässliche hölzerne Fratze, die man ihm als einheimischen Heiligen entgegenhält, so erzielt er damit schon einen Erfolg, während es dem evangelischen Prediger wol nie gelingen wird, krausköpfigen Kindern das Geheimniss der Dreieinigkeit zu erklären, die er meist

76

selbst nicht begreift. Ob Stanley wol mit der Erklärung der Natur der Engel bei König Mtesa etwas bewirkte? Studirte er vielleicht die 37 Bände, welche die in Rom lebende Fürstin Wittgenstein über diesen Gegenstand, d. h. über das Wesen der Engel schrieb? Mehrere male nahmen wir in der Stadt auch an grössern Gesellschaften theil, einmal sogar erlebten wir ein Concert, das erste überhaupt seit der Erbauung von Tripolis. Es hatte einen durchschlagenden künstlerischen, sowie für die Unternehmer pecuniären Erfolg. Der Instrumente waren nur wenige: ein Pianino etwas zweifelhafter Natur, eine Violine und eine Flöte. Gespielt wurden Tänze und Canzonen. Als man aber in rauschender Weise den Bacio von Arditi vortrug, geriethen die Tripolitaner vor Entzücken ausser sich, das Stück musste zweimal wiederholt werden. An Abwechselung fehlte es keineswegs. So brachte Anfang December das Bairamfest die ganze Bevölkerung auf die Beine. Auch Tripolis civilisirt sich, wenigstens äusserlich. Man findet jetzt schon Droschken, wenn auch miserable Kasten, und Karren, um damit Halfa ans Ufer zu schaffen. Am Bairamtage wurden sie von den Mohammedanischen jungen Leuten benutzt, die sich zu Dutzenden daraufsetzten, um längs des Strandes zu fahren. Ein unternehmungslustiger Malteser hatte sogar vor den Thoren der Stadt eine russische Schaukel errichtet, und es erschien dies keineswegs als eine verfehlte Speculation.

Endlich war alles bereit zum Aufbruch, auch zwei Karren da, die ich von Malta kommen liess und die Eckart aus Apolda widerstandsfähiger machte. Und so stand denn der Abreise nichts mehr im Wege. Nur die Geschenke waren noch nicht angelangt, während die Bagage, deren Beförderung nach Malta S. M. Kanonenboot "Wolf" übernommen, sich längst in unsern Händen befand. Ich hebe dies besonders hervor, weil man im Publikum vielfach der Vermuthung Raum gab, das verspätete Anlangen der kaiserheben Geschenke sei durch die verzögerte Ankunft des "Wolf" herbeigeführt. Das Kanonenboot hatte nur Privatgepäck und Waffen für uns an Bord, und für die unentgeltliche Verfrachtung dieser Gegenstände sind wir der kaiserlichen Admiralität zu grossem Dank verpflichtet. Der Grund, weshalb die Geschenke so spät in unsere Hände kamen, lag in der mangelhaften Angabe der Adresse. Auf den Kisten befand sich nur mein Name und "Tripolis". Wenn es nun schon als ein glücklicher Umstand bezeichnet werden darf, dass sie überhaupt nach Tripolis in Afrika gelangten, denn sie hätten ja auch nach der gleichnamigen Stadt in Syrien oder nach Tripolis am Schwarzen Meer ihren Weg nehmen können, so verdankten wir es andererseits nur einem zufälligen Umstand, dass sie überhaupt später in unsere Hände kamen. Denn ein Frachtzettel fehlte auch. Möglicherweise könnten die Kisten noch in Tripolis auf der Douane liegen, denn Lagergeld zahlt man dort nicht, möglicherweise hätten sich Liebhaber dazu gefunden, denn niemand konnte beweisen, dass sie auf der türkischen Douane gewesen seien. Da entdeckte sie eines Tags der Bruder des österreichischen Consuls, Herr Labi, der sich geschäftshalber gerade auf der Douane befand und auf den Kisten meinen Namen las. Freilich waren wir schon in Sokna und hatten die Oase bereits verlassen, als uns die Nach-

richt von der Auffindung der Kisten zukam. So rei-
sten diese Kisten immer hinter uns drein, bis sie uns
endlich in Audjila trafen. Dass das nicht billig kam,
liegt auf der Hand. Mindestens ums Doppelte
vertheuerten sich durch diese Nachlässigkeit die Geschenke.

So nun vorbereitet, machten wir am 30. November
eine Versuchsexcursion nach der "Wüste", wie die
Tripolitaner den Anfang der Dünenzone nennen,
welche den Palmenhain Mschia umgibt. Meine Frau
fuhr auch mit hinaus, denn in Tripolis kann man fast
überall fahren, wenn auch nirgends auf chaussirten
Wegen. Wir opferten den üblichen Hammel, d. h. er
wurde vom Hirten gekauft, geschlachtet, über dem
Feuer gebacken und dann gleich verzehrt.

Am 18. December 1878 verliessen wir endlich unsere
gastliche Villa, die wir ungeachtet ihrer einfachen
Ausmöblirung - wir schliefen auf unsern Feldbetten
und benutzten unsere eigenen Tische und Stühle -
doch liebgewonnen hatten. Sechs Wochen in Eintracht hausten wir dort, und während dieser Zeit
war sie fast Mittelpunkt des socialen Lebens der
Stadt geworden, da fast kein Tag ohne Besuch verging. Aber keinen Augenblick wollten wir unnütze
Zeit vergeuden, und als der letzte von Malta ge-
kommene Dampfer uns keine Veranlassung zum
Bleiben gab, bepackten wir die Kamele und zogen
nach dem südlich von Tripolis gelegenen, allen Reisenden, welche von hier aus ins Innere dringen,
wohlbekannten Ain Sarah. Hier wollten wir noch
einige Tage lagern.

4. Rückblicke auf Tripolis und Tripolitanien

Tripolis hat seit meinem letzten Besuche sowol an Einwohnern als an Handel und Industrie einen bedeutenden Aufschwung genommen. Ausdehnen kann sich die eigentliche Stadt nicht, da sie mit hohen, stellenweise durch Bastionen unterbrochenen Mauern umgeben ist. Ausserdem werden ihre Thore, als ob man sich stets im Kriege befände, nachts geschlossen. Tripolis bewahrte also den Charakter der Festung, obschon die Mauern nichts weniger als fest sind. Mit jeder Feldbatterie würde man sie zusammenschiessen. Die Beibehaltung derselben ist aber insofern wichtig, weil sie als Zollinie gelten und zugleich Sicherheit vor Revolten und Putschen gewähren, die, wenn auch meist schnell von der türkischen Regierung unterdrückt, doch innerhalb der Stadt unbequem werden können. An den Thoren befindet sich denn auch stets eine starke Wache.

Man muss sich daher sehr verwundern, dass die Regierung gar nichts thut, um den Hafen zu verbessern. Oder, Verzeihung! nicht zu verwundern, da ja hier eine türkische in Betracht kommt. Der Hafen ist eigentlich vollkommen wie gegeben, nämlich durch die vom sogenannten spanischen Fort sich ins Meer hineinziehenden Felsriffe. Man brauchte die Zwischenräume nur zu schliessen, die Felsen durch eine Mauer nur etwas zu erhöhen, den Hafen nur zu vertiefen, einen Damm nur anzulegen, und alles wäre gethan. Ist das etwa eine ungerechte Forderung, eine zu grosse, eine zu kostspielige? Wenn man die Summen addirt, welche durch das Scheitern der

Schiffe als verloren ins Meer fallen, so kann man nur erstaunen, dass Angehörige der Nationen, welche den meisten Verkehr mit Tripolis haben, nicht schon längst diese Angelegenheit in die Hand nahmen. Nach einer officiellen Zusammenstellung [20] liefen während der Jahre 1868, 1869 und 1870 in den Hafen von Tripolis jährlich im Mittel 427 Schiffe ein, während 414 denselben verliessen; davon fuhren die meisten unter türkischer Flagge, in zweiter Linie kam Italien, das also das grösste Interesse hätte, hier etwas zu unternehmen. Leider scheint aber dieses Land nicht die nöthige Energie hinsichtlich Tripolis zu entwickeln. Aus Marseille meldet man, dass sich eine französische Compagnie zur Verbesserung des Hafens bilden wolle. Vom allgemein menschlichen Standpunkt und im Interesse der Schiffahrt können wir das Unternehmen ja nur mit Freuden begrüssen; aber das wäre ein Schritt mehr zur Annexion Tripolis seiten Frankreichs.

Im Jahre 1875 hatte sich die Zahl der aus- und eingehenden Schiffe in Tripolis schon mehr als verdoppelt [21]. Trotzdem veränderte sich die eigentliche Stadt in ihrem Aussehen wenig. Man führte Beleuchtung ein, aber im übrigen sind die Strassen noch ebenso kothig oder staubig wie vordem, und die Bazarstrassen zeigen ebenfalls noch ungefähr dieselbe Physiognomie, wenn man absieht von der grössern Mannichfaltigkeit europäischer Waaren, namentlich in Fayence und Glas. Neue Häuser, wenn man von europäischen Renovationen absieht, hat Tripolis nicht bekommen, dahingegen entstand nach der Mschia-Seite, vor den Thoren, eine ganz neue Stadt oder Vorstadt, schon jetzt der Mittelpunkt des mercantilen Lebens, mit der Aussicht, im bessern Sinne des Wortes eine wahre Neustadt zu werden.

Wenn man das stark bewachte Bab el Behar verlässt, so kommt man zuerst zu einer ganzen Reihe arabischer, mehr oder weniger gut eingerichteter Kaffeehäuser mit je einer breiten Veranda, unter welcher Stühle, Bänke und Tische stehen. Während des ganzen Tags hocken und sitzen hier Mohammedaner und reich gekleidete Juden, und oft genug auch europäische Tripolitaner. Man raucht Nargileh oder Cigarretten, denn Tschibuk ist fast gar nicht mehr Mode in der Türkei. Auch die Nargileh kommt immer mehr ab, und die Zeit ist fast schon da, wo man nur noch die entsetzlich duftenden, die Finger bräunenden Cigarretten sieht, von deren Inhalt (das bezog sich speciell auf den türkischen Taback) Liebig sagt, dass er dem Fusel gleiche.

Hier ist auch der Halteplatz der tripolitanischen Beförderungsmittel. Eine stattliche Reihe zweiräderiger, mit Pferden oder Maulthieren bespannter Karren wartet der Auftraggeber, um Halfa zum Strand zu fahren. Etwas näher noch halten Droschken, d. h. jene entsetzlichen Fahrzeuge, welche Tripolis von Malta, als dort ausser Lauf gesetzt, bekommen hat. Abseits aber steht das nationalste Fortschaffungsmittel: grosse und kleine Esel nebst Maulthieren. Auch heute bedient sich zu seinen Gängen und Wegen der Eingeborene fast nur der Esel, und auch von den Europäern werden die Langohren gern geritten.

Man geht weiter und kommt zu einer Strasse ganz voll von Lederstickern und Flintenfabrikanten. Beide Zweige haben in Tripolis sich sehr entwickelt. Die Flinten werden, was Läufe und Schloss anbetrifft, in

Europa gemacht, aber Schaft und Zierath ist einheimische Arbeit. Jeder Eingeborene, ob arm oder reich, ob alt oder jung, muss nun einmal eine lange Flinte besitzen, und Tripolis hat sich ganz besonders für diesen Arbeitszweig herangebildet. Mit den Flinten hängt aber die Lederindustrie und namentlich die Stickerei auf Leder ganz genau zusammen. Der Flinte darf natürlich ein Tragriemen nicht fehlen, der aus rothem Safflan besteht, welcher für den ärmsten Mann mindestens mit rother Seide, für den Reichen aber mit Gold und Silber bestickt sein muss. Wer ein Gewehr besitzt, verlangt noch einen Ledergürtel, daran lang hängend die Pulvertasche, der Kugelsack und eine Patronentasche befestigt sind, alles mehr oder minder reich gearbeitet. Auch die Pferdesättel werden hier gefertigt, und von den einfachsten ohne jede Stickerei steigt es bis zu solchen, bei denen man das Leder vor lauter Gold- und Silberarabesken nicht mehr sieht; letztere werden mit Hunderten von Thalern bezahlt.

Die grossartigsten Etablissements liegen aber noch etwas weiter weg. Es sind das nebst Comptoiren grosse Funduks oder Magazine zur Aufnahme für Getreide und Halfa. Wenn aber der Getreidehandel von Tripolis immer von Wettereinflüssen abhängig ist, indem man nach einem regenreichen Jahre eine vorzügliche, nach einem weniger regenreichen eine dürftige, oft auch bei anhaltender Dürre gar keine Ernte gewinnt, mehrt sich die Ausfuhr der Halfa von Jahr zu Jahr. Die Halfa ist keineswegs den Einflüssen der Witterung so unterworfen wie Korn, wenn man auch in feuchtem Jahren einen mehr üppigen Wuchs gewärtigen kann. Ausserdem wird sie von den Heuschrecken nicht angegriffen. Die Zone der Halfa, d. h. der Stipa tenacissima, welche am tauglichsten zur Papierfabrikation ist, erstreckt sich in Tripolitanien von der tunesischen Grenze bis ungefähr zu 17deg. östl. L. von Greenwich, während sie südlich wol kaum über 30deg. nördl. Br. hinausreicht. Die Halfa geht fast ausschliesslich nach England.

Wenn man aber bedenkt, wie rapid die Ausfuhr der Halfa angewachsen ist, dann kann man sich nur freuen, dass die Eingeborenen von vornherein einsahen, welche Schätze sie in dieser Pflanze besässen und wie ihnen nur eine rationelle Bewirthschaftung dies Gut zu erhalten vermöge - sie reissen nicht die Halfa aus, sondern schneiden sie.

Die in kürzester Zeit erfolgte Vermehrung des Handels mit Halfa in der Regentschaft erhellt am besten aus folgender Tabelle:

1870 wurden exportirt 1,022200 kg im Werthe von 40000 Frs.

1871 3,630000 295000

1872 11,318000 1,122135

1873 11,727000 1,092950

1874 19,822500 1,558230

1875 33,590025 2,372680

Der Unterschied von 40000 Frs. im Jahre 1870 und 2,372680 Frs. im Jahre 1875 ist sofort in die Augen springend.

Die Landbewohner bringen die Halfa kamelladungsweise nach Tripolis, wo sie Agenten englischer Häuser in Empfang nehmen, oft billiger, oft theuerer. Hundert und noch mehrere Kamelladungen werden sodann in die grossen Hofräume jener Funduks gespeichert und einer vollständigen Aussuchung unterworfen, denn nur die frischen und genügend langen Halme sind tauglich, während man trockene, mit Wurzeln zusammenhängende oder sonst beschädigte Halfa ausmerzt. Hierauf kommt die Halfa unter eine Presse, wird mit eisernen Bändern umspannt und nun wie Baumwollballen verschafft. Der Halfa hat Tripolis seinen Aufschwung hauptsächlich zu verdanken; aber nicht ausschliesslich.

Diejenigen, welche sich mit der Entdeckungsgeschichte Afrikas vertraut gemacht haben, werden sich erinnern, dass Nachtigal, als er 1873 nach Vollendung seiner Reise nach Uadaï über For, Kordofan und Aegypten nach Europa zurückkehrte, bei seiner Anwesenheit in Kairo dem Khedive eine verlockende Schilderung machte von der Fruchtbarkeit und den Reichthümern der von ihm durcbreisten Länder. Infolge davon liess der Khedive For bekriegen und als glücklicher Sieger das Land seinen Staaten einverleiben.

Ob er ein Recht dazu gehabt, soll hier nicht erörtert werden, Veranlassung zum Kriege seitens Fors lag, wenn ich nicht irre, nicht vor, ebenso wenig seitens Abessiniens, als Munzinger dem Khedive-Bogos eroberte und Schoa Aegypten einverleiben wollte, bei welcher Gelegenheit er fiel.

Erschreckt durch diesen Gewaltact, gab aber der Sultan von Uadaï nun sofort Befehl, allen Verkehr mit Aegypten abzubrechen, und schloss sich von Dar For, also von Aegypten, durch einen militärischen Cordon ab. Aller Verkehr, sogar für Einzelreisende, war unterbrochen. Irgendwo mussten aber doch die Waare ihren Abfluss haben, und daher entstand seit 1873 der rege und ununterbrochene Verkehr mit Tri-

politanien, dessen Handelsaufschwung also in ganz
directem Zusammenhang steht mit der Reise unsers
Landsmannes Nachtigal und mit der Annectirung
Dar Fors. Ausserdem hat aber auch der jetzige Sultan
von Uadaï, wie es scheint, viel Interesse, um Handel
und Wandel zu beleben. Er entsandte schon mehrere
Karavanen nach dem Norden, ja sogar nach Aegypten, die aber den Weg über Kufra und Siuah nehmen
mussten. Seine sämmtlichen Waffen bezieht der Sultan von Uadaï von Aegypten, trotzdem die Regierung dieses Landes gerade nach euer Seite hin die
strengsten Befehle zum Verhindern der Waffenaus-
fuhr erliess. Aber wer würde nicht ein türkisches
oder ägyptisches Gesetz zu umgehen wissen, oder
wo ist der türkische Beamte, der nicht selbst mit
Freuden die Hand dazu böte, dem Gesetze ein
Schnippchen zu schlagen?! Namentlich in der Türkei, wo alles immer im Kriege und in den Waffen ist.
Eine der grössten und ersten Ursachen bei den ewigen Unruhen im türkischen Staatswesen, und darunter verstehen wir auch Aegypten, muss man nächst
der Religion in dem Umstande suchen, dass es jedem
Lump gestattet ist, Waffen zu tragen. Wir begreifen
deshalb auch die französische Regierung nicht, dass,
sie ihren eingeborenen Arabern nach türkisch-
arabischer Sitte noch fortwährend gestattet, im Besitze ihrer Feuerwaffen zu bleiben. Mögen diese auch
noch so schlecht sein, man sollte doch bedenken,
dass eine Schusswaffe in der Hand eines Fanatikers
stets ein Damoklesschwert für das Leben eines Franzosen bedeutet. Warum entwaffnen denn die Franzosen die Eingeborenen nicht? Ein psychologisches
Räthsel, welches niemand lösen kann! Ganz ebenso

86

verhält es sich im Reiche der Osmanli. Allerorten ist immer Revolution; bald hier bald dort bricht eine Revolte gegen die türkische Herrschaft offen aus wenn diese Kämpfe auch wieder unterdrückt werden, so wird aber immer wieder eine spätere darnach folgen, einmal weil man den Unterthanen die Mittel, d. h. die Waffen dazu in Händen lässt, und dann weil die Ursache, eine lässige Regierung, weiter existirt. Die Türkei will ein civilisirter Staat sein, Civilisation ist aber gar nicht möglich, wo das ganze Volk in Waffen starrt.

Ich weiss sehr wohl, dass es Mohammedanern, Arabern und Türken ein traditioneller, durch lange Zeit geheiligter Brauch ist: der freie Mann dürfe nur in Waffen erscheinen, und das Recht dazu unterscheide ihn von den Sklaven und Frauen. Das war ehemals auch so bei den europäischen Völkern, aber man sah längst ein, dass es zu nichts Gutem führt, wenn jeder bewaffnet geht; man hat daher in den europäischen Staaten, um zu der Stufe der Civilisation zu gelangen, auf der sie sich jetzt befinden, den eigentlichen Principien des Christenthums gemäss viel mehr Gesetze und Gebote über Bord geworfen, als die Mohammedaner sich träumen lassen, und als selbst viele zu christlichen Confessionen sich Bekennende eingestehen mögen.

Nichts stört aber Handel und Gewerbe mehr als jene kleinen Fehden und unsichern Zustände, die eine Folge subjectiver Launen und tyrannischer Anwandlungen sind, denen sich auch die frühern Regenten von Uadaï gern überliessen. Aber wie hervorgehoben, seit 1873 hat von dieser Seite her eine gründliche Aenderung stattgefunden.

So wurde denn auch nach 1873 eine Karavane[22] versuchsweise ausgerüstet, bestehend aus circa 250 Kamelen, welche mit Waaren im Werthe von circa 250000 Frs. nach Uadaï zogen und dafür Elefantenzähne und Straussenfedern (höchst wahrscheinlich auch Sklaven) zurückbrachten, wodurch man 925000 Frs. erzielte. Einige Jahre später organisirte man schon eine Karavane von 800 Kamelen, welche für 850000 Frs. Waaren mitnahm, und seit der Zeit ist zwischen Uadaï und Tripolitanien ein beständiges Kommen und Gehen.

Als Ausfuhrartikel kommen für Europäer nur Federn, Elfenbein, Wachs und nebenbei etwas Goldstaub und einige andere Kleinigkeiten in Betracht; für die Eingeborenen ist aber auch die Zufuhr der Sklaven aus den centralafrikanischen Ländern immer noch ein nicht zu unterschätzender Artikel.

Ich taxire die Anzahl der nach Tripolitanien von Sudan gebrachten Sklaven, nachdem ich Augenzeuge von blos zwei in Audjila von Uadal ankommenden Karavanen gewesen bin, welche Sklaven mit sich führten, doch immer noch auf jährlich 1000-1200, meistens Kinder. Der grösste Theil derselben verbleibt wol in der Regentschaft, aber viele finden doch auch ihren Weg über das Mittelmeer nach Konstantinopel und den übrigen türkischen Provinzen, ohne dass die türkische Regierung es verhindern möchte und ohne dass die europäischen Consuln es verhindern könnten.

Es ist nun einmal in allen barbarischen Ländern Brauch, dass der einzelne, wenn er es vermag, sich von einer viel grössern Zahl dienstbarer Individuen umgeben lässt als in den Kulturstaaten. Theils hat

das seinen Grund in dem geringem Leistungsvermö-
gen eines uncultivirten Subjects, das nicht viele Ver-
richtungen in einer Person zu vereinigen vermag,
theils in dem falschen Stolz oder vielmehr in der
prunkenden Eitelkeit, den Luxus recht vieler Diener
oder Sklaven zeigen zu können. Selbst die in den
orientalisch-barbarischen Staaten wohnenden Europäer können oder vielmehr dürfen sich einer solchen
widersinnigen Auffassung der Verhältnisse nicht
entziehen. Ein reicher Europäer oder auch ein Consul hat daher mindestens sechs Diener zur Verfügung: zwei oder drei Cavassen, einen Koch, einen
Leibdiener, einen Pferdeknecht. Und das ist doch das
Allergeringste, wobei wir den unentbehrlichen Babd-
ji, den Thorwächter, noch nicht einmal mit rechnen.
Ist der Europäer verheirathet oder hat er gar den
Rang eines Generalconsuls, so verdoppelt sich leicht
die Zahl der Bedienten, ohne dass man auch nur irgendeinen Grund entdecken könnte, den oder jenen
als fünftes Rad am Wagen nicht zu entlassen.
Bei vornehmen Türken und Arabern steigert sich
aber die Anzahl in noch ganz anderm Masse. Natürlich von jeher und bis auf diese Stunde sind sie es
gewohnt gewesen, sich ihr Dienstpersonal für eine
verhältnissmässig geringe einmalige Summe zu erstehen, auf Kost und Kleidung nicht viel zu verwenden, sondern nur darauf zu achten, dass dasselbe in
möglichst ausgedehntem Masse seine Pflicht thut.
Von einer Ablösung ist nie die Rede, nur kleine
Geldgeschenke werden von guten Herrschaften gegeben, während schlechte wol ihre Diener oder Sklaven verdingen oder für Geld arbeiten lassen, falls sie
selbst ihrer nicht bedürfen. Ein Bei, ein Pascha, ein

reicher Efendi, ein sehr begüterter Eingeborener hat
aber häufig gegen dreissig Diener oder Sklaven. Einer ist angestellt um Kaffee zu kochen, ein anderer,
um ihn zu kredenzen; der bringt das messingene
Waschbecken, der andere kommt mit dem Mendil,
dem Handtuch; der kredenzt auf einem Teller ein
Glas Wasser, jener hat nur den wichtigen Dienst, einen Zahnstocher zu reichen; der ist angestellt, die
Nargileh zu reinigen und zu füllen, ein anderer, sie
anzuzünden. Kurz, der Leser ersieht aus diesen An-
deutungen, dass wenn bei uns ein einziger alle diese
Obliegenheiten erfüllt, im Orient dagegen die Arbeit
unter viele vertheilt wird, zum Theil, weil dort der
einzelne weniger intelligent ist und weniger leistet.
Dies hat nun aber die Folge, dass wenn ein vornehmer Türke oder Araber sich an Bord eines Dampfers
begibt, einerlei ob türkischer oder europäischer Provenienz, und der über die Mitnahme von 20 oder 50
Schwarzen entsetzte und entrüstete Consul die Mitnahme der Neger inhibiren will, der Eigenthümer
die Erklärung abgibt: "Dies sind ja gar keine Sklaven,
ich werde doch nicht gegen die Gesetze unseres Sultans handeln; die mich begleitenden Neger und Negerinnen sind meine Diener." Im Nothfall wird es
beschworen, der Eid lässt sich einem Christen gegenüber mit einer reservatio mentalis, ja sogar mit
einer gewissen Schadenfreude leicht ablegen, und
damit ist nun die Sache so weit erledigt, dass die
Schwarzen über das Mittelmeer von einem englischen oder einem andern Dampfer nach Konstantinopel geführt und dort verkauft werden. Diese Fälle
sind jedermann in Bengasi und Tripolis bekannt, und
selbst in Alexandria kommt Gleiches vor.

Uebrigens existirt nicht blos der Sklavenhandel in Tripolis, sondern überall da, wo der Mohammedanismus blüht. Wird man denn ernstlich glauben, dass er in Aegypten aufgehört habe zu existiren? Trotz der gewiss aufrichtigen Bemühungen des Khedive, ihn zu unterdrücken, trotz der energischen Anstrengung Gessi's, ihn mit Stiel und Stumpf auszurotten, geht derselbe innerhalb der dem türkischen Regiment unterworfenen Provinzen ununterbrochen fort. Ich will damit keineswegs, um dies zu erhärten, hinweisen auf die eben erst (im Monat Mai 1880) von Dar For in Siut angekommene Sklavenkaravane, von der man in allen Blättern so viel Aufsehen machte, sondern staune nur über die Naivetät der Europäer, welche einen solchen Vorgang als etwas Abnormes betrachten. Ist denn jemand da, um für Aegypten die Importation der Sklaven via Siuah und den Uah-Oasen zu controliren?! Kann man nicht, wenn man will, heute noch und zu jeder Stunde Sklaven kaufen in jeder Stadt Aegyptens?! Gibt es überhaupt Mohammedanische Provinzen oder Staaten, wo Sklaverei nicht existirte?! Ja, in ganz Nordafrika ist sie noch, auch in Algerien. Wurden im Jahre 1880 etwa Sklaven in Algerien nicht importirt und verkauft?! Man lese darüber doch nur die Berichte Paul Soleillet's, welcher den Umsatz in Sklaven im südlichen, den Franzosen gehörenden Algerien auf jährlich 1200 Köpfe veranschlagt.

Wo Mohammedanismus selbst unter christlicher Regierung besteht, wird immer Sklaverei herrschen. So lange die Franzosen (und auch die Engländer) es nicht in ihrer Macht haben oder es nicht der Mühe werth erachten, ihre Mohammedanischen Unterthanen zu zwingen, die bürgerlichen Gesetze zu beobachten, namentlich die Vielweiberei aufzugeben, so lange wird auch die Sklaverei unter ihnen stattfinden. In Algier, der Hauptstadt von Algerien, einer der modernsten und schönsten Städte am Mittelmeer, existirt in grösster Freiheit Vielweiberei. Die Polygamie aber ist eine Tochter der Sklaverei, beide sind unzertrennlich von einander, wie man dies ja zur Noth aus der alttestamentlichen Bibel beweisen kann, in der übrigens, wie im Koran, weder das eine noch das andere verboten ist.

Geht man noch weiter landeinwärts, vorbei an jenen grossen, mit Halfa gefüllten Fenaduk [23], so kommt man zum Negerviertel, das noch ebenso besteht wie vor Jahren. Dieses Lupanarium ist der Tummelplatz aller zweifelhaften Existenzen, welche sich in Tripolis aufhalten. Tag und Nacht wird dort von der lustigen schwarzen, freigewordenen Bevölkerung gesungen, gespielt, getanzt und eine nicht geringe Quantität von Lakbi (Palmwein) und Schnaps consumirt. Sieht man diese runden, aus Palmblättern und Stroh angefertigten Hütten vor sich, so sollte man meinen, in Centralafrika zu sein. Und hört man dann jene schwarzen Gestalten, hier den einen Haussa, dort den andern Kanuri, den dritten Bagermi oder eine andere Negersprache reden, so wird die Täuschung nur um so stärker. Aber schnell weiter eilend, denn es duftet in und um den Hüttenort gar fürchterlich, betritt man nun das eigentliche Schnapsviertel.

Meistens sind es Malteser, welche hier ihre Geschäftskenntniss entwickeln. Viele dieser Häuser, unter denen sich aber auch einige befinden, wo man Lebensmittel und Kramwaaren erhalten kann, haben aber auch Eingeborene als Besitzer. Man glaubt es kaum, wie geneigt die Eingeborenen sind, die Gesetze Mohammed's hinsichtlich verbotener Getränke zu umgehen. Und da der Verdienst in Tripolis durch, die Halfa-Ausfuhr seit 1870 ein sehr grosser geworden ist, so herrschen dort jetzt Verhältnisse, welche oft an europäische Zustände erinnern. Es kommt vor, dass Eingeborene bis drei Mark täglich verdienen können, wenn gerade viel Halfa am Platz und Dampfer vorhanden sind, um die Ladungen einzunehmen. Dann kommen aber auch wieder Zeiten, in denen es nichts zu verdienen gibt. Von Sparen ist natürlich bei diesen Leuten keine Rede, das meiste Geld wird den Schnapskneipen zugetragen, welche in einer für Tripolis unglaublichen Zahl existiren.

So sieht Neu-Tripolis aus, welches sich jetzt schon bis zu den Palmbäumen der Mschia erstreckt, während dieser von der Natur so gesegnete Garten früher durch eine breite Sandebene von der eigentlichen Stadt getrennt war.

Die Einwohnerzahl vom eigentlichen Tripolis dürfte wol ungefähr dieselbe wie die früher angegebene geblieben sein [24]. Nachtigal und Rae stimmen ungefähr mit meiner frübern Angabe (Nachtigal: 20000, Rae: 18000 Einwohner) von 18000 Seelen überein. Rechnet man aber, wie die Municipalität von Tripolis es thut, die Neustadt mit hinein, dann kann man, ohne zu übertreiben, die doppelte Einwohnerzahl annehmen.

Auch die Mschia, jener Palmhain von Tripolis, gewann ein verändertes Aussehen: nicht nur dass die Bevölkerung welche zwischen und in den Gärten wohnt, an Zahl zunahm, sondern man sieht hier jetzt auch ein "Belvedere" oder "Casa di vino" oder "Qui si vende birra" prangen, was einen Beweis gibt von den Fortschritten der Bevölkerung in den Studien europäischer Getränke. Wenn wir aber absehen von einer italienischen Post, so kann man in geistiger Beziehung kaum einen Fortschritt zum Höhern und Bessern constatiren, der jedoch bei der schnellen materiellen Entwickelung nicht ausbleiben wird. Spricht man doch jetzt schon von Errichtung eines französischen Lyceums in Tripolis. Alles das müssen natürlich die Europäer ins Leben rufen, da die türkische Regierung nichts thut und bei dem von Konstantinopel aus befolgten System nichts thun kann, denn selten kommt es wol vor, dass ein Gouverneur länger als ein Jahr am Ruder bleibt.

Mancher übernahm gewiss sein Amt mit dem besten Willen, zur Hebung der Stadt und des Landes alle Kräfte einzusetzen, aber gerade wenn er seine Kenntniss über dieselbe erweitert, wenn er sich mit allen Bedürfnissen vertraut gemacht hat, wird er abberufen. So erging es Sabri-Pascha, der gewiss von den besten Absichten beseelt und einer jener weissen Raben war, der kein unrechtmässiges Gut sich aneignete. Gerade als er im Begriff stand, einige nothwendige Verbesserungen auszuführen, wurde er nach Konstantinopel zurückberufen. Er hatte namentlich die Versorgung der Stadt mit gutem Wasser im Auge - denn Tripolis besitzt nur Cisternen, in denen man das Regenwasser auffängt, und Brunnen mit Salzwasser - und wollte längs des Strandes von der Stadt bis zu den Gärten eine fahrbare Strasse herstellen lassen. Wenn nicht die Europäer eingreifen, bleiben dies wol stets fromme Wünsche. Und

94

doch wäre die baldige Herstellung einer erhöhten festen Strasse längs des Strandes sehr wichtig, da das fressende Meer das ganze Ufer unterspült und wegwäscht. Bei Flut, namentlich wenn diese sich durch den aufstauenden Nordostwind noch mehr erhöht, kann man schon gar nicht mehr den Strandweg zur Mschia benutzen, ganz trockenen Fusses überhaupt nicht mehr hingelangen.

Wie man es auch erklären will, die Thatsache existirt, dass sich die ganze Küste von Tripolitanien bis zur tiefst eingesefinittenen Stelle der grossen Syrte senkt. Und zwar auffallend schnell. Vor dreissig Jahren konnte man noch ausserhalb der Stadtmauer längs des Wassers vom Hafen bis zur Kasbah und von da bis zum Strande trockenen Fusses gehen. Jetzt erlaubt das die See, welche ihre Wellen bis an die Mauern schlägt, nicht mehr. Im Jahre 1878 konnte ich selbst noch von der Stadt bis zur Mschia trockenen Fusses wandeln, nur ganz vereinzelte hohe Fluten machten dies unmöglich, 1879 aber musste man immer auch bei niedrigster Ebbe das Meer durchwaten. Ich wüsste nicht, ob irgendwo auf der Erde eine so schnelle Senkung beobachtet wird. Leider fehlen darüber in Tripolis alle bestimmten, durch Zahlen nachweisbaren Beobachtungen. Es wäre daher sehr wünschenswerth, durch Einlassung einer Scala an einer Felswand auf Zahlen beruhende Beobachtungen anstellen zu lassen. Namentlich wünschenswerth würde eine correspondirende Scala sein, die man auf dem vor Tripolis im Meere sich befindenden Riffe anbrachte. Dass ein grosser Theil der ehemaligen Hafenbauten von Leptis magna sich unter Wasser befindet, habe ich schon an andern Orten hervorgehoben Abgesehen von einwandernden maltesischen und italienischen Elementen, erfreut sich Tripolitanien gerade keines grossen europäischen Zuzugs. Die Malteser, englische Unterthanen, haben meistens Schnaps- und Victualienläden, treiben aber auch lohnende Gartenwirthschaft in der Mschia. Die in Tripolis lebenden Italiener sind Schuster, Schneider, Barbiere, Schlosser etc. und gehören meist einem soliden Handwerkerstande an. Alle andern Nationen haben vereinzelte Repräsentanten, die aber kaum in Betracht kommen.

Und doch könnte Tripolis das Ziel einer europäischen Auswanderung werden, namentlich für die am Mittelmeer wohnenden Völker. Landerwerb ist den Europäern jetzt gestattet und grosse Strecken guten Landes würden für ein Billiges zu haben sein. Das Klima ist auch keineswegs so heiss, wie man gewöhnlich annimmt, und gehört jedenfalls zu dem gesündesten an der ganzen Nordküste von Afrika. Die mit der Zucht und Pflege der Oelbäume, Feigen, Orangen etc. vertrauten Südeuropäer finden nicht nur diese Cultur schon vor, sondern auch einen reichlichen Palmenbestand. Die Versendung feiner Datteln, wie das von Tunis und Algier aus geschieht, hat in Tripolis noch niemand in die Hand genommen. Der Boden der Djefara würde sich zur Baumwoll- und Tabackcultur vorzüglich eignen.

Vor allem aber möchte ich darauf aufmerksam machen, dass nirgends so gut wie hier Straussenzüchterei, Straussengärten angelegt werden könnten. Die grossen, aber nicht kahlen Ebenen, das günstige Klima bieten allein schon nicht hoch genug anzuschlagende Vortheile. Die Wenigsten werden überhaupt wissen, dass schon jetzt der grösste Bedarf der Federn aus künstlichen Straussenzüchtereien stammt. Der Strauss in der Wildheit geht immer mehr der gänzlichen Ausrottung entgegen. Nördlich von der Sahara kommt er nur noch ganz vereinzelt vor. Der Strauss ist überhaupt kein Wüstenthier, aber auch kein eigentlicher centralafrikanischer, sondern ein Vorwüstenvogel. Südlich vom 6.deg. nördl. Br. und nördlich vom 6.deg. südl. Br. (dies ist natürlich nur eine ungefähre Angabe, aber ich glaube nicht, dass südlich von Benue Strausse vorkommen) scheinen keine Strausse sich einzufinden, während sie in den Steppen und Mimosenwäldern im Süden der Sahara sich noch haufenweise aufhalten, ebenso in den angrenzenden Gegenden der Kalahari, im Namaqua-, Damara- und Transvaalland noch reichlich anzutreffen sind. Nach einem vorzüglich geschriebenen und im "L'Afrique" [25] publicirten Aufsatz über Strausse und Straussenzucht entnehmen wir, dass der Umsatz in Straussenfedern im ganzen circa 25 Mill. Frs. jährlich beträgt. Davon entfallen auf

Capland 15,000000 Frs.

Aegypten 6,000000 Frs.

Tripolis 2,500000 Frs.

Marokko 500000 Frs.

Syrien 150000 Frs.

Senegalien 87000 Frs.

Algerien 12500 Frs.

Hieraus sieht man, dass der bedeutendste Federexport aus dem Capland stattfindet, und dieser ist ein stets steigender. Daher kommt es auch, dass die Straussenfedern, trotzdem der Consum seitens der Damen und der Generale der europäischen Armeen jetzt ein geradezu enormer ist, nicht theuerer, sondern billiger werden. Im Jahre 1858 führte Capland 1852 Pfd. Federn aus, 1874 aber schon 36829 Pfd.

In Algerien scheint man zuerst künstliche Straussenzucht 1859 versucht zu haben, indem Herr Hardy [26], Director des Versuchsgartens zu Algier, sich den Preis von 2000 Frs. verdiente, welchen Herr Chagot in Paris ausgesetzt hatte für den, dem es gelänge, Strausse in der Gefangenschaft aufzuziehen. Etwas später erzielten ebenfalls Demidoff in Florenz, Graelles in Madrid, Suguet in Marseille und Bouteille in Grenoble günstige Resultate. Im Jahre 1866 machte Herr Kinnear am Cap die ersten Versuche, und während man mit nur wenigen Vögeln anfing, hat die Capcolonie deren jetzt mindestens 30000, die man künstlich aufzog.

Auf dem Capland hat man die Strausse so gewöhnt, dass sie auf den grossen Besitzungen frei herumlaufen. Herr Cudot, der sich mit algierischer Straussenzucht beschäftigte, meint, für ein Paar genüge ein eingefriedigter Raum von 100qm. Jedenfalls wird man gut thun, den Straussen so viel Raum zu gewähren wie möglich, und der ist ja mehr als zur Genüge in Tripolitanien vorhanden. Aber namentlich dort würde eine Einfriedigung sehr zu empfehlen sein, übrigens auch gar nicht so kostspielig kommen, da man sie aus Pfählen, welche durch Draht verbunden werden, herstellen kann. Die einzige von mir gesehene künstliche Straussenzucht befand sich in Magomineri im Königreich Bornu, wo in einem verhältnissmässig engen Raume dreissig künstlich aufgezogene weibliche Strausse mit einem Straussenhahn lebten. Die Strausse fressen alles, man kann

dieselben aber in Ermangelung anderer Nahrungsmittel mit 10 kg Heu und 1 kg Korn pro Tag gut ernähren, und rechnet als Reinertrag an Federn von
einem Vogel jährlich 200 Frs., während zur Anschaf-
fung eines Strausses 800-1000 Frs. erforderlich sind.

Da nie alle Eier von den Straussen ausgebrütet werden, obwol beide, Männchen und Weibchen, abwechselnd das Brutgeschäft betreiben, so ist es von
grosser Wichtigkeit, dass es gelang, die Eier durch
künstliche Bebrütung zur Reife zu bringen. Nach der
"Afrique explorée et civilisé" hat Herr Douglas von
Hilton während mehrerer Jahreszeiten, Stunde für
Stunde, alle Stadien der Bebrütung beobachtet und
genau Acht gegeben auf den erforderlichen Wärme-
grad nebst der allmählichen Entwickelung des Kü-
chelchens. Während der ersten 18 Tage soll nun die
Temperatur 39,85deg. betragen, während der folgenden 14 Tage 38,70deg., und von nun an 36,60deg..
Das von Herrn Douglas mit dem von Herrn Thiek
hergestellten Brutapparat erzielte Resultat ist derart
günstig, dass er von 15 Eiern fast regelmässig 14
kräftige Sträusslein erhielt. Im Jahre 1876 hielt er
mehr als 300 Strausse, welche alle von fünf Paaren
abstammten. Erst mit dem dritten Jahre wurden die
jungen Strausse ertragsfähig.

Da erwiesenermassen bei uns in Deutschland in den
zoologischen Gärten die Strausse auch Eier legen -
ich erinnere nur daran, dass bei der Nachtigal-Feier
im zoologischen Garten von Berlin sämmtliche An-
wesende mit im Garten ausgebrüteten Straussenei-
ern bewirthet wurden -, so möchte ich die Frage
aufwerfen, ob die Ebenen der Lüneburger Heide
nicht vielleicht auch zu Straussenzüchtereien in gro-

ssem Massstabe benutzt werden könnten. Natürlich müsste im Winter für warme Schuppen gesorgt werden. Aber allmählich würde sich vielleicht der Strauss auch an unsere kältern Lüfte gewöhnen, sodass er nach Jahrhunderten ohne Schutz in freier Luft würde existiren können.

5. Von Tripolis bis Sokna

In Ain Sarah fanden wir einen sehr schönen hochgelegenen und gesunden Lagerplatz. Die Quelle oder vielmehr der Teich und die verschiedenen Sümpfe, in einer Niederung weiter nach Süden liegend und an einer Stelle mit Oliven und einigen Palmen bestanden, bilden zusammen ein von Südosten aus dem Gebirge kommendes Uadi, welches allerdings fast durch die ganze Djefara unterirdisch rinnt, von hier aber durch eine Sumpf- und Tümpelkette sichtbar wird und sich westlich von Tripolis dicht bei einer Oertlichkeit Namens Sensur ins Meer ergiesst. Unser Lager, aus fünf grossen Zelten bestehend, sah äusserst malerisch aus: die Zinktrommeln zum Wassertransport, die vielen Kisten, die beiden Narren, die grosse Schar der Diener und eine ebenso grosse Zahl staunender Hirten gaben ein wirklich effectvolles Bild. Und da nun erst sich zeigte, was noch fehlte und dies dann aus der Stadt nachträglich herbeigeschafft wurde, so bestand zwischen unserm Lager, welches ich meiner Frau zu Ehren Lony-Lager nannte, stets ein reger Verkehr. Am vorletzten Tage campirte meine Frau sogar im Lager und begab sich dann aufs italienische Consulat in das Haus des Marquis de Goyzueta, wo sie an diesem wie an dessen Gemahlin während des zehnmonatlichen Aufenthalts in Tripolis die treuesten Freunde und die gastfreundlichste Aufnahme fand. Tags vor der Reise verabschiedete ich mich in der Stadt von meiner Frau, und am 22., dem Tage des Aufbruchs, kamen noch sämmtliche Consuln, um uns Lebewohl zu sagen, und um neun Uhr morgens nahmen wir für lange Zeit von dem letzten Europäer, der uns auf den Weg brachte, Herrn von Goyzueta, Abschied.

Ziemlich langsam zogen wir südwärts durch die Sümpfe Ain Sarahs und erreichten bald die Tripolis umgebende Zone von Seesand. Die Bewohner der Stadt lieben es, diese Gegend "Il deserto" schlechtweg zu nennen, obschon der Sandstreifen nichts mit den grossartigen Sandformationen der Sahara zu thun hat. Auch sind diese Dünen nicht hoch, die höchsten etwa 30-40 m, und überall zwischen ihnen und auf ihnen findet man eine nach der Lage der Oertlichkeit reiche Vegetation. Diese Dünen dürften verhältnissmässig neuern Ursprungs, aber jedenfalls Product des Meeres sein. Ja, bei der Passivität der Menschen nimmt der aus dem Meere ausgewirbelte Sand wol noch immer an Umfang zu. Wenn ich sage neuern Ursprungs, so möchte ich aber doch meinen, dass dieses Hinderniss bereits zur Zeit der Römer und vielleicht schon tausend Jahre früher bestand. Eigentlich besitzt Tripolis an sich eine günstigere Lage als Leptis, aber die Sanddünen waren für eindringende Karavanen immerhin eine bedeutende Hemmung. Ferner hat Tripolis für kleine Schiffe einen von der Natur gemachten sichern, wenn auch engen Hafen, dagegen bei Leptis [27] mussten die Alten einen solchen erst ausgraben. Aber bei Tripolis standen ausser den Dünen noch die aufsteigenden Berge im Wege, was alles denn bewirkte, dass Oea (Tripolis) im Alterthum mit Leptis magna nicht in Coneurrenz treten konnte. Als bei dieser Stadt einmal der Hafen gegraben, die grossartigen Molen und Docks geschaffen waren, entwickelte sich von hier aus, ohne dass man Dünen zu durchwaten oder ein Gebirge zu übersteigen hatte, die grosse Verkehrsstrasse nach dem Innern [28]. Aber beachtenswerth ist es, dass wie am Ostseestrande sich jetzt über und bei Leptis grosse Sandwellen vom Meere ins Land wälzen, welche die Gebäude schon überschütteten und stets weiter nach Süden dringen.

Wir durchzogen noch am selben Tage den Dünengürtel, welcher in der Richtung nach Tarrhona zu nur schmal ist. Uebrigens machten wir am ersten Tage blos einen kleinen Weg. Wir waren einige Tage eher aufgebrochen, als ich eigentlich beabsichtigte, aber Desertion unter den Leuten, Ausbleiben in Tripolis zwangen mich, das Lony-Lager aufzuheben. Die Karren hatte ich durch die Dünen leer vorausgeschickt, da der obschon nicht sehr tiefe Sand doch wol für beladene Karren ein zu grosses Hinderniss war. Ist man aus dem Sande heraus, dann betritt man eine sehr schöne Ebene, zum Theil mit Buschwerk, Rtem und Lotus bestanden, zum Theil reichlich mit Artemisia und andern Kräutern bedeckt, welche eine vorzügliche Weide bieten. Aber auch Aecker fehlen nicht, und die schmuzigen Zeltdörfer der Araber rechts und links zeugen von einer verhäitnissmässig starken Bevölkerung.

102

Am zweiten, Tage des Marsches überzeugte ich mich indess abends, dass die Mitnahme der von Kamelen gezogenen Karren ein Misgriff gewesen war. Man gebraucht zwar die Kamele in ganz Tripolitanien zum Ziehen, nämlich beim Pflügen, und der Sattel, der ihnen zu dem Behufe über die Schulter gelegt wird, heisst sogar auch auf arabisch Sattel (eigentlich Sadul), aber die Vorwärtsbewegung ist so langsam, dass ziehende Kamele gegen tragende auf 3 km einen Kilometer zurückbleiben. Da ein gewöhnlicher Marsch in der Wüste aber mindestens 30 km des Tags beträgt, so würden die ziehenden um 10 km zurückgeblieben sein. Die Fortschaffung war sonst äusserst vortheilhaft, denn ein ziehendes Kamel zog 10 Centner, während die Tragkamele mit nur 2 Centnern beladen waren. Ich hatte den Fehler begangen, dass ich nicht Maulthiere für die Karren mitnahm, dann wäre der Versuch nicht misglückt. Wir erstiegen das Gebirge oder vielmehr das Ufer, und zwar das wahre Ufer des Mittelmeers, durch denselben Pass: den Milrha-Aufstieg, welchen Barth durchzog, und lagerten in beträchtlicher Höhe, um den Weihnachtsabend zu feiern. Während wir nun bei Bir Milrha Zelte aufschlugen, wurde uns abends noch eine reizende Ueberraschung zutheil, indem die Familie von Goyzueta uns durch einen Boten eine reiche Bescherung allerlei guter ess- und trinkbarer Gegenstände schickte. Wir warteten hier einige Tage, da gerade nach Besteigung des Passes die Nachricht einlief, es seien von Herrn Rosenbusch in Malta die von ihm besorgten Doppelflinten angekommen. Demnach schickte ich Abd Allah Naib, den Schich der Diener, zu Kamel zurück, um sie zu holen.

Unsere Kamele weideten während der Zeit unter Aufsicht zweier oder dreier bewaffneter Diener auf den umliegenden Bergen, aber gerade am ersten Weihnachtstag wurde eins derbesten Thiere als gestohlen gemeldet. Zum Glück war gerade am selben Tage nachmittags der Kaimakam von Ain Scherschara gekommen, um uns eine mehrstündige Visite zu machen. Sein gut berittenes Gefolge jagte denn das Kamel dem Dieb, der sich seitwärts in die Büsche geschlagen hatte, wieder ab.

Das Gebirge besteht aus Kalksteinen, während die umstehenden Berge, welche bis 500 m ansteigen, basaltischer Natur sind. Baumwuchs existirt gar nicht mehr, alles ist abgeholzt. Dafür ist hier aber die eigentliche Region der Halfa, welche zwischen den Steinen und wo sie nur irgend Boden findet, hervorwuchert, und überall trifft man Araber, welche mit dem Schneiden der Binse beschäftigt sind.

Die Flinten kamen, und nachdem wir auf dem Gehänge des Gebirgs noch Sylvester gefeiert, ohne indess bis in die Nacht hinein Neujahr abzuwarten, traten wir am 1. Januar die Weiterreise an. Es war ein neblichter Morgen: um diese Jahreszeit, zumal so nahe an der Küste und vollends auf der Höhe nichts Seltenes. Wir hielten uns immer in Südsüdostrichtung und hatten von den Tarrhona, Leuten, welche bei Bir Milrha campirten, einen Führer mitgenommen. Zum ersten mal machten wir an dem Tage einen regelrechten ordentlichen Marsch, d. h. wir legten 30 km zurück. Ich freute mich der guten Haltung der Leute, welche brav marschirten und hoch und theuer sich verschworen, jede Gefahr mit mir theilen zu wollen. So und so oft kamen sie heran und riefen mir laut zu: Wir lassen unser Leben für dich! Nun, ich danke Gott, dass sie nie ernstlich auf die Probe gestellt wurden, denn bis auf vielleicht zwei oder drei waren alle die grössten Feiglinge der Welt und der officielle Regierungsgensdarm, der Kulughli von Tripolis, der Feigste von allen, wie ich leider zu spät merkte; dahingegen war er der gewandteste arabische Adjutant, der mir je vorgekommen ist, obwol zugleich ein grosser Spitzbube.

Der Generalgouverneur hatte erst Schwierigeit gemacht, mir einen einzelnen Saptieh mitzugeben, er wollte wol eine Bedeckung bewilligen, aber keinen einzelnen officiellen Vertreter der Ordnung. Ja, er machte sogar Schwierigkeiten wegen Ausstellung eines Bujuruldi (ein Local-Firman für die Regentschaft), indem er eine von mir unterschriebene Erklärung verlangte, dass, falls mir im Innern irgendetwas zustiesse, die Regierung nicht verantwortlich sei. Merkwürdigerweise hatten nicht nur Dournaux-Duperre und Jaubert eine solche Erklärung gegeben, sondern auch die französischen Missionare, von denen ich vorhin sprach, und zwar auf Zureden des französischen Generalconsuls. Der französische Viceconsul, Herr Ledoux, warnte mich zur rechten Zeit. In der That hätte ich dadurch ja auch meinen Firmanali vollkommen aller Kraft beraubt. Herr von Goyzueta unterstützte mich kräftigst in meiner Weigerung, und als der sonst gute und brave Sabri Pascha sah, dass ich sein Schriftstück nicht unterzeichnen wollte, bekam ich den Bujuruldi und auch den Saptieh.

So erreichten wir in gehobenster Stimmung das Uadi Mader und offenbar etwas früher schon die grosse

Heerstrasse, welche von Leptis magna ins Innere führt und die sich nicht nur durch viele Ruinen römischer Castelle, sondern auch durch zahlreiche Trilithen und andere vorgeschichtliche Denkmäler auszeichnet.

Am folgenden Tage frühmorgens schon aufbrechend und immer in einer Gegend von gleich frischem, culturfähigem Charakter wandernd, hatten wir etwa 10 km in selbiger Südostrichtung zurückgelegt, als wir von ferne einen eilig herankommenden Boten bemerkten. Eigentlich nichts Auffälliges in dieser sehr belebten Gegend, wo wir namentlich vielen Halfakaravanen begegneten, denen ich von Zeit zu Zeit einen schnell en route geschriebenen Papierstreifen für meine Frau mitgab, auf welchem weiter nichts stand als: Gruss von G. Rohlfs, am 2. 1. 79, mit Zeit- und Uhrangabe. Von den vielen kleinen Zettelchen ist indess nur einer angekommen, obschon ich doppeltes Weltpostporto im voraus zahlte und ebenso viel oder noch mehr bei Abgabe in Aussicht stellte.

Der jetzt entgegenkommende Bote sprach längere Zeit mit einigen an der Spitze unserer Karavane befindlichen Leuten, dann mit dem Hadj Ssalem, unserm Saptieh. Hierauf, nach sehr ernstem Flüstern, kamen beide zu mir, und der Bote überreichte mir einen Brief an die Adresse des Dr. Nachtigal, denn die Aufschrift lautete: "An unsern vielgeliebten Freund Mylord Edris Efendi, den Preussen!!" Er war offen, und der Träger bestand darauf, er sei für mich und enthalte eine wichtige Botschaft vom Kaimakam von Beni Ulid, welcher der berühmte Bu Aischa sei.

Mit Hülfe der ganzen Karavane, unter deren Mitgliedern sich freilich nur wenige Schriftgelehrte befanden, entzifferte ich folgenden, nachher noch vom Uebersetzer des italienischen Consulats richtiggestellten Inhalt:

"An unsern vielgeliebten Freund Edris Efendi el Brussiani. Nachdem ich in Erfahrung gebracht habe, dass übelberüchtigte Leute von hier, welche wissen, dass du dich in Tarrhona aufhältst, beschlossen haben, einen Ueberfall gegen dich auszuführen, sobald du auf die Strasse der Orfella kämst, habe ich dir einen Ombaschi der Saptieh und einen Schich entgegengeschickt, um dich davon zu benachrichtigen. Da diese beiden Individuen dich unterwegs nicht getroffen, sondern in Erfahrung gebracht haben, dass du noch in Tarrhona bist, bin ich selbst zu Pferd gestiegen, begleitet von mehreren Schiuch, und bin bis zum Gasr Bahman gegangen, wo ich die Cavalerie fand, welche mir sagte, du seiest von Tarrhona noch nicht abgereist.

Folglich sende ich dir diesen Brief, um dich zu warnen und zu rathen, die Strasse der Orfella zu meiden, damit du nicht mit den schlechten Leuten zusammentriffst, welche sich deiner bemächtigen wollen, und gib auch gut Acht, weil es überall schlechte Leute gibt.

L. S. am 8. Moharem 1296.

(1. Januar 1879.) Der Kaimakam der Orfella Muhammed Bu-Aischa."

Ohne mich an den Brief weiter zu kehren, ohne auf die mündlichen Betheuerungen des Ueberbringers zu achten: es lägen einige hundert Orfella am Wege, um uns aufzulauern, ohne auf das Lamentiren des Saptieh Hadj Ssalem zu hören, der mich beschwor, ihn von jeder Verantwortung zu entbinden, liess ich wciter marschiren. Als ich abei ein unheimliches Flüstern unter meinen eigenen Leuten bemerkte und endlich verschiedene andere uns Entgegenkommende - die wahrscheinlich vom Kaimakam oder vom Briefträger instruirt worden waren - die Nachricht bestätigten und aufs bestimmteste aussagten, es lägen 200 Orfella am Wege, welche die Absicht hätten, uns "aufzufressen" [29], hielt ich es doch für gerathen, Halt zu machein. Einen Versuch, westlich abzuschwenken, um mit Vermeidung der grossen Karavanenstrasse Beni Ulid zu erreichen, musste ich aufgeben, da meine Leute erklärten, wir würden auch da nicht den Orfella entgehen. Und alles das erwies sich als Lüge und Täuschung!

Aber ich konnte das nicht wissen, und auf meine Leute, abgesehen von meinen vier deutschen Begleitern, war durchaus kein Verlass. Sie würden vielleicht gegen Neger, gegen Kafir (Ungläubige) zu verwenden gewesen sein, nie aber gegen ihre eigenen Landsleute und Glaubensgenossen. So gab ich denn Befehl zur Umkehr, denn meiner Ueberzeuung nach durfte ich durch einen Versuch, kämpfend den Durchzug zu erzwingen, doch nicht gleich die Existenz der Expedition beim Beginn derselben aufs Spiel setzen.

Wir zogen uns nun noch am selben Abend, die Uidian Mader und Uschtata überschreitend, nach dem Uadi Tessiua zurück. In der Nähe waren mehrere Duar der Tarrhona, sodass wir uns hier schon in Sicherheit befanden, da der Stamm der Tarrhona wegen seiner commerzialen Beziehungen vollkommen in Händen der Regierung ist. Und am folgenden Tage setzten wir unsern Rückzug fort durch die

Rummt-Ebene bei der Djebel Smim el Barkat vorbei und durchs Uadi el Hoatem, das ins Uadi Scherschara sich ergiesst, nach dem Gasr gleichen Namens, dem Regierungssitze des türkischen Kaimakam. Zum grossen Erstaunen Mustafa Bei's, dessen Bekanntschaft wir bei Bir Milrha gemacht hatten, trafen wir am 3. Januar nachmittags dort ein und lagerten auf dem linken Ufer von Uadi Scherschara, gerade gegenüber dem Gasr, einer ziemlich zerfallenen, aber auf den Grundmauern eines römischen Castells erbauten Wohnung.

Natürlich hatte ich schon am Tage vorher einen Boten nach Tripolis geschickt mit der Meldung des Vorgefallenen und der Bitte an Marquis von Goyzueta, auf Grund meines Firman eine Bedeckung nach Sokna zu verlangen.

Von Mustafa Bei, dem Kaimakam, wurden wir höchst liebenswürdig empfangen, wie denn überhaupt die Gastfreundschaft der Türken nicht genug anzuerkennen ist. Gleich nach unserer Ankunft gab er uns ein Diner, bei dem zwar Stühle, Tische, Messer und Gabeln fehlten, aber die vorgesetzten Speisen, welche wir mit ihm gemeinschaftlich aus den grossen verzinnten Messingschüsseln assen, machten seinem wie seiner Sklavin Geschmacke alle Ehre. Wir erhielten eine mit frischen Citronen gesäuerte Reissuppe, Backhähnel mit Mandeln und Rosinen, Pillau, Schöpsenbraten und süsse Fladen in Honigbuttersauce, zum Nachtisch Orangen. Vor und nach dem Essen wurde Kaffee getrunken (Araki ward nicht gereicht), während des Essens nur Wasser. Die Cigarette ging fast nicht aus. Unser im Vergleich zu türkischen Diners in grössern Städten oder gar zu koptischien keineswegs übermässig reiches Diner dauerte volle zwei Stunden. Interessant war mir beim Essen ein alter Schich, bei dem ich früher in Messalata, und zwar als Moslim, gewohnt und mit dem ich in der Moschee gebetet und zum Fest gemeinschaftlich ein Lamm geopfert hatte. Er erinnerte sich dessen, schien aber nichts darin zu finden, dass ich nicht mehr Mohammedaner sei, sondern bewahrte nur eine grosse Dankbarkeit für eine von mir erhaltene Medicin. Kaum vom Diner in unserm Lager wieder angekommen, erhielten wir vom Kaimakam eine einstündige Visite. Die armen türkischen Provinzialbeamten! Sie haben nichts zu thun, und ein solches Ereigniss wie unsere Ankunft ist ein wahres Labsal, ein Aufathmen in ihrer trostlosen Existenz.

Das Thal, bei dem wir lagerten, gehörte zu den reizendsten von Tripolitanien. Tief ausgewäschen zog es sich unter grossen Krümmungen von Südost nach Nordost. Die Gehänge, zwar theilweise nackt und der Erde beraubt, waren doch auch gut mit Grün bestanden, und die unzähligen Bilithen und Trilithen, die Mauerreste römischer Castelle und Villen zeugten von einer früher ganz andern Cultur und Blüte. Vor allem wurde aber der Reiz dieses Thals weithin durch den Blick auf fliessendes Wasser erhöht, und wer da weiss, wie sehr es an oberirdisch fliessendem in ganz Nordafrika mangelt, der wird ermessen können, welches Entzücken wir beim Gemurmel dieses heimatlichen Kindes empfanden. Und gleich oberhalb des türkischen Castells bildete der Bach eine der lieblichsten Cascaden, deren Schönheit ich kaum genug anerkenne, wenn ich sie vergleiche mit dem berühmten Minnehaha-Wasserfall in Minnesota, welchen Longfellow mit so begeisterten Worten schildert. Wie träumte es sich schön im Schatten der Farren von Ain Scherschara!

Natürlich mussten wir vor Ankunft einer Antwort von Tripolis einige Tage hier liegen bleiben, und jeder verwandte die Zeit nach seinen ihm obliegenden Pflichten. So machte ich eines Tags einen Abstecher nach dem circa 10 km nordöstlich von unserm Lagerplatz entfernt gelegenen Gasr Doga, einer imposanten römischen Ruine, welche die Mohammedanischen Eroberer später in ein Castell verwandelten, nachdem sie barbarischerweise das daran zerstörten, was sie mit ihren rohen Kräften zu zerstören vermochten.

Das Gasr Doga, ein grossartiges, aus mächtigen Quadern erbautes Mausoleum, hat nach Barth (meine eigenen Messungen sind leider verloren gegangen) 14,25 m Länge auf 9,40 m Breite. Auf drei Stufen ruhend ist das Gebäude fast von Norden nach Süden gerichtet mit 10deg. Abweichung nach Westen. Der Eingang, jetzt vermauert, war von Osten. Das Mausoleum, in mächtiger, aber durchaus proportionirter Form, bekam durch einen von Säulen getragenen, tempelartigen Aufbau eine noch grössere Harmonie. Leider ist dieser oberste Theil vollkommen zerstört. Aber die zahlreichen Säulenschafte, die korinthischen, sauber gearbeiteten Capitäle bezeugen die Existenz dieses Aufbaus, wenn anders nicht die Spuren, wo die Säulen standen, evident nachweisen, dass man es blos, wie Barth meint, mit einem Vestibule zu thun hat. Die noch erhaltenen zwei Stockwerke haben 8,65 m Höhe. Südöstlich von diesem Grabdenkmal, welches einer genauern Untersuchung würdig ist, liegt etwa 2 km entfernt das grossartige, wahrscheinlich ebenfalls aus der Römerzeit herstammende Ruinenfeld einer ganzen Stadt. Viele alte, fortwährend noch von den Eingeborenen gefundene Münzen und Intagli bestätigen dies vollauf, denn erstere wenigstens tragen meistens das Bildniss eines der römischen Kaiser. Auch hier erkennt man in den Seitenthälern jene Dämme, vor welchen die alten Culturvölker in der Regenzeit das Wasser aufhielten, um es sodann in der trockenen Jahreszeit zur Berieselung der Gärten zu verwenden. Die heutigen Besitzer des Landes aber kennen nicht einmal die Bedeutung jener Quermauern, sondern glauben, es seien Vertheidigungslinien gewesen. - Von den Cromlechs, den Bilithen und Trilithen habe ich andeutungsweise schon gesprochen. Letztere sieht man in unglaublicher Zahl in diesem Theil von Tripolis. Ich möchte zur Erklärung derselben aber dennoch, entgegen der Meinung Barth's [30], annehmen, dass die Zweisteine sowol wie die Dreisteine nichts anderes als die Umfassungsmauern einer Thür gewesen sind, die zu einem Gebäude führte, vielleicht zu einem Grabmal, vielleicht zu einem Wohnhause, dessen andere Mauern aus schlechterem Material bestanden, als diese Quadern, welche Widerstand leisteten, während die andern Mauern zerfielen. So bauten übrigens nicht nur die Alten, sondern auch wir noch heute in allen Städten, in allen Landen. Jedes Fenster, jede Thür wird immer mit einem Material ummauert, welches viel solider ist, als das der übrigen Mauern des Gebäudes. Und keineswegs stehen die beiden Steine so nahe beieinander, dass man sich "hindurchpressen" müsste. Hindurchgehen kann man bequem durch alle, oft sogar zu zweien, und wo sie enger aneinandergerückt wurden, hat man es wol aus Nützlichkeitsrücksichten gethan. An allen Steinen findet man ausserdem Löcher zur Aufnahme der Thürverklammerung und überall in der Nähe der "Senam", wie die Eingeborenen diese Steine nennen, Mauerüberreste. Dasselbe meinte übrigens von Bary auch, denn S. 46 des XV. Jahresberichts der Leipziger Geographischen Gesellschaft sagt er von den Trilithen dieser Gegend:

"Diese aus drei Monolithen bestehenden Monumente bildeten stets einen integrirenden Theil eines rechtwinkeligen Baues, der aus kleinen behauenen Blökken besteht, die so geordnet sind, dass sie mit ihrer flachen Seite nach aussen gekehrt sind, denn die Blöcke sind nicht immer auf allen Aeiten gleichmässig bearbeitet. In den meisten Fällen fand ich immer drei jener Senam, die ich wegen ihrer Form Thore nennen will, in einer Seite des ursprünglichen Baues, auf dessen gegenüberliegender Seite sich dann ebenfalls drei Thore befanden. In allen Bauten ist die Fronte nach Westen gerichtet; diese lässt sich stets leicht erkennen, denn alle Senam tragen auf der Seite, welche dem Innern des Baues zugewandt ist, Einschnitte für Riegel, und zwar von einem bis zu vier stets von quadratischer Form; ausserdem ist die Frontalseite des Senain stets unbehauen, während alle andern Seiten stets geglättet sind" u. s. w.

Ich glaube, es genügt das Angeführte, um zu beweisen, dass auch von Bary diese Cromlechs für Thore hielt, und jene Annahme hinfällig zu machen, welche in den megalithischen Denkmälern Tripolitaniens Altäre oder andere Gegenstände erblicken wollten.

Endlich konnten wir unsern unterbrochenen Marsch wieder aufnehmen. Am 6. Januar kam von Tripolis ein Bote von Mahmud Damadh Pascha, welcher mittlerweile als Generalgouverneur Sabri Pascha abgelöst hatte. Mahmud Damadh [31], der Schwager des Sultans, gab einem Cavalerieobersten, welcher mit 60 Cavaleristen auf dem Wege nach Sokna sich befand und schon Bir Milrha erreicht hatte, Befehl, umzukehren und uns nach Sokna zu escortiren. Der Oberst kam herübergeritten, und wir verabredeten, dass wir uns am folgenden Tage zur gemeinschaftlichen Reise nach dem Süden in Tessiua treffen wollten.

So setzten wir uns denn abermals am 7. Januar in Bewegung und der Verabredung gemäss trafen wir am folgenden Tage mit der Cavalerie im Uadi Tessiua zusammen. Es war ein hübsches Bild: von weitem am Horizont auf ihren beweglichen kleinen Rossen die Reiter in ihren wallenden Tüchern und Burnussen, mit ihren langen Flinten, von denen jede ein Bajonnet trug, plänkeln zu sehen! Aber als wir näher kamen, wie ganz anders nahm sich da die Cavalerie aus, welche übrigens nicht der regulären Reiterei, sondern den Baschi Bosuks angehörte. Jetzt sah man die Kleinheit der Pferde, kaum grösser als gute Esel, und so mager, dass man an die Hüftknochen der meisten seinen Mantel hätte hängen können. Und die Leute selbst! Einige waren über 60 und 70 Jahre alt, andere jünger als 15 Jahre, die wenigsten zwischen 20 und 30, die Mehrzahl über 50 Jahre alt. Diese Truppe mit ihren schlechten Gewehren sollte uns schützen! Aber thatsächlich liegen die Verhältnfsse so, dass diese Bande, welche in den

114

Augen der umwohnenden Stämme zum regelmässigen türkischen Heere zählt, durch das Prestige, welches der Sultan selbst noch immer in den Augen der Mohammedaner als oberster Befehlshaber der Gläubigen geniesst, von einem für uns unbegreiflichen Einflusse ist. Factisch aber hätten wir sie eher vertheidigt, als sie uns. Der Hadj Maussur, so hiess der Oberst, der jedoch in Wirklichkeit nur Baschagha war, besass aber von sich eine ungemein hohe Meinung, und am ersten Abend wäre es fast zu Differenzen zwischen uns gekommen, da er durchaus darauf bestand, ich solle inmitten seines grossen Lagers Quartier nehmen, was ich ausverschiedenen Gründen ablehnte, indem ich bestimmt dabei blieb, stets 1000 m entfernt von ihm mein Lager aufzuschlagen. Das hatte nun freilich zur Folge, dass er mein Lager nachts mit Wächtern umstellte, aber die meisten derselben gaben sich bald, nachdem sie "ausgelegt" worden waren, dem Schlafe hin, was ihnen freilich übel bekam, da der Hadj Maussur oder der "Lügenoberst", wie wir ihn auch nannten, recht oft mit seiner Rhinocerospeitsche über sie herfiel, denn das musste man ihm lassen, er für seine Person war der unermüdlichste Wächter. Ich glaube, er schlief des Nachts nie, oder vielmehr die Sorge um unsere Sicherheit liess ihn nicht schlafen. Mahmud Damadh, der mächtige und gestrenge Generalgouverneur, hatte um unsertwillen ja selbst an ihn geschrieben, und viele eingebildete Gefahren - auch er glaubte an die Wegelagerei und liess sie sich überhaupt nie ganz ausreden machten ihn nur noch besorgter.

Wir erreichten in zwei Tagemärschen das Uadi Dinar, einen nördlichen Nebenfluss des Uadi Beni Ulid, welches in seinem westlichen obern Verlauf Uadi Djenueba heisst und sich später in den Sufedjin [32], einen der mächtigsten Ströme von Tripolitanien, ergiesst. Am Uadi Dinar sieht man vor und bei seiner Einmündung in das Uadi Sufedjin verschiedene Ruinen von Castellen und Burgen, die man theils aus gut behauenen Quadern, theils aus schlechteren Material herstellte; aber der ganze Weg von Tessiua an, wo ebenfalls grosse Ruinen sind, wird eben durch diese Bauten vergangener Zeit als derjenige gekennzeichnet, welcher als Hauptheerstrasse von Leptis magna über Bondjem nach dem Innern führte. Nur möchte ich bei dieser Gelegenheit gegen die Annahme vieler Reisenden warnen, welche jene stolzen Burgruinen, die man von diesem Wege aus rechts und links wahrnimmt, so ohne Unterscheidung den Römern als Urhebern oder Erbauern zuschieben wollen: zwei Drittel derselben, wie eine nähere Besichtigung ergibt, dürften wol aus der Zeit der islamitischen Herrschaft herstammen.

Am folgenden Tage erreichten wir das tief und fast senkrecht eingeschnittene Uadi Beni Ulid, dessen Thalsohle aber in diesem Augenblick vollkommen trocken lag. Wir waren gerade damit beschäftigt, auf einer Erhebung im Flussbett unser Lager zusammen mit dem der Bedeckung einzurichten, als uns der Kaimakam von Ben Ulid, Hadj Bu Aischa, entgegenkam und dringend aufforderte, das rechte Ufer des Uadi zu erklimmen, wo wir in dem Castell oder in unmittelbarster Nähe desselben sicherer lagern könnten. Zugleich kam aber auch der angestammte oberste Schich der Orfella, Hadj Matuh Deiki, herbei und lud uns ein, in der Nähe seines Dorfs zu lagern, indem er zugleich um eine Privatunterredung mit mir bat . Da ich nicht wusste, wem ich folgen sollte, gab der Rath unsers Obersten den Ausschlag, zumal Bu Aischa darauf aufmerksam machte, dass eine möglicherweise hereintosende Ueberschweramung das Lager gefährden könne. Dies, sowie der Rath des Obersten, welcher in der Nähe des Regierungssitzes campiren wollte, bewog auch mich, nach oben zu gehen, wo wir unter den Mauern des türkischen Castells Lager bezogen.

Kaum aber war ich in meinem Zelte, als auch schon der Schich der Schiuch der Orfella zu mir kam und in den heftigsten Ausdrücken gegen die "schändlichen" Verleumdungen Bu Aischa's protestirte. Die ganze Provinz sei ruhig, speciell die Strasse durch Beni Ulid, und ihr Thal noch niemals unsicher gewesen; keiner seiner Leute habe an Wegelagerung gedacht. "Warum hat er denn nicht die Schuldigen ins Castell sperren lassen? Warum hat er uns Schiuch nicht zu Geiseln genommen? Warum hat er keine Untersuchung angestellt?" war die empörte Frage Deiki's, und ich musste ihm recht geben, um so mehr, als Bu Aischa in seinem Castell über eine halbe Compagnie regelmässiger Soldaten verfügte. Lange blieb mir das sonderbare Benehmen Bu Aischa's indess kein Räthsel. Den Schlüssel dazu fanden wir in einem in der Kölner Zeitung abgedruckten Briefe des Dr. Nachtigal, welcher mir - der Brief war von Kuka aus datirt - mittheilte, er habe in seiner Geldverlegenheit von Bu Aischa, der damals und zwar in der Eigenschaft eines tripolitanischen Gesandten mit

Nachtigal zu gleicher Zeit in Bornu verweilte, eine kleine Geldsumme entlehnt, wofür er 150 Proc. Zinsen zahlen müsse u. s. w. Ein so hoher Zinsfuss ist für die dortige Gegend etwas Ungewöhnliches, denn im allgemeinen leiht man zu 100 Proc. Da nun Bu Aischa seit seiner Reise nach Bornu in Konstantinopel gewesen war, da er Malta und, irre ich nicht, auch Alexandria besucht hatte, so mochte er wol aus eigener Erfahrung auf das Ungebührliche eines so hohen Procentsatzes aufmerksam geworden sein, und da er in mir den Dr. Nachtigal vermuthete, hatte er sich nicht gescheut, durch das erste beste Mittel mich vom Wege abzulenken, um einer Begegnung mit seinem alten Bekannten auszuweichen. Ein albernes und ungeziemendes Betragen.

Bu Aischa war natürlich aufs höchste erstaunt, nicht Edris Efendi [33], sondern Mustafa Bei vor sich zu sehen, und trotz seiner Freundlichkeit, trotz seiner Unterwürfigkeitsbezeigungen konnte ich es ihm nicht verzeihen, mir diesen Streich gespielt zu haben, während er es andererseits für angezeigt hielt, seine Rolle *jusqu'au bout* beizubehalten. Am Abend desselben Tags nämlich schickte er mir einen Brief, worin er mich nochmals vor den Orfella warnte und mich bat, nicht weiter südwärts zu dringen; falls ich aber auf meinem Vorhaben bestände, ihm eine Bescheinigung zu geben, wonach er von aller Verantwortung frei sei. Ich war so empört über diese Unverschämtheit, dass ich sein Schreiben, ohne darauf zu antworten, wieder an ihn zurückschickte. Und als der Lügenoberst, offenbar von ihm bestochen, mich aufforderte, die sämmtlichen Orfella-Schiuch als Geiseln für meine Sicherheit mitzunehmen, erwiderte ich

118

ruhig: "Entweder mit dir und deinen Cavaleristen, oder ohne euch und mit den Orfella gehe ich." Die Schiuch der Orfella, um das eigenthümliche Benehmen ihres türkischen Gouverneurs recht zu beleuchten, hatten sich nämlich erboten, falls ich es wünsche, als Geiseln in dem türkischen Castell zurückzubleiben, oder auch mich bis zur Südgrenze ihres Gebiets, d. h. bis Sokna, zu begleiten. Das eine wie das andere lehnte ich ab. Um aber Bu Aischa meine Solidarität mit den Orfella zu bethätigen, nahm ich gern mit Herrn von Csillagh eine Einladung zum Frühstück im Hause des Hadj Matuh Deiki an.

Feierlich wurden wir dann am andern Morgen abgeholt und nach dem auf dem linken Ufer gelegenen Dueira el Husna geleitet, wo Hadj Matuh Deiki uns in das Fremdenzimmer seiner Wohnung führte. Nach altpatriarchalischer Art assen nur wir und der Schich aus der Schüssel, und selbstverständlich nur mit der Rechten (in Tripolitanien, sowie in Aegypten wird häufig auch die Linke zum Essen und zum Zerkleinern der Bissen und Brocken mit herbeigezogen; es ist das ein gegen die Gesetze des Islam verstossender Brauch, den im "Westen" niemand ausüben würde). Hierauf gab man die Schüssel den Anverwandten und später den Dienern, die wiederum noch einen "Anstandsbrocken" für die draussen lungernden Armen übrig liessen. Auch Kaffee in kleinen Tässchen wurde gereicht, aber zuvor so stark mit Pfeffer und Zimmt gemischt, dass der eigentliche Kaffeegeschmack ganz verloren ging. Dieser Brauch ist auf dem Lande in Tripolitanien ganz gewöhnlich. Natürlich wurde ich vom Commandanten der Garnison eingeladen, seine Soldaten zu inspiciren, bei welcher Gelegenheit ich auch sein Zimmer besichtigte und mich über die kleine Bibliothek freute (fünf oder sechs Bücher), über die wenigen Blumen, d. h. Tomaten und Kürbisse vor dem Fenster, über die saubern Gardinen und die zwei Stühle und den Tisch. Zwei Jahre vegetirte dieser Sohn Stambuls hier in dieser Einsamkeit, immer wieder seine Bibliothek, d. h. die Reglements durchlesend, täglich auf Erlösung und Ablösung hoffend, mehr noch aber seinem Solde entgegensehend, der nun schon, wie er gestand, seit 15 Monaten nicht zur Auszahlung gekommen sei. Das Trostlose dabei war, dass, wie ich auch späterhin erfuhr, Mustafa Bei, d. h. ich selbst, stets Abhülfe schaffen sollte. Diese Leute, namentlich die türkischen Soldaten, und unter ihnen besonders die Offiziere, schienen in ihrer Naivetät zu glauben, ich sei allmächtig. Die Soldaten waren indess gut bekleidet und gut bewaffnet, alle hatten Hinterlader. Viele aber befanden sich auf Urlaub, um sich mit einer Orfella zu vermählen, wozu es einer besondern militärischen Erlaubniss nicht bedarf, wenigstens darf sie der Oberst des Regiments nicht verweigern.

Wenn man die ziemlich kahlen Flächen, welche sich vom Gebirge bis Beni Ulid erstrecken, durchzieht, so wird man aufs angenehmste überrascht durch den Blick auf den üppigen Oelwald des Uadi Beni Ulid. In der That scheint, von oben gesehen, das ganze Thal ein undurchdringliches Grün, eine Matte von Liguster zu sein. Steigt man aber hinab, dann löst sich alles in einzelne Gärten auf, umgeben von mächtigen Dämmen, welche aus grossen Steinen, erratischen Blöcken, aufgebaut sind, um den Humus festzuhalten, wenn die Wasser ihre verheerenden Fluten durchs Thal wälzen.

Die Sohle des Thals hat an dieser Stelle etwa die Breite eines Kilometers und ist durchaus mit gutem Boden versehen. Aber nicht nur vornehmlich Oelbäume gedeihen hier, sondern fast alle übrigen Obstbäume Tripolitaniens, mit Ausnahme der Palme, welche wenigstens nicht gezogen wird. Die Uferwände selbst, etwa 130-150 m hoch, sind steil und abschüssig und zeigen an der Basis die Spuren des durchschiessenden Wassers. Von felsiger Beschaffenheit, ist Kalk das Hauptgestein, während den obern Rand eine blasige, einige Fuss dicke Lavaschicht bedeckt, welche aussieht, als ob sie aus einer strömenden Flüssigkeit, welche erkaltete, entstanden sei.

Die Bewohner des Thals, Orfella, wollen echte Araber sein und reden auch arabisch; aber ihre Sesshaftigkeit, die Bauart ihrer Ortschaften, fast funfzig an Zahl [34], einzelne Namen der Ortschaften, die Namen der Bewohner selbst, ihr ganzer Habitus, berechtigen zu der Annahme, dass wir es hier mit einer starken Vermischung der uransässigen Berber mit den eingewanderten Arabern zu thun haben. Die Orfella sind als rauf- und raubsüchtig verschrien, und ihre Handlungen in neuester Zeit beweisen auch, dass sie sich nicht viel aus der türkischen Autorität machen. Innerhalb ihres Uadi und ihrer Provinz überhaupt verhalten sie sich aber meistens ruhig. Ihre Sesshaftigkeit bürgt schon für ihr gutes Verhalten, da in ihren Ortschaften und Anpflanzungen doch immerhin ein nicht zu unterschätzender Werth steckt.

Die Brunnen im Thale sind ausserordentlich tief, der von mir gemessene hatte eine Tiefe von 40 m [35] und das Wasser desselben war, bei einer äussern Lufttemperatur von 20deg. C., um 4 Uhr nachmittags 25deg. warm. Wir blieben nur einen Tag im Uadi Beni Ulid. Als wir den 11. Januar abreisten, ging es aber doch ohne Begleitung der Orfella nicht ab: Schich Deiki wollte uns wenigstens einen Tag lang das Geleit geben. Gleich südlich von Beni Ulid betritt man Hamada-Terrain, hin und wieder aber von kleinen Uidian unterbrochen, welche alle dem Sufedjin zugehören, oder man, passirt auch kleine Einsenkungen, welche sich im Frühjahr mit Grün zu bedekken pflegen. Das war nun diesmal leider nicht der Fall, die Vegetation blieb überall auf das spärlichste beschränkt, da im Winter 1878/79 durchaus kein Regen fiel. Aber trotzdem hatten den Boden stellenweise Flechten überzogen, welche wie Pilzchen aussahen oder wie Graupen oder grober Gries und von den Eingeborenen "Gim el lutta", d. h. "Weizen der Ebene" genannt werden. Wie Ascherson mir mittheilt, heisst die Flechte lecanora desertorum. Sie sagten, die Pilze seien geniessbar, ich liess daher einige sammeln, und abends hatten wir ein zwar etwas sandiges, aber gutschmeckendes Gericht mehr.
Ohne dass uns irgendetwas Bemerkenswerthes aufstiess, zogen wir nun, immer auf der grossen Heerstrasse bleibend, deren Spuren durch zahlreiche Pfade einer jeden Karavane kenntlich sind, weiter nach Süden, durchkreuzten das Uadi Sufedjin, das Uadi Semsen, Uadi Um el Cheil, und erreichten den wichtigen Ort Bondjem, das Hauptquartier der nomadisirenden Orfella.

Die Gegend hat inzwischen einen andern Charakter angenommen, welchen ich als syrtenhaft bezeichnen möchte. Man weiss nicht, ob man nahe am Meere oder tief inmitten der Sahara sich befindet: die niedrigen Hügel, oft weissglitzernd von Aragonit und kalkigen Bestandtheilen, deuten auf Wüste; die zahllosen Muscheln, namentlich ganze Bänke von Cardium, so frisch aussehend, als ob sie gestern aus dem Meere ausgeworfen wären, deuten auf die Nachbarschaft des letztern. In der That sind wir bei Bondjem fast wieder auf das Niveau des Meeres hinabgestiegen und befinden uns auch hier immer noch in der Region der feuchten Niederschläge des Mittelmeers.

Bondjem ist Mudirat der Türken und hat eine Einwohnerschaft von etwa 150 Seelen, welche vom Handel mit den durchziehenden Karavanen und vom Tauschhandel mit den Hirten der überaus zahlreichen Kamelheerden existiren. Nirgends in Tripolitanien gibt es wol so grosse Kamelheerden wie die der Orfella, und die Brunnen von Bondjem bilden für dieselben den Mittelpunkt. Die Thiere, im allgemeinen ziemlich dumm und immer ernsthaft - ich habe nie ein Kamel lachen sehen, auch nicht einmal ein junges -, sind durch die Gewohnheit so abgerichtet, dass sie ganz allein ohne die Begleitung ihres Hirten den Brunnen zu finden wissen. Eine Heerde von circa 100 Kamelen wird überdies nur von einem Negerburschen beaufsichtigt und weidet häufig 100 km und mehr vom Brunnen entfernt. Manchmal, wenn es an frischen Kräutern in den Gegenden nicht mangelt, begeben sich die Kamele nur einmal im Monat oder noch weniger zur Tränke, während sie in trokkener und heisser Jahreszeit öfter ihren Durst stillen.

In langen Reihen, ein Thier hinter dem andern, im sogenannten Gänsemarsch, kommen sie dann langsamen Schrittes, ernsthaft und schweigsam daher; sind die Wasserlöcher flach und zur unmittelbaren Tränke geeignet, dann machen sie sich gleich selbst daran, ihren Durst zu stillen; haben die Brunnen oder Löcher aber eine gewisse Tiefe, sodass das Heraufziehen des Wassers menschliche Hülfe erfordert, dann warten sie mit Engelsgeduld, bis jemand ihnen das verlangte Nass spendet.

Der Contrast eines vor circa 20 Jahren erbauten türkischen Castells, jetzt Ruine, und des vor vielleicht 2000 Jahren erbauten römischen, ist äusserst bezeichnend. Das Material des türkischen Forts ist derart schlecht, dass trotz der conservirenden Luft der Sahara nach vielleicht abermaligen zwanzig Jahren keine Spur mehr davon übrig sein wird, dagegen das des römischen so dauerhaft und wohlerhalten, dass man nur die Steine und grossen Quadern aufeinander zu legen brauchte, um es in seiner ursprünglichen Gestalt wieder hervorzuzaubern. Wer weiss, ob das alte Römercastell in Bondjem nicht noch einmal wieder errichtet wird! Die Inschrift, welche über dem nördlichen Thor stand, und deren Träger, ein schwerer Quader, jetzt auf dem Boden liegt, ist vollkommen gut erhalten, die der übrigen Thore aber - denn jedes Thor hat eine Inschrift - ganz unkenntlich oder unter Schutt vergraben. Ueberhaupt muss seit dem Besuche Lyon's und Ritchie's eine grosse Veränderung mit dem Castell vor sich gegangen sein, wenn anders das Bild, welches die Reisenden von Bondjem geben, nur einigermassen getreu ist.

Die Inschrift in Majuskeln lautet:
Imp. Caes. L. Septimio. Severo.
Pio. Pertinaei. Aug. Trpotu. III
Imp. - Csiippet - V - ri -
IIII. et - Septimio - cae -
Aug. O. Anicio. Fausto. Leg. -
Augustorum. Consulari. -
- Ipo. III. Aug. Pu -

Zwischen Bondjem und Sokna erhebt sich der Boden allmählich wieder, und ehe man die Oase Djofra erreicht, hat man den Gebirgsstock Tar zu übersteigen, in welchem sich einige Brunnen mit ziemlich schlechtem Wasser befinden. Den höchsten Berg des Tar-Gebirges, der namenlos war, weil die Eingeborenen alle Berge, die das Gebirge zusammensetzen, Djebel Tar nennen, nannte ich zu Ehren der Berliner Geographischen Gesellschaft "Nachtigal's Berg", "Djebel Bulbel". Obschon wir auch früher schon Versteinerungen gefunden hatten, stiessen wir im Tar-Gebirge zum ersten mal auf eine mächtige Schicht. Die höchsten Punkte im Tar-Gebirge, sind 400 m hoch. Wir liessen hier unsere Cavalerie voranziehen und blieben einen Tag lagern, um Pflanzen, Thiere und Versteinerungen zu sammeln. Reich beladen zogen wir dann am 22. Januar nach Ain Hammam, welcher Brunnen schon zu Djofra gerechnet werden muss.

Ain Hammam, die Taubenquelle, liegt zwischen Dünen, welche oben und unten mit Palmen bestanden sind. Zu unserm Erstaunen fanden wir hier, als wir ankamen, die ganze Cavalerie lagern, da der Bascha-ga Mansur uns durchaus die Ehre eines Label Barudh, d. h. eines Wettrennens mit Pulververschwendung, geben wollte, wodurch er natürlich zugleich auch den Eingeborenen von Sokna zu imponiren beabsichtigte. Dagegen liess sich nichts machen, denn der Oberst war so erpicht darauf, seine Cavalerie im günstigsten Lichte produciren zu dürfen, dass alles vergeblich gewesen wäre, um ihn davon abzubringen. Und doch sahen Ross und Reiter so kläglich aus! Einer der letztern war sogar seinem Schicksal erlegen; nördlich vom Tar-Gebirge hatten sie ihn, ein Opfer der Anstrengungen, begraben. Wie kann man aber auch siebzigjährige Greise zu Kriegszügen verwenden und noch dazu in der Wüste!

So rüsteten wir uns denn alle, um einen möglichst feierlichen Einzug in Sokna zu halten: die Diener legten neue Hemden an, die buntesten Kleidungsstücke wurden hervorgeholt, und an Pulver liess ich es weder für meine Leute, noch für die Cavalerie fehlen.

6. Sokna

Das war ein wirklich glänzender Aufbruch am 24. Januar, als wir aus dem Palmenhain Ain Hammam in die Ebene hinauszogen, welche wie zu einem Rennen geschaffen erschien: harter mit feinem Kies bedeckter Boden! Man sah es der Cavalerie an, dass sie oft derartige Phantasias zu veranstalten pflegte, und die eben noch halblahmen oder halbverhungerten Pferdchen schien ein elektrischer Funken zu durchzittern. Sie wurden schön, denn jetzt war Feuer in ihnen. Die funfzig Reiter rangirten sich auf einer

Linie und zwar auf einer ziemlich geraden, der Oberst auf der linken, und auf den Ruf: "Ialla ia Uled", ("Auf Söhne!") stürzte nun alles davon *ventre à terre*. Auf ein zweites Zeichen machten sie halt, nachdem sie etwa einen halben Kilometer dahinge- stürmt waren, und jeder versuchte seine Flinte abzu- feuern. Alle ritten sodann langsam zurück, aber aus dem sich nun formirenden Haufen sprengten immer wieder drei oder vier heraus, entweder nach vor- wärts oder auf uns Kamelberittene zu, dabei schie- ssend und ihr Reitertalent zeigend. Dazwischen tanzten unsere eigenen Leute herum und hatten ihre Freude daran, aus den Doppelflinten schnell hinter- einander kolossal tönende Doppelsalven zu geben. Dass an dem Tage nicht einige Läufe sprangen, muss als ein grosses Wunder betrachtet werden. Die Phan- tasia erreichte aber ihren Höhepunkt, als bald darauf eine grosse Deputation, theils berittene Leute, theils Fussgänger, aber alle mit ihren Festgewändern an- gethan, aus Sokna kam. Man hätte glauben können, es fände eine Schlacht statt, so gross war die Pulver- verschwendung. Das gehört indessen dazu, und je mehr Pulver einer verbrauchen lässt, desto höher steigt er im Ansehen der Untergebenen.

So erreichten wir Sokna, wo wir einen längern Auf- enthalt nehmen wollten, theils um hier die kaiserli- chen Geschenke abzuwarten, theils wegen des wei- tern Vordringens nach dem Süden Beschluss zu fas- sen. Hier musste ich mich nun entscheiden, ob ich den Weg durch Fesan und Borgu, oder den direct von Sella gerade südwärts führenden, oder endlich den über Audjila, Djalo, Kufra und Uadjanga wählen sollte.

Vor allem aber mussten wir nun daran denken, eine Wohnung zu erhalten; ich konnte zwar, auch, wie der Oberst, mit meinen Leuten ein Lager beziehen, aber da wir den Aequinoctien entgegengingen, wo die häufig eintretenden Stürme nicht unerheblich die ohnedies schon unangenehme Situation des Zeltlebens erhöhen, hätte ich aus unumgänglichen Rücksichten in der Nähe der Cavalerie lagern müssen, was ich nicht wollte, zumal wir von einem Tage auf den andern der Ankunft von zwei Compagnien Infanterie entgegensahen. Der Gemeindevorstand aber und nicht minder der Kaimakam, der doch als ein neuer mit uns zugleich eingetroffen war, schien über der Ankunft des Obersten mit seiner Cavalerie ganz die meine vergessen zu haben. Und als man endlich an mich dachte, stellte man ein so elendes und kleines Haus zur Verfügung, dass ich mit meiner zahlreichen Gesellschaft keinen Platz darin finden konnte. Unwillig über diese Unaufmerksamkeit, befahl ich ruhig, ohne mich auf lange Erörterungen einzulassen, die Richtung nach Hon einzuschlagen. Das wirkte wie Zauber. Die Soknenser, welche sahen, dass ich nach der Stadt ziehen wollte, mit der sie gerade in Krieg lagen, fürchteten nicht nur durch meinen Abzug eine pecuniäre Einbusse zu erleiden - denn wir zahlten Wohnung, Lebensmittel u. s. w. gleich baar und zwar zu hohen, meist doppelten Preisen -, sondern meinten auch, und wol nicht mit Unrecht, dass ich durch meine Gegenwart das Ansehen ihrer Feinde, der Honenser, bei der türkischen Regierung vermehren würde. Wir hatten also noch lange nicht den Palmenwald Soknas verlassen, als auch schon der Kaimakam und der ganze Gemeindevorstand herbeigeeilt kam mit der Bitte, umzukehren: eins der grössten Gebäude stände zu unserer Aufnahme bereit.

Das war auch in der That der Fall: wir bekamen in einer der besten Strassen Soknas, im vornehmsten Quartier der Stadt, ein so geräumiges Haus, dass die ganze Expedition bequem darin ein Unterkommen fand.

Die Zeit unserer Ankunft in Sokna war insofern merkwürdig, als gerade ein seit einigen Wochen zwischen den Bewohnern Soknas und Hons ausgebrochener Streit zum Austrag gebracht werden sollte. Dieser Streit, ein Krieg im kleinen, hatte aber solche Dimensionen angenommen, dass im Gefecht bei Kessir, am 16. December 1878, 18 Mann fielen und über 60 verwundet wurden. Seit dieser Zeit nun, d. h. seit einem Monat, fanden stets Reibereien zwischen den beiden Orten statt, und keiner traute sich, das Weichbild des andern zu betreten: wenn entdeckt, wäre es um ihn geschehen gewesen. Factisch bestand also noch immer der Krieg.

Die Verhältnisse in allen Oasen sind bezüglich des Eigenthums so besonderer Art und so wenig von frühern Reisenden in den Bereich ihrer Betrachtungen gezogen, dass es sich wol verlohnt, einen Augenblick dabei zu verweilen. In Sokna speciell kommt noch hinzu, dass die Einwohnerschaft eine aus Berbern und Arabern gemischte ist.

In allen Oasen der Sahara liegen die Verhältnisse derart, dass ein Individuum den Boden selbst, als ererbt oder erkauft, zu eigen besitzen kann, dass aber die Bäume, also vorzugsweise die Palmen, einem ganz fremden Menschen oder vielleicht der Regierung oder der Geistlichkeit oder dem Gemeindevorstand gehören. Sie sind dann vom ursprünglichen Eigenthümer vererbt, verschenkt oder verkauft. Es existiren darüber nun zwar ganz bestimmte und sogar schriftlich fixirte Regeln und Herkommen, aber bei dem eigenmächtigen, nach Freiheit dürstenden Charakter liegt es auf der Hand, dass es an vielen Ueberschreitungen nicht fehlen kann. Und vom Worte kommt es in diesen Gegenden nur zu leicht zur That und von dieser zu einer blutigen Auseinandersetzung, denn jeder geht bewaffnet.

Nun kommt noch die Berieselungsfrage hinzu. Wenn in Sokna und Djofra überhaupt die Palmen so tief wurzeln, dass sie die allgemeine Wasserschicht mit eigener Kraft erreichen, so bedürfen doch alle übrigen Gewächse: Weizen, Gerste, Hirse, Mais, Rüben, Kohl, Tomaten, Eierfrüchte, Zwiebeln, Knoblauch etc. einer künstlichen Bewässerung. Und wenn diese auch nicht, wie in andern Oasen, z. B. in Rhadames oder Siuah, vermittelst einer Quelle bewerkstelligt wird, wobei die Benetzung der Beete durch eine Wasseruhr für jeden Consumenten geregelt ist, sondern durch Ziehbrunnen, so gibt andererseits der Zeitpunkt zur Bewässerung wieder leicht eine neue Veranlassung zum Hader. Hier will vielleicht der Bodenbesitzer, um seinen Weizen und seine Tomaten zu zeitigen, eine öftere Berieselung der Felder anbringen, als es der Palmbaumeigenthümer für zuträglich hält, dort der Eigenthümer der Dattelbäume seine Früchte einheimsen, was der Bodeneigenthümer, weil ihm seiner Meinung nach die Culturen dabei zerstampft würden, zu verhindern sucht. Die Sache verschärft sich noch durch den Umstand - für

130

Sokna wenigstens -, dass zwischen den Ureinwohnern von Sokna und den Eindringlingen, den Arabern, besondere Verhältnisse obwalten. Die Araber können nämlich überhaupt keinen Grund und Boden erwerben - die türkische Regierung hat nicht gewagt, an diesen localen Verhältnissen zu rütteln -, auch selbst nicht durch Erbschaft. Es besteht allerdings eine Verschwägerung zwischen den berberischen und arabischen Familien, welche aber nach dem auch von den Arabern anerkannten Gesetze so geregelt ist, dass die Nachfolger von einem Berber als Berber gelten, selbst wenn sie mit einer arabischen Frau gezeugt sind. Und ebenso verhält es sich mit den Arabern. Ein Araber, der z. B. eine soknensische Berbertochter heirathet und Kinder mit ihr zeugt, bekommt eine arabische Descendenz, welche aber nicht berechtigt ist, Grundeigenthum zu erben, da es, wenn es vorhanden ist, an die Seitenverwandtschaft der Berberfamilie zurückfällt, die bei der allgemeinen Verschwägerung immer vorhanden ist. Aber Bäume sowol durch Kauf als durch Erbschaft darf dem Gesetze gemäss der Araber erwerben. Heirathet er eine reiche Berbertochter, welcher nach dem Tode ihrer Aeltern ein ganzes Besitzthum zufällt, so kann er nie in die Eigenthumsrechte der Gärten ihrer Aeltern, wol aber in die der darin befindlichen Bäume treten. Man wird zugeben, dass bedeutende Complicationen aus diesen Verhältnissen entstehen können. So entsprang der Grund des Streites und Kampfes zwischen Hon und Sokna aus der Frage, wem ein grosser Palmenwald und wem die darunter gelegenen Gärten, Kessi genannt, gehören sollten.

Bald nach unserer Ankunft kamen dann auch die Truppen von Mursuk an, und mit ihnen der Mutassarif, d. h. der Gouverneur von Fesan.

Die Truppen selbst gehörten zur regelmässigen Armee, auch der Kadhi von Fesan war erschienen, damit die Beilegung des Streites einer richterlichen Basis nicht ermangele. Natürlich begann man zuerst damit, beiden Städten wegen Friedensbruchs ziemlich hohe Strafgelder aufzuerlegen, sodann wurden die Sühnegelder fixirt, und da bei den Honensern sechzehn, bei den Soknensern nur zwei Getödtete in Berechnung kamen, so standen sich erstere sehr gut, denn für jeden Todten mussten die Gegner 1000 Mahbub, d. h. 4000 Frs. zahlen. Die Honenser hatten mithin 14000 Mabbub von den Soknensern zu bekommen. Dass aber diese Bestimmungen zahlreiche Intriguen, viele Bestechungen veranlassten, braucht wol kaum gesagt zu werden. Und da nun einmal die ausserordentliche Militärmacht in der Oase war, benutzten Offiziere und Beamte die Gelegenheit, nicht nur Extrasteuern und Steuern mit Gewalt im voraus einzutreiben, sondern es wurde auch wieder einmal eine "Jana", d. h. eine freiwillige Zwangsanleihe ausgeschrieben, um dem Beherrscher der Gläubigen im Kampfe gegen die "Musku", wie man die Russen nennt, zu unterstützen. Dass man die Jana nicht nach Konstantinopel schickte, versteht sich wol von selbst. Auch hier musste ich wieder, was nicht zu vermeiden war, eine Parade über die Truppen abnehmen, und der Glanz derselben verstärkte sich noch dadurch, dass Tamboure und Trompeter sowol während der eigentlichen Parade, als später während meines Aufenthalts im Zelte beim Mutassarif, wo der übliche Kaffee getrunken wurde, durch musikalische Genüsse die Feier erhöhten. Der Mutassarif, Ali Bei, ein Araber vom Stamme der Alauna, hatte schon seit geraumer Zeit den Posten als Gouverneur von Fesan inne, was er zum Theil seiner Verheirathung in die reiche Familie der Ben Alua von Mursuk hinein, zum Theil seinen Geschenken an Geld oder Sklaven verdankte, die er dem jeweilig neuen Generalgouverneur von Tripolitanien überschickte. Auch jetzt war er wieder daran, Gelder für Mahmud Damadh einzusammeln. Da aber der Wechsel der Generalgouverneure von Tripolis von jetzt an mit telegraphischer Geschwindigkeit vor sich ging, so erlag er bald nach unserer Abreise seinem Schicksal: er wurde abgesetzt.

Inzwischen hatten wir uns in Sokna ganz häuslich eingerichtet und unsere regelmässige tägliche Beschäftigung aufgenommen. Im Bestande der Expedition trat aber insofern ein Wechsel ein, als Herr von Csillagh dieselbe verliess und mit mehrern Dienern und sechs Kamelen nach Mursuk zog, von welchem Ort er eventuell nach Bornu ziehen oder über Rhadames zurückkehren wollte. Wir andern machten uns aber auf einen mehrwöchentlichen Aufenthalt gefasst, da wir auf alle Fälle hier die Geschenke des Kaisers abwarten wollten. Wenn nun das Personal der Expedition in seinem Bestande durch den Abgang des Herrn von Csillagh eine Verminderung erfuhr, so bekam dasselbe andererseits einen Zuwachs durch Ali ben Mohammed el Gatroni.

Allen denen, welche sich mit der Entdeckungsgeschichte Nordafrikas befasst haben, wird Mohammed el Gatroni, der treue Diener Barth's, bekannt sein, welcher später mit Duveyrier reiste, dann mich nach dem Tschad-See begleitete und später mit Dr. Nachtigal wieder auf Reisen ging. Derselbe nun hatte einen Sohn, der in seiner frühesten Jugend bei Nachtigal als Kameltreiber angestellt war.

Eines Tages, als ich unsere Wohnung verliess, um in die Palmenwälder zu gehen und zwar in Begleitung verschiedener Diener, welche das oft sehr lästig fallende Volk abhalten sollten, drängte sich ein junger, sehr ärmlich gekleideter Bursche heran und fragte schüchtern: "Kannst du mir nicht sagen, wie es Edris Efendi [36] geht?" - "Ganz gut, mein Sohn." -"Weisst du nicht, ob er in Tripolis ist? ich möchte ihn gern aufsuchen." - "Das geht nicht, er ist weit weg, in Berlin, im Lande Brussia, mitten unter den Christen." - "Ach, wie schade, ich bin eigens deshalb von Fesan hierhergekommen." Eine Zeit lang ging er schweigend neben mir her, und einer meiner Diener fing an, ihn zu schelten und wollte, in der Meinung, er belästige mich, ihn gerade von meiner Seite wegziehen, als er wieder zu fragen begann: "Und kannst du mir nicht sagen, wo Mustafa Bei sich aufhält?" Ich sah ihn jetzt schärfer an, und wie ein Blitz kam mir der Gedanke: das muss ein Sohn des Gatroni sein, denn ebenso hässlich wie der Alte sah er aus, nur jung war er. "Das bin ich selbst", erwiderte ich schnell, "aber bei Gott, du musst der Sohn von Muhammed Gatroni sein!" -"Ja, das bin ich, und schon seit drei Tagen warte ich vor deiner Thür, deine Diener wiesen mich aber immer ab, und auf meine Fragen, ob du nicht Mustafa Bei seiest, erwiderten sie stets Nein; ich hatte schon die Absicht, wieder fortzugehen, um dem Vater zu sagen, unter den neuen

134

Fremden sei weder Edris Efendi noch Mustafa Bei, aber jetzt bleib ich bei dir, und wohin du gehst, geh ich auch." - Diese in Hast gesprochenen Worte verkündeten zugleich die Freude, mich gefunden zu haben, und die Zuversicht, mit der er darauf zählte, bei mir bleiben zu können, schloss zugleich eine Bürgschaft treuer Dienste in sich. Und so hat er sich auch bewährt, denn Ali Gatroni zeigte sich als der treueste Diener von allen; in Noth und Gefahr war er uns stets zur Seite, und von den dreissig Dienern, die sich während der Expedition um uns befanden, hielt er als einzigster bis zum letzten Augenblicke treu aus.

Natürlich machten wir fleissig Excursionen, grössere und kleinere, und bei einer solchen, die Dr. Stecker mit Hubmer zum Djebel Ferdjan unternahmen, wurden sie von einem entsetzlichen Samum oder, wie man eigentlich schreiben muss, Simum überfallen, welcher mit widerstandsloser Heftigkeit toste und dabei die eigenthümlichsten Elektricitätserscheinungen im Gefolge hatte. Dieser Samum fand am 24. Februar statt und entwickelte sich am stärksten gegen Abend und Mitternacht. Nur mit Mühe gelang es den beiden, während des Orkans das Zelt aufrecht zu erhalten, und wol nur dadurch, dass sie selbst die Zeltstange hielten. Bei der fast absolut trockenen Luft werden nun, wie es scheint, alle Gegenstände mit Elektricität überladen. Ist die atmosphärische Luft schon an und für sich ein schlechter Leiter, so wird, wenn z. B. das Haarhygrometer eine relative Feuchtigkeit von nur 10deg. oder 15deg. zeigt oder gar auf 4-5deg. herabsinkt, die Leitungsfähigkeit bei einer solchen Trockenheit fast ganz aufgehoben. Es muss sich nun in allen Körpern eine grosse Menge von Elektricität ansammeln, hervorgebracht durch die Reibung, welche der Sand und die kleinen Steinchen erfahren, wenn sie mit grösserer Geschwindigkeit über den felsigen Boden vom Orkan dahingeschleift werden. Tritt nun noch jene grosse, zuweilen bis über 50deg.C. anwachsende Hitze, sowie die häufige Eisenhaltigkeit des Gesteins hinzu, zumal wenn vielleicht auch Magneteisenstein darunter ist, so gibt alles dies zusammengenommen genügend Gründe zur Erklärung jener auffälligen Thatsachen.

Diese waren aber derart [37], dass die fast ein Decimeter langen Haare Stecker's wie Borsten zu Berge standen, dass sein Begleiter Hubmer ihm mehrere centimeterlage Funken durch Berührung aus dem Körper lockte, ja dass Dr. Stecker an der dem Sandsturm ausgesetzten Wand des Zeltes durch Darübergleiten mit dem Finger feurige Schriftzüge hervorbrachte. Ob sein Begleiter Hubmer gleichfalls so elektrisch geladen war, vermag ich nicht mehr zu sagen, aber die Thatsachen, soweit sie Stecker betreffen, verdienen volles Vertrauen. Während dieses Sturms befand ich mich nebst Franz Eckart in unserer Wohnung in Sokna, der feine Staub durchdrang alles, obschon wir direct wenig vom Sturm bemerkten, da das Haus fest eingekeilt zwischen andern Wohnungen lag. Aber weder er noch ich konnten nachts auch nur eine Minute schlafen, ebenso ging es den meisten Dienern, und ich stehe keineswegs an, diese Schlaflosigkeit mit der Elektricität in Verbindung zu bringen. Uebrigens hatte ich bei heftigen Gewittern unter den Tropen ebenfalls in frühern Jahren eine fast allgemeine Schlaflosigkeit beobachtet.

136

Was das Vorkommen der Elektricität in der Sahara während und nach den Samum-Stürmen anbetrifft, so machten Ritchie und Duveyrier vor mir schon ähnliche Beobachtungen, und auch in meiner Reise "Quer durch Afrika" gab ich Mittheilungen über Vorkommnisse elektrischer Erscheinungen derselben Natur. Künftigen Reisenden soll es aber angelegentlich empfohlen sein, sich mit Instrumenten auszurüsten, durch die man bezüglich des Magnetismus und der Elektrieität präcise Beobachtungen anstellen kann.

Die Anwesenheit der Truppen bewirkte auch die Heranziehung Sellas zu einer Extraabgabe. Früher hatte ich mich schriftlich an den Schich Ibrahim von Sella um die Erlaubniss zum Besuche des Ortes gewandt, erhielt jedoch eine durchaus abschlägige Antwort. Jetzt aber ward infolge seines persönlichen Erscheinens die Angelegenheit zu beiderseitiger Zufriedenheit geregelt. Ich fühlte mich hierbei zum grössten Danke dem mich von Tripolis begleitenden Saptieh verpflichtet, welcher, obschon ein grosser Lump - er besorgte die täglichen Einkäufe, wobei er stets grosse Betrügereien verübte -, durch sein gewandtes Benehmen die Erlaubniss zum Besuch Sellas zu erwirken verstand. Obschon nämlich der Mutassarif von Fesan gar keine Garantie für ein Vordringen von Fesan nach Borgu übernehmen konnte und wollte, und obschon Kaufleute versicherten, dass dieser Weg überhaupt nicht zu begehen sei, wünschte derselbe sehr, ich solle mit ihm nach Mursuk ziehen, zum Theil wol, um direct von mir profitiren zu können, zum Theil aber, weil er glaubte, durch meine Anwesenheit in Mursuk beim Generalgouverneur von Tripolitanien die Idee seiner Unentbehrlichkeit zu erwecken, denn jeder Beamte ist seinem Vorgesetzten gegenüber immer in der Schwebe.

So suchte denn auch der Mutassarif Ali Bei meine Absicht, nach Sella zu gehen, zu hintertreiben, und er war es gewesen, der dem Schich Ibrahim und der Midjeles von Sella rieth, mich nicht zu empfangen.

Ein gut angebrachtes Geschenk, ein Burnus sowie Geld (von welchem allerdings der Saptieh Hadj Ssalem ein Drittel unterschlug), und namentlich die Aussicht auf "mebr", machten in dess, dass der Schich Ibrahim seine Gesinnungen änderte, nur bat er, vorerst nach Sella zurückkehren zu dürfen, um mit dem Gemeindevorstand dieses Ortes zu berathen. Eigentlich wollte er sich indess nur dem Einflusse des Mutassarif entziehen, oder vielmehr in dessen Gegenwart diese Erlaubniss nicht ertheilen.

Mittlerweile machten wir auch einen gemeinsamen Ausflug nach Hon und Uadan. Von Hon erhielt ich schon früher Einladungen, ja, am liebsten wäre es den Bewohnern gewesen, wenn ich bei ihnen ganz Wohnung genommen hätte. Aber das ging nicht, da Sokna Regierungssitz ist. Auch musste ich, solange ich auf türkischem Grund und Boden weilte, doch immer Hand in Hand mit der Regierung gehen. Aber eine Höflichkeit war der andern werth, und so wollte ich doch wenigstens den Honensern meinen guten Willen zeigen.

Hon ist von Sokna nur circa 14 km entfernt wir beschlossen also, die kleine Reise zu Fuss zurückzulegen. Von unsern Kamelen, welche ich gleich nach unserer Ankunft in Djofra auf die Weide schickte und die unter der Obhut einiger unserer Diener in den Uidian von Tassilet, Alfa und Lochmani sich einigermassen wohl befanden, liess ich nur drei kommen, da diese Zahl sich als genügend erwies, um unsere Zelte und die wenigen Vorräthe, welche wir mitnahmen, transportiren zu können. Eckart und Hubmer aber liessen wir mit dem Saptieh zur Bewachung unsers Hauses, unserer Vorräthe und Waaren zurück, alle übrigen Diener aber wurden mitgenommen.

Es war Mittag geworden, als wir aufbrachen, da der Baschaga von Fesan sowie der Schich von Uadan, welche uns begleiten sollten, nicht früher eintrafen. Ersterer, ein äusserst munterer Mann, hatte absichtlich seine Begleiterschaft vom Mutassarif erbeten, weil er dann hoffte, die Stelle als Mudir von Sirhen in Fesan zu bekommen, um so mehr als er, wie er sagte, sein Gesuch noch durch ein passendes Geldgeschenk unterstützen wolle. Er log indess noch stärker als Bu Aischa, der Kaimakam der Beni Ulid, übertraf in dieser Fertigkeit sogar noch den Lügenobersten, nur unser tripolitanischer Saptieh, Hadj Ssalem, konnte ihm die Stange halten. Der Schich von Uadan, ein mehr ernsthafter Mann und Scherif seines Standes, liebte religiöse Gespräche und war sehr erbosst auf den Mutassarif, da dieser die unerhörte Neuerung einführen wollte, dass auch die Schürfa Abgaben zahlen sollten. Das war in der That auch entsetzlich! Wie konnte man nur daran denken, diesen bevorzugten, bislang abgabenfreien Stand zu besteuern, der weiter nichts that als selbst vom Abgaben-Erheben zu leben. "Hört denn da nicht alle Religion auf!" rief der fromme Scherif. "Was soll aus dem Staate werden, wenn man das Volk in seinem

Glauben an uns erschüttert? Die Menschheit geht unter, sobald sie den Glauben an uns verliert. Und wenn man uns, die angestammten Vertreter des Islam, die leiblichen Nachkommen unsers gnädigen Herrn Mohammed, mit dem gemeinen Volke zusammenwirft, dann ist es aus mit der Herrschaft des Islam, dann bricht das Reich der Christen an!" - Ich bemerkte ihm, dass das Reich der Christen gar nicht so schlimm sei, und dass sich die Mohammedaner unter christlichem Scepter jedenfalls besser befänden als unter der Regierung der Türken. Das musste er wider Willen zugeben. Ich aber dachte: es ist doch alles einerlei, rüttelt man an dieser oder jener Religion und an den Privilegien der vermeintlichen Träger derselben, so schreien sie gleich und meinen, das Ende der Welt sei gekommen. *Tout comme chez nous!*

Wir nahmen unsern Weg östlich und liessen den Djebel Filgi südlich liegen. Schon bei früherer Gelegenheit hatte ich ihn erstiegen und seine absolute Höhe auf 450 m festgestellt. Nördlich vom Filgi erhebt sich auf einem kleinen Berge die Ruine einer alten sarazenischen Befestigung, früher zum Schutz gegen die übrigen Bewohner der Oase ein Aufenthalt der Bewohner von Sokna. Am Fusse des Filgi im Westen zieht sich ein den Soknensern zugehöriger Palmenwald hin. Hat man die Filgi-Berge hinter sich, so betritt man eine nur einmal durch das breite Thal des Sufeldjilla unterbrochene Sserir. Der Fluss bewässert zum Theil Hon, zum Theil geht er weiter nordwärts, um zwischen den Hon-Bergen abzufliessen. Nach einem dreistündigen Marsch erreichten wir die schönen Palmgärten von Kessir, welche, wie schon erwähnt, jüngst das Streitobject zwischen den beiden Orten Hon und Sokna bildeten.

An verschiedenen Orten bemerkten wir noch die Spuren und Folgen der Kämpfe: unbestellte Felder, verlassene Häuser und Hütten, niedergerissene Einfriedigungen, zerstampfte Gemüsebeete - alles zeigt nur zu deutlich, wie man gehaust! Die Anwesenheit der Truppen bewirkte indess, dass die Leute wieder Zutrauen fassten. Und so sahen wir, indem wir uns nach Norden wandten, um direct nach Hon zu kommen, je näher der Stadt, desto mehr Menschen auf den Feldern beschäftigt, alle jedoch waren bewaffnet. Staunen und Bewunderung, aber auch Verachtung erregten wir bei allen, weil wir - zu Fuss kamen. Bei uns in Europa hat man keine Idee von den Aeusserlichkeiten, auf welche man im Orient und auch bei den afrikanischen Völkern so grosses Gewicht legt. Ein Türke, namentlich ein gemeiner Vollbluttürke, wird nie begreifen können, dass jemand aus freien Stücken zu Fuss geht. Entweder, so calculirt er, ist der Fussgänger arm oder krank, sonst würde er sich doch gewiss ein Pferd anschaffen. Der lumpigste Türke kauft daher, sobald er es zu etwas gebracht hat, sobald er z. B. Mudir geworden ist, zuerst ein Pferd.

Um 41/2 Uhr waren wir vor den Thoren der Stadt Hon und schlugen südlich von der Stadtmauer, seitwärts an der Hecke der Palmgärten, welche bis dicht vor die Stadt reichen, unsere Zelte auf. Unsere Karavane verfehlte nicht, eine ungeheuere Menschenmenge herauszulocken. Da aber bald die Sonne unterging, so entstand Ruhe. Nur die vornehmen Bewohner der Stadt blieben zurück und leisteten uns bis spät in die Nacht hinein Gesellschaft. Natürlich wurden wir sowol von seiten der Stadt wie auch von einem reichen Kaufmann, dem ich von Tripolis aus ein Empfehlungsschreiben mitgebracht hatte, sehr reichlich bewirthet, welche Gastfreundschaft wir selbstverständlich mit entsprechenden Geschenken erwiderten. Und als die Honenser sahen, dass wir das uns zur Verfügung gestellte Gebäude nicht benutzen wollten, baten sie uns, doch wenigstens am andern Morgen ihre Stadt zu durchwandern, welche allerdnngs von aussen gesehen ein äusserst schmukkes und neues Ansehen gewährte, aber inwendig ohne alles Interesse ist.

Wie erstaunten daher die Honenser, als sie uns am andern Morgen, nachdem einige von ihnen vor Sonnenaufgang aus den gerade geöffneten Thoren hervorgetreten, schon marschbereit und, als Phöbus anspannte, auch unsere Karavane wieder in Bewegung sahen. Abermals war die Richtung Ost, aber der Marsch, weil fast noch einmal so weit, bedeutend beschwerlicher und dazu unwegsamer, da wir beinahe auf der ganzen Strecke Djef-Djef-Terrain [38] hatten und gegen Mittag einen langsam aufspringenden, aber immer heftiger werdenden Samum erlebten. Und als wir, circa 5 km von Uadan entfernt, endlich in die Palmenhaine des Ortes kamen, däuchte uns die Strecke, welche uns vom Orte trennte, gar kein Ende nehmen zu wollen. Unsere Füsse waren auf dem rauhen, wenn auch nicht eben langen Wege - wir hatten etwas mehr als 20 km gemacht - durch die scharfkantigen Schollen der Erdformation halb wund geworden. Mein Begleiter Dr. Stecker bekam sogar Blasen an den Füssen, und da wir beide keine

Strümpfe trugen, sondern nur gelbe arabische Pantoffeln, so wird man dies auch ganz begreiflich finden. Nirgends marschirt es sich unangenehmer als im Djef-Djef-Erdreich.

Endlich befanden wir uns angesichts Uadan, der ältesten Stadt von Djofra, liessen schnell unsere Zelte aufschlagen und harrten nun der Dinge, die kommen sollten, froh, einigermassen Schutz gefunden zu haben, da der Samum ganze Sandwolken über uns ausschüttete. Aber an Schutz wol, nur an Ruhe war nicht zu denken. Die Neugier und Zudringlichkeit der Menschen, welche nie Europäer gesehen hatten, überstieg alle Begriffe. Und wollte man sich den Belästigungen durch Zumachen der Zelte entziehen, so konnte man es vor Hitze nicht aushalten: die Temperatur war draussen über 35deg. und erreichte im geschlossenen Zelt eine noch viel bedeutendere Höhe. Der Schich Ibrahim und der uns vom Mutassarif mitgegebene Saptieh waren vollkommen unfähig, uns vor der turbulenten Menge zu schützen; ersterer hatte sich gleich davon gemacht, um mit seinen Untergebenen über Steuerverhältnisse zu berathen, und letzterer war ebenfalls bald verschwunden, um culinarische Untersuchungen im Innern des Ortes anzustellen.

Der halbe Ort, namentlich aber die Jugend, umlagerte unsere Zelte, und jeder Gegenstand, den man irgend erreichen konnte, musste befühlt und untersucht werden. Selbst unsere eingeborenen Diener waren vor einem Examen nicht sicher; die neuen Gerara (Kamelsäcke), die in Tripolis gefertigten Hauya (Kamelsättel), namentlich aber die Doppelflinten und die schönen Faschinenmesser erregten grosse

143

Bewunderung und Staunen. Desto schwerer aber fiel es, die nothwendigsten Lebensmittel zu bekommen und doch musste dafür gesorgt werden, da in diesem religiösen Ort schwer auf Gastfreundschaft zu rechnen war.

Um aber unsere unangenehme Lage mit etwas Komik zu würzen, gesellte sich gegen Abend ein verrückter Knabe zu den uns umlungernden Wilden, und diese, welche den zwölfjährigen Bengel für heilig hielten, machten ihm ehrerbietigst Platz. Natürlich wusste er in seinem Wahnsinn erst recht nicht, was er aus uns machen sollte, aber sei es, dass ihm das Fremdartige imponirte, sei es, dass er von seinen frommen Verwandten dazu abgerichtet war: er gab uns, nachdem er uns eine Zeit lang angestarrt, seinen Segen mit lallender Stimme, wie es eben ein halb Blödsinniger vermochte. Gleich darauf hielt er seine offene Hand hin, und ich ermangelte nicht, einen halben Piaster hineinzulegen. Hierdurch schien er sehr beglückt zu sein; einen Bu Aschrin (d. i. ein 20-Parastück, gleich einem halben Piaster) hatte er wol noch nie für seinen Segen erhalten. Gewiss wäre er auch mit einer Hand voll Datteln zufrieden gewesen. Natürlich bekam mein Begleiter, Dr. Stecker, auch den Segen und der verrückte kleine Heilige sein Geldgeschenk. Nun aber ging es los. Es kamen andere Knaben, zwar nicht verrückte, aber doch Schürfa, also geborene Heilige, welche uns alle, trotzdem wir Ungläubige waren, segnen und dafür ihr Geldstückchen empfangen wollten. Vor lauter Segnenden wären wir fast erdrückt worden! Endlich kam der Baschagha, um den Leuten auseinanderzusetzen, wie unpassend es sei, Christen den Segen zu ertheilen;

144

aber wenn es ihm auch gelang, etwas Luft zu schaffen, so wäre er doch fast der segnenden Jugend zum Opfer gefallen, nur dem dazwischentretenden Schich Ibrahim war es zu verdanken, dass man ihn nicht tüchtig durchprügelte. Ein Heiliger darf sich eben alles erlauben, und wenn Verrücktheit und Erbheiligkeit sich in einer Person vereinigen, so wird dadurch das Ansehen ausserordentlich. gesteigert.

Es gelang uns, abends eine elende Ziege für uns und Futter für die Kamele zu kaufen, und da sich mit Sonnenuntergang der Wind legte, so bekamen wir auch noch einen klaren Blick auf das malerisch gelegene Uadan und das im Osten davon gelegene Gebirge gleichen Namens.

An dem nämlichen Abend machte uns auch ein Italiener, Namens Francesco Guida, einen Besuch. Früher Neapolitaner, wohnte er nun seit Jahren in Sella und, mit einer Sellenserin verheirathet, war er selbst seit langem zum Islam übergetreten. Wegen Todtschlags zum Tode verurtheilt, hatte vor mehr als zwanzig Jahren Frederic Warrington den Flüchtling, der gerade von Tripolis nach seiner Heimat eingeschifft werden sollte, um sein Urtheil zu empfangen, in seiner Villa verborgen gehalten und ihn dann mit Empfehlungsbriefen ins Innere geschickt, woselbst ihn natürlich die neapolitanische Gerechtigkeit nicht ergreifen konnte. Goldschmied von Geschäft, konnte er sich ernähren, indem er von einer Oase zur andern zog und für die Frauen und Jungfrauen Gold- und Silberringe anfertigte. Sein Italienisch hatte er fast ganz verlernt. Abdallah - so hiess er nach seinem Uebertritt - war insofern für mich von Interesse, als er gestand, einen Brief von Sella aus an mich gerichtet zu haben, worin er im fehlerhaftesten Italienisch mich beschwor, nicht dorthin zu kommen, da die Araber Mordpläne gegen mich hegten. Als ich bei meiner Ankunft in Sokna jenen Brief erhielt, war es mir vollkommen unerfindlich, wer ihn könnte geschrieben haben.

Am folgenden Tage traten wir recht früh unsern Rückmarsch nach Sokna an und zwar auf einer directern, etwas südlich von dem Wege nach Hon gelegenen Route, und als wir mittags in Kessir anlangten, machten wir in einem Garten Halt, frühstückten daselbst und erreichten noch nachmittags Sokna, wo wir die Freude hatten, dass gerade vor uns der Schantat (Wüstenpostbote) mit zahlreichen Briefen und Zeitungen angelangt war.

Einen grössern Ausflug unternahm sodann noch mein Reisebegleiter, Dr. Stecker, nach dem Lochmani-Berg und nach den in jenen Gegenden befindlichen Uidian, während ich selbst den Garat el Tschausch als Ziel meiner kleinen Expedition aussah. Beide Berge, Vorberge des gewaltigen Djebel Ssoda (Schwarzes Gebirge), hatten uns durch ihre hervorspringenden Formen schon lange angezogen und namentlich abends, wenn wir dicht vor Sonnenuntergang ausserhalb der Stadt noch einen Spaziergang machten, hoben sich die eigenthümlichen, von der Sonne erzeugten Färbungen aufs wunderbarste von den grünen Palmenwäldern an seinen Hängen und vom blauen Himmelsgewölbe ab.

Und durch diese kleinen Expeditionen, lernten wir nicht nur die Topographie der Oase Djofra kennen, sondern konnten auch unsere Sammlungen vervollständigen. Dass auch hier die Abwesenheit des Re-

146

gens höchst ungünstig auf die Pflanzen- und Thierwelt einwirkte, braucht wol kaum gesagt zu werden. Inzwischen war mein Haus zum Mittelpunkt der ganzen soknensischen Welt nicht nur, sondern auch der Oase Djofra geworden. Die Stadtverordneten kamen fast einen um den andern Tag und baten um Intervention wegen der hohen, ihnen auferlegten Steuern und namentlich wegen Ermässigung der Strafgelder in der honenser Angelegenheit. Wenn ich achselzuckend erwiderte, ich habe gar keinen Einfluss, weil mir jede officielle Stellung fehle, wollten sie es nicht glauben. "Du hast doch einen Firman ali", riefen sie, "hilf uns doch!" Der Kaimakam von Djofra, der mit uns zugleich in Sokna eingetroffen war, und der sich bezüglich der Einnahme arg in seinen Hoffnungen betrogen sah, wünschte meine Vermittelung in Tripolis, um gleich wieder abberufen zu werden; er müsste, meinte er, verhungern, wenn er lange in Sokna bleibe. Als ich sagte, ich könne mich unmöglich in die Angelegenheiten der türkischen Beamten mischen, legte er mir meine Offenheit als bösen Willen aus, und hätte ich ihm beim Abschied nicht ein Geschenk von 100 Frs. gemacht, wäre er als Feind von mir zurückgeblieben. Die fesaner Soldaten schickten mehreremal eine Deputation zu mir mit der Klage, dass sie seit länger als einem Jahre keinen Sold erhalten hätten, ich möge dem Mutassarif Befehl geben, ihnen wenigstens einige Monate von ihren Rückständen auszuzahlen. Als ich kopfschüttelnd erwiderte, dass ich gar keine Macht über Ali Dei habe, sagten sie, "wie kommt es denn, dass er dich stets mit solchen Ehren empfängt?" Die Cavalerie, welche uns herbegleitet hatte, verlangte nach

Tripolis zurückgeschickt zu werden, und der Lügen-oberst wünschte eine Beförderung. Eines Tags kamen sogar die Offiziere der von Mursuk gekommenen Truppe und versuchten, bei mir geradezu eine Anleihe zu machen, sie wollten mir dafür eine Anweisung auf ihre rückständige Löhnung geben! Welch eine Menge von Unzufriedenheit war hier angehäuft! Und welch eine Ausdauer in Geduld besitzen diese Leute!

Uebrigens hatte ich täglich einen sehr gescheiten Faki, der mir die Sokna-Sprache beibrachte. Wenn ich aber an die verlorene Mühe und Arbeit denke - denn auch das von mir Aufgezeichnete wurde von der Suya zerstört -, so wollte ich lieber, ich hätte nichts unternommen. So viel Anstrengung und Fleiss, und alles vergeblich!

Indess vergingen die Wochen schnell und keineswegs unangenehm, da wir regelmässig unsere Posten bekamen. Der Unterricht im Soknensischen, Ausflüge in die Oase, die Vermehrung der Sammlungen von Pflanzen und andern Gegenständen, die Ueberwachung der Mannschaft, die Unterhandlungen wegen der Weiterreise, die langen Midjeles-Sitzungen - welche ja auch manches Interessante und Lehrreiche boten -, alles das füllte die Zeit vollständig aus. Und materiell waren wir vorzüglich gestellt: ein grosser Hühnerhof im Hause, viele zum Verkauf gebrachte Eier, fast täglich frisches Fleisch, entweder Lamm-, Antilopen- oder Gazellenfleisch, Kürbis und Rüben sowie Zwiebeln als Gemüse, vorzügliche Datteln - alles das wol etwas theuer, aber doch zu haben! Unsere eigenen Vorräthe brauchten wir mithin gar nicht anzugreifen, sondern fanden auch noch Gele-

148

genheit, das auf der langen Strecke von Tripolis bis Sokna an Mehl, Butter, Reis u. s. w. von uns Consumirte hier wieder zu ergänzen.

Am 27. Februar feierten die Soknenser Frühlingsanfang; worauf aber die Leute ihre Rechnung basirten, konnte ich nicht herausbringen, es sei immer so gewesen, sagten sie. Also Usus. Wir feierten natürlich mit. Die Hauptsache der Festlichkeit bestand natürlich in Essen und Trinken, Schiessen und Tanzen, und da sich eine grosse Anzahl Neger in der Oase aufhält, so waren sie auch hier stark vertreten, ebenso Fesasna, die gleichfalls zahlreich in Djofra leben. Die Neger und Arbeiter campirten von dem Tage an nicht mehr bei ihren Herren in der Stadt, sondern in den Gärten, und auch viele Familien zogen Hinaus, um an Ort und Stelle das Wachsthum und Gedeihen der Saaten zu überwachen.

So kam denn der März heran. Am 6. feierten wir mit den Bewohnern der Stadt das Milud-Fest, d. h. den Geburtstag des Propheten, und die Soknenser waren sehr erfreut, dass ich unsere Fahne, die sonst nur Sonntags wehte, aufhissen liess.

Endlich musste ich mich aber doch entschliessen, aufzubrechen. Die Geschenke kamen immer noch nicht. Ich hatte jedoch die Anordnung getroffen, dass sie nachgeschickt werden konnten. Längeres Warten war unmöglich. Ehe ich nun aber den Leser bitte, mich auf meinen weitern Wanderungen zu begleiten, werfen wir einen Blick auf die Oase Djofra.

7. Die Oase Djofra

Wenn, wie Duveyrier annimmt, Bondjem das Boin
des Plinius gewesen ist, und "die berühmte Hauptstadt [39] der Garamanten, Garama, durch römische
Waffen überwunden wurde, dass Cornelius Balbus
über sie triumphirt, dass er die genannten Städte
eingenommen und ausser Cidamus (Rhadames) und
Garama (Djerma) noch die Namen und Schilderungen aller übrigen Völker und Städte im Triumph
aufgeführt habe", so können wir alle diese angeführten Städte und Namen, deren Schilderung sehr dürftig ist, übergehen, weil sie uns für die Oase Djofra
absolut keinen Anhaltspunkt geben. Sicherlich aber
haben die Römer eine so wichtige Oase gekannt. Es
ist um so weniger daran zu zweifeln, als Plinius den
Mons ater oder niger ausdrücklich hervorhebt, und
ein Gebirge von so ausdrucksvoller Farbe kann gar
kein anderes sein, als die Djebel Ssoda, welches übrigens so, wie es heute besteht, von Plinius genau beschrieben wird: "Von hier streckt sich von Morgen
gegen Abend ein langes Gebirge, welches wir, weil
es von Natur wie angebrannt oder durch die zurück-
geworfenen Sonnenstrahlen wie entzündet aussieht,
Ater nennen; und dahinter liegt eine Wüste." Der
Harudj Assod, die Djebel Ssoda bilden ein und dasselbe Gebirge, welches bei den Alten den Namen
führte, den die Farbe jedem schon von selbst in den
Mund legt. Die Berber, die Araber konnten, und endlich wir, wenn wir wollen, können diese mächtige
Kette mit ganz richtigem Ausdruck "Schwarzes Gebirge", "Black mountains" oder "Montagne noire"

150

nennen. Am Fusse dieses Gebirgs nun liegt eine der fruchtbarsten Oasen: Djofra.

Diesen Namen arabischen Ursprungs gab man der Oase wegen ihrer Bodenbeschaffenheit, denn Djofra ist abzuleiten von Djof, Bauch, welches Wort von den arabischen Geographen oft für Einsenkung oder Depression gesetzt wird. Denn die Einsenkung, obwol keine echte oder absolute, ist doch eine solche im Verhältniss der sie umgebenden Berge, namentlich der "schwarzen". Auch im Mittelalter wird der Oase keine Erwähnung gethan, bis Edris, der im 2. Jahrhundert dieses Jahrtausends lebte, wenigstens von einem Orte der Oase, der seiner Lage und örtlichen Beschaffenheit nach allerdings der älteste zu sein scheint, nämlich von Uadan spricht. In Edrisi's "Afrika" [40], cur. Hartmann, S. 135, finden wir: "*Terra Vadan. Terra Vadan dicuntur insulae palmarum occidentem inter et orientem mare versus latissime protentae.*" Ferner heisst es bei demselben Schriftsteller: "*A Sort ad Fadan 5 stationum iter; sita antem est Vadan in australi parte (urbis) Sort. etc.*" Es wird hervorgehoben, dass Vadan von Karar (dies ist offenbar ein Schreibfehler und soll Kanar oder, wie Hartmann schreibt, Cavar heissen) Alaun und Färbekraut (lutum) bezöge. Indess soll damit nicht gesagt sein, dass nur Edris und nicht auch die übrigen arabischen Geographen Uadan oder die Oase Djofra gekannt hätten. Bakui spricht z. B. von Uadan als einer im Süden Afrikas gelegenen Stadt.

So hat Herr Gotthold Krause in seinen geschichtlichen Studien in Malta und Tripolis im 13. Bande der Zeitschrift der Berliner Gesellschaft für Erdkunde, S. 356 fg., über Uadan noch ältere Mittheilungen gemacht, indem nach ihm im Sommer 644 der Feldherr Amr Tripolis eroberte und während der Belagerung dieser Stadt seinen Unterfeldherrn Bosr ihn Arta nach Uadan schickte. Zwei Jahre später, wie Herr Gotthold Krause berichtet, wurde Uadan noch einmal wegen Treubruchs erobert und dem Könige dieses Landes sogar wegen Verraths ein Ohr abgeschnitten.

Dass aber Uadan unter den Alten der Mittelpunkt der Oase gewesen ist, geht wol am besten daraus hervor, dass man auf dem Hügel, um welchen herum Uadan erbaut ist, Subconstructionen in Quadern antrifft, die wol römischen Ursprungs sein dürften. Es ist dies um so unzweifelhafter, als hier noch häufig römische Münzen, Intaglien und Cameen gefunden werden. Ein hübscher, uns zum Verkauf gebrachter Intaglio hatte leider einen zu hohen Preis. In Hon und Sokna ist von alten Mauerresten oder von Funden aus den Zeiten der Römer nichts zu bemerken, und beide Orte dürften daher verhältnissmässig neuern Ursprungs sein. Aufgabe zukünftiger Reisenden wäre es - namentlich wenn die religiösfanatischen Anschauungen der Bewohner sich sollten geändert haben -, ihr Augenmerk besonders auf Uadan zu richten. Nachgrabungen führen vielleicht zu Aufdeckungen, welche wie in Rhadames für die Geschichte Anhaltspunkte ergeben könnten.

Auch Leo Africanus nennt Uadan. In der Lorsbachschen Uebersetzung, S. 449, heisst es: "Guaden (Waden) ist ein Dörfchen in der numidischen Wüste, an der Grenze Libyens, wo nichts als eine kleine Quantität Datteln wächst. Die Einwohner sind viehisch, arm und fast ganz nackt. Sie können wegen Streitigkeiten mit den Nachbarn ihre Hütten (fast) nicht verlassen. Sie beschäftigen sich sonst mit der Jagd und fangen wilde Thiere, z. B. Elamth und Strausse, in Fallen, geniessen auch kein anderes Fleisch, denn ihre wenigen Ziegen halten sie blos wegen der Milch. Sie sind übrigens mehr schwarz als weiss." Diese Beschreibung stimmt noch recht gut: Streitigkeiten mit den Nachbarn bewirken auch in der Jetztzeit häufig genug, dass die Bewohner ihre Häuser und Orte nicht verlassen können; in allen Orten wird die Jagd leidenschaftlich betrieben; das Fleisch der Antilope und Gazelle ist auch heute noch an der Tagesordnung, und die Hautfarbe eher dunkel als hell zu nennen. Das Auffallendste ist aber, dass wir bei unserm spätern Vorrücken öfter auf uralte Straussenfallen stiessen, welche jetzt allerdings gar keinen Werth mehr haben, da die Strausse längst aus dieser Gegend verschwunden sind.

Hornemann in seiner 1802 erschienenen Reisebeschreibung nennt wenigstens Sokna, Hun und Wodon unter den bedeutenden Städten Fesans, und in den geographischen Erläuterungen zur Hornemannschen Reise von Major Rennel sagt derselbe im selben Reisewerke, S. 183: "Sokna, eine nicht ganz unbeträchtliche Stadt, liegt in der Mitte zwischen diesem Wege und Gadamis, und man weiss, dass die schwarze Wüste südlich von ihr läuft. Es ist also kaum zu bezweifeln, dass Plinius recht habe (wie wir oben auch schon auseinandergesetzt), wenn er den Mons ater sich westlich nach Cydamus oder Gadamis und ansehnlich weit östlich von diesem Orte erstrecken lässt."

Die erste neuere Beschreibung erhalten wir sodann aus dem Reisebericht von Lyon, welcher mit Ritchie jene denkwürdige Reise nach Fesan unternahm. Lyon nennt aber nicht den Namen Djofra als Namen für die ganze Oase, obschon derselbe zu seiner Zeit wol schon bestand. Diese Expedition ist überhaupt die einzige gewesen, die vor der unserigen die Orte Hon und Uadan besuchte, alle übrigen Reisenden berührten nur das an der jetzigen Heerstrasse gelegene Sokna.

Lyon sagt: "Sokna liegt in einer immensen Kiesebene, hat als Südgrenze in etwa 15 Miles Entfernung die Schwarzen Berge, und im Osten in einer Entfernung von circa 30 Miles die Uadan-Berge, sowie im Westen einen entferntem Gebirgszug."

Es kamen dann im Jahre 1822 Denham, Oudney und Clapperton auf ihrem Zuge nach Centralafrika durch Sokna und berichteten von den guten Datteln, sowie dass die von einer Mauer umgebene Stadt über 3000 Einwohner, über eine Mile im Umfang und acht Thore habe und von einer alle überraschenden Reinlichkeit und Sauberkeit sei.

Barth berührte die Oase nur auf seiner Rückreise und sagt von Sokna, dass es "wichtig" sei.

Die von Vogel angegebene Länge und Breite von Sokna stimmt vorzüglich mit den von Ritchie gemachten Beobachtungen. Er fand die Breite der Stadt im Garten des Gouverneurs nahe beim östlichen Stadtthor 29deg.4'44", die Länge zu 15deg.48'30" östl. L. von Greenwich. Aber alle übrigen Angaben Vogel's über Sokna sind entweder seiner Phantasie entsprungen, oder die Eingeborenen haben ihn durch falsche Angaben beeinflusst und zum Theil irregeführt. Die Notiz, welche er z. B. gibt: östlich vom Meridian von Sokna bilden die Schwarzen Berge ein vollkommen ebenes Plateau, welches bei der tiefblauen Farbe des Gesteins täuschend den Anblick des Seehorizonts gibt, ist ganz unrichtig, denn östlich von Sokna gibt es in der Nähe nur die Kette der Filgi-Berge, und wenn die Luft günstig einwirkt, kann aus dem Horizont durch Spiegelung zuweilen die Uadankette hervorgehoben werden.

Dr. Nachtigal beschreibt die Oase in seinem Werke "Sâhârâ und Sudan" ausführlicher als alle seine Vorgänger, und die Bewohner Soknas haben Edris Efendi auch ein dankbares Andenken bewahrt. Aber man muss es als irrthümlich bezeichnen, wenn Nachtigal die Djofra-Oase vom Tar-Gebirge mit bewässert werden lässt. Es ist dies einfach nicht möglich, weil zwischen dem Tar-Gebirge und Djofra eine Wasserscheide besteht. Die Uidian des Tar-Gebirgs gehen nordöstlich zur Syrte, und ebendahin wenden sich auch die Rinnsale der Oase von Diofra. Auch heisst der Berg nördlich von Sokna nicht Tûrîrîn (es ist das wol Schreib- oder Druckfehler), sondern Turinin. Nach Nachtigal kamen noch die beiden belgischen Reisenden Ramakers und Hautrive hin, die aber über ihre Reise nie etwas publicirten. Es ist das um so mehr zu bedauern weil beide Herren sich gerade als Object ihrer Reise den Weg von Tripolis nach Mursuk nahmen, und jedenfalls, da sie vorzüglich veranlagt waren, genaueste topographische Erforschungen mit nach Hause brachten. Unser leider so früh verstorbener Landsmann von Bary berührte auf seiner Reise nach Rhat die Oase Djofra nicht, sondern nahm ungefähr dieselbe Route, welche Barth auf dem Hinwege nach Bornu befolgte.

Ueber die neuern innern geschichtlichen Angelegenheiten ist wenig Interessantes zu berichten, und Kämpfe und Fehden wie die eingangs geschilderten zwischen Hon und Sokna haben so wenig allgemeines Interesse, kommen so oft vor, dass es gewiss genügt, jenes eine Factum angeführt zu haben, um sich ein Bild von den Zuständen in der Oase machen zu können. In den grössern Ereignissen folgte die Oase den Schicksalen der Provinz, wurde türkisch, als Fesan türkisch ward, während sie vorher bald zu diesem, bald zu jenem Sultanat gehörte, zuweilen aber auch die einzelnen Ortschaften eine Art Selbständigkeit behaupteten. Rhuma sowol wie Abd-el Djelil unternahmen grosse Raubzüge nach Djofra, und die wenigen wirklich alten Palmbäume zeugen, dass die grossen Parteiführer den heiligen Baum auf ihren Kriegsfahrten nicht schonten. Von allen Palmgärten Soknas gibt es nur einen, welcher, weil sein Eigenthümer mit Abd-el Djelil befreundet war, hochstämmige alte Palmen aufweist, alle andern Gärten haben jungen Nachwuchs von einigen dreissig Jahren, die sich aber gerade jetzt in der Periode der grössten Tragfähigkeit befinden.

Die Oase Djofra bildet gegenwärtig ein vom Mutassarifiat Fesan abhängiges Kaimakamlik. Der Kaimakam aber wird nicht vom Mutassarif ernannt, sondern, wie das jetzt in allen türkischen Vilayaten der Fall ist, direct vom Vali oder Generalgouverneur der Provinz. Der Regierungssitz ist Sokna.

Die Oase hat eine längliche Gestalt, derart, dass der grösste Durchmesser von Westen nach Osten ver-

156

läuft. Bei einem Flächeninhalt von circa 2000 qkm, also um ein Geringes grösser als das Herzogthum Sachsen-Koburg-Gotha, kann man aber nur sagen, dass der zwanzigste Theil des Ganzen cultivirbares Land ist. Zwar wird sie wie kaum eine andere Oase von zahlreichen Uidian durchzogen, und entfaltet, zumal in der Frühjahrszeit, einen üppigen Pflanzen-wuchs, indess kann doch von Anpflanzungen oder Ackerbau keine Rede sein. Die Umgegend von Hon ausgenommen, in welcher verschiedene Uidian die sogenannten Gerara bilden, wo von den Honensern in manchen Jahren geackert wird, findet sich in allen Theilen viel zu viel Geröll und Gestein, um Sämerei-en aufnehmen zu können.

Die Oase hat im Norden die Machrik-Berge sowie die von Hon und Uadan. Die erstern und letztern biegen sich nach Westen und Osten um und helfen somit hier die natürliche Grenze ziehen, während diese im Süden durch die Djebel Ssoda gegeben ist. Von den zahlreichen Uidian sollen nur das Uadi Machrich, Miuter Garar, Sofedjilla und Missifer ge-nannt werden; sie vereinigen sich, nachdem sie an verschiedenen Stellen das Hon- und Uadan-Gebirge durchbrochen haben, mit dem Missifer, welcher öst-lich vom Uadan-Gebirge herauskommt und geben in Nordostrichtung durch das Uadi es Scheffar zum Mittelmeer. Es kommt wol äusserst selten vor, dass die Wasser oberirdisch das Meer erreichen, aber es kommt vor, und die Wasserspuren, welche man in allen Uidian von Djofra aufs deutlichste sehen und nachweisen kann, bezeugen, dass auch hier manch-mal Wasser unaufhaltsam sich fortbewegt.

Diofra, 250-300 m über dem Ocean, hat einen sandigen, mit Kalkpartikelchen durchmischten Boden. Die nächsten umliegenden Berge sind durchschnittlich 200 m [41] höher. Fast mitten durch die Oase zieht sich beinahe in nordsüdlicher Richtung eine Kette, welche mit dem auf der Wasserscheide zwischen dem Tar-Gebirge und Djofra gelegenen Hamora anfängt und mit der Djebel Afia oder auch mit der Garat Lochmani endet. In der Mitte heisst diese Kette Filgi. Der Grund aller Berge besteht aus Sandstein und Kalk, aber auf der Djebel Ssoda sowol wie auf den andern Bergen gibt es Ueberzüge, Rinden, welche manchmal aus einer Kruste von Brauneisenstein bestehen, manchmal wie ein Lavaüberguss aussehen. Denham scheint sich ganz entschieden für die basaltische Natur der obern Schicht der Djebel Ssoda auszusprechen; auf S. 20 seines in deutscher Uebersetzung erschienenen Werks sagt er: "Grosse Massen von tafelförmigem Basalt und unregelmässige Abhänge, die dieser Formation eigen sind, findet man zerstreut in diesen Hügeln und auf der ganzen sie umgebenden Ebene. Die höchsten Höhen sind die, welche die ununterbrochensten Seiten von tafelförmigem Basalt haben u. s.w. Die untere Schicht dieser Hügel ist ohne Ausnahme Kalkstein, mit einem röthlichen Thon vermischt. Hügel von demselben stossen nahe an die basaltischen: einige sind mit Basaltstücken von verschiedener Grösse bedeckt u. s. w. Andere Hügel von Kalkstein findet man wieder, ohne dass irgendetwas Basalt daran vorkommt."
Auf dem Filgi fand ich oben eine mächtige Feuersteinschicht, auf der Djebel Ssoda ebenfalls eine Versteinerungsschicht, und Stecker eine solche mit zahl-

158

reichen Orbitolithen in der Djebel Ferdjan. Hornemann hält den Harudj Assod, welcher mit der Djebel
Ssoda ein und dasselbe Gebirge bildet, für Kalkstein
und Basalt. Djebel Ssoda ist nach Duveyrier [42] ein
vulkanisches Massiv gleich dem Harudj, isolirt wie
dieser inmitten einer Kalkhammada. Aber Harudj
und Djebel Ssoda sind ein und dasselbe Gebirge, nur
mit verschiedenen Namen, wie das auch Hornemann
schon ausspricht. Nachtigal führt Kalk-, Basalt- und
Sandsteine an.

Man trifft wol schon bei 5 m Tiefe in der ganzen Oase auf Wasser, die Brunnen in den Städten und Gärten haben es meistens schon bei 3,50 m. Das Wasser
findet sich gleich unter einer Kalksteinschicht, welche durchbrochen werden muss.

Da die Brunnen in Djofra nie versiegen, da an einen
Abfluss aus dem eigentlichen Centralafrika wol
kaum gedacht werden kann, so muss man wol annehmen, dass das Wasser in denselben seinen Ur-
sprung dem Regen verdankt, der doch stärker und
häufiger in der Djebel Ssoda und im Harudj vorkommt, als man bislang glaubte. Denn von diesen
Bergen kommen ja hauptsächlich die Rinnsale, welche die Oase mit Wasser versorgen. Und wenn auch
die nächsten Berge südlich von Sokna nicht höher als
5-600 m sind, so steht nichts der Annahme entgegen,
dass die Djebel Ssoda auf ihren höchsten Stellen
1000, ja 1500 m erreichen. Habe ich doch selbst, als
ich die Djebel Ssoda auf meiner Reise von Misda
nach Mursuk kreuzte, den Chorm Ifrisch 2982 engl.
Fuss hoch gefunden. Bei einer so bedeutenden Höhe
ist aber ein feuchter, vom Mittelmeer durch Wolken
herbeigeführter Niederschlag in viel zahlreicherm

Masse möglich, als in den tiefern Ebenen. Und wenn die Gewässer auch nicht immer oberirdisch fortgeführt werden, so kann ein solcher Abfluss unterirdisch nach den Oasen hin geschehen. Dass aber auch oberirdisches Fliessen des Wassers in den Uidians öfter stattfindet, haben wir schon erwähnt. Wir würden also wol die Zone der Mittelmeerregen weiter nach Süden verlegen müssen, als es bisjetzt geschah, und ich glaube behaupten zu dürfen, dass man da, wo man noch ackert, auch noch die Regenzone annehmen muss. In Djofra wird noch geackert und zwar ohne künstliche Berieselung.

Es scheint überhaupt, dass die Aussagen der Eingeborenen, als regne es in einigen Theilen der Sahara niemals, mit Vorsicht aufzunehmen sind. Ich selbst erlebte in Fesan, also viel weiter nach Süden zu, einen sehr anhaltenden Regen, und Spuren, oft recht arge, von stattgehabten Regenschauern zeigen fast alle Wohnungen der verschiedenen Oasen.

Uebrigens participirt Djofra im allgemeinen an der Trockniss der Sahara; es hat ein durchaus trockenes Klima. Die mittlere Jahrestemperatur dürfte wol fast 30deg.C. erreichen, sodass die Oase zu den heissesten Theilen der Erde gerechnet werden muss. Indess ist hier die hohe Temperatur, wie überhaupt in der Sahara, viel leichter zu ertragen, als z. B. am Mittelmeere selbst, wo die grosse Feuchtigkeit jede Verdunstung der Haut verhindert und beim Menschen das Gefühl erweckt, als ob er sich in einem türkischen Dampfbade befinde. Innerhalb der Oase scheint das Thermometer wol nie unter Null zu fallen, während man wol mit Sicherheit annehmen kann, dass solches auf den umliegenden Bergen

160

während der Monate December, Januar und Februar der Fall ist. Ja, es soll vorkommen, dass es selbst in Djofra schneit, wenn es anders seine Richtigkeit mit Anführung der Thatsache seitens Barth's hat, welcher im Jahre 1850 schrieb: "Ebenso haben wir Nachricht aus Fesan, dass der Schneefall in Sokna Anfang Januar so stark gewesen, dass die Leute für den Einsturz ihrer Häuser gefürchtet haben." [43] Ich konnte darüber nichts in Erfahrung bringen, im Gegentheil, die Bewohner Soknas behaupteten sogar, es regne niemals, obschon auch in unserer Wohnung, namentlich im Zimmer Dr. Stecker's, sowie in allen Uidian Spuren von stattgefundenen Regenschauern und Wasserschwemmungen sichtbar waren.

Die herrschenden Winde kommen vom Norden und zwar meistens von Nordnordwest; wenn aus entgegengesetzter Richtung, so sind in der Atmosphäre Störungen vorhanden. Die obwol zuweilen sanften Süd- oder Südostwinde treten meist mit stürmischer Heftigkeit auf oder entwickeln sich doch aus Calmen zu Orkanen. Sie haben dann stets jene eigenthümlichen, bereits erwähnten elektrischen Erscheinungen im Gefolge. Eigentliche Gewitter kommen selten vor, häufiger sollen sie in der Djebel Ssoda beobachtet werden. Die zahlreichen, am Fusse des Harudj und weiter östlich vorgefundenen Blitzröhren sprechen auch genugsam dafür, wie oft in jenen Gegenden die elektrischen Entladungen sein müssen. Sicher aber kommen in der Wüste öfter die sogenannten trockenen Gewitter vor, als die von Regen begleiteten.

Wolkenbildung, meist in Cirrus-, und Stratusform, zeigt sich morgens und abends fast immer; aber gegen 8 Uhr morgens pflegt der Himmel schon wolkenlos zu sein, wenn auch nicht von jener tiefblauen Färbung, wie in den mitteleuropäischen Zonen. Die schmuzige, bleierne Farbe bei vollkommener Wolkenlosigkeit rührt meist von Staubpartikelchen her, welche sich bei windstillen Tagen oft längere Zeit nach vorangegangenen Stürmen in der Luft schwebend erhalten. Wenn nun auch, namentlich im Sommer, selten Thaufall beobachtet wird, so zeigen doch die zahlreichen Mondhöfe, Nebenmonde und andere spiegelnde Erscheinungen am Himmel während der Nacht, dass um diese Zeit in den höhern Regionen ein grösseres Quantum von Feuchtigkeit vorhanden sein muss. Aber auf dem Wege nach Sokna und auch noch während unsers Aufenthalts daselbst beobachteten wir sowol des Abends als des Morgens die häufigen und besonders schönen Erscheinungen des Zodiakallichtes. Und vielleicht trägt etwas zur Erklärung dieses Phänomens die Wahrnehmung bei, dass je nach den verschiedenen Auf- und Untergangspunkten der Sonne, d. h. je nachdem sie z. B. weiter nach Norden im Westen unter den Horizont sinkt, das Zodiakallicht sich immer verschiebt, d. h. dasselbe geht der Sonne nach. Man dürfte demnach vielleicht annehmen, dass diese milchstrassenartige, zuckerhutförmige Erscheinung am Himmel für ihr Nach- und Vorleuchten von der Sonne abhängig ist.

Die Gesundheitsverhältnisse in Djofra sind ausgezeichnete, und ausser Augenkrankheiten scheint es in dieser Oase keine wirklich endemischen Uebel zu geben. Jene eigenthümliche, von den Engländern cyprische, von den Arabern in Tunesien und Tripolitanien Bu-Dabus [44] genannte Krankheit, welche z. B. im Herbst 1878 an allen afrikanischen Küsten des

162

Mittelmeers und auf den Inseln desselben grassirte, hat man in Djofra nie beobachtet. Das in vielen andern Oasen so sehr gefürchtete Wechselfieber ist in Djofra so unbekannt, dass man diese Krankheit, tritt sie ja einmal auf, die "fesanische" nennt. Den sonst ebenfalls oft in den Oasen verbreiteten Kopfgrind bekamen wir in Sokna nicht zu sehen. Und selbst Augenkrankheiten, welche in allen Oasen wie überhaupt in ganz Nordafrika so ausserordentlich häufig sind, kommen hier verhältnissmässig weniger vor. Die Augenkrankheiten der Bewohner Nordafrikas haben ihre Ursachen theils in ihren schmuzigen Verhältnissen und der nicht genügenden Reinigung der Augen, welche um so nothwendiger ist, als sich die Luft häufig genug mit feinem Staub anfüllt, theils aber auch in der starken Sonneneinwirkung auf die schutzlosen Augen. Das Tragen des sogenannten Fes ohne Schirm, oder jenes weissen Käppchens, oder auch des Turbans, oder gar das Exponiren des ganz nackten Kopfes in der Sonne trägt ohne Zweifel zur Erzeugung von Augenentzündungen bei. Die Franzosen haben daher auch keinen grössern hygienischen Fehler bezüglich ihrer in Algerien stationirten Truppen begehen können, als dass sie, wenn auch nur den Zuaven und Tirailleurs indigènes, den Fes als Kopfbedeckung gaben, abgesehen von der Geschmacklosigkeit derselben. Wie ganz anders und viel vernünftiger verfahren da die Engländer, welche in den Tropen ihre Soldaten mit einem leichten, reichlich Schatten gebenden Helm bedecken.

Trotz dieser im allgemeinen so gesunden Verhältnisse in Sokna kann man keineswegs sagen, dass die Bewohner der Oase ein frisches, blühendes Aussehen hätten. Der Grund der gelben, wächsernen, pergamentartigen Farbe der Eingeborenen muss eben in den schlechten Ernährungsverhältnissen, in einer unrationellen Lebensweise, in zu früher Verheirathung und zum Theil auch wol in der mangelhaften Beschaffenheit des Trinkwassers gesucht werden. Ja, ich stehe nicht an, zu erklären, dass, falls nicht die bösen Einflüsse des letztern der beständige Aufenthalt in freier, frischester Luft paralysirte, gewiss typhöse Krankheiten und Epidemien sehr häufig sei würden. Aber weil alle Häuser offen sind - Glasfenster gibt es nirgends -, weil der Mensch selbst im Zimmer eigentlich im Freien ist, so befindet er sich bei überall unbeschränktester Circulation der Luft mit seinen Athmungswerkzeugen stets im reinsten Element. Dies und die Mässigkeit beim Essen bedingen im wesentlichen die guten gesundheitlichen Verhältnisse. Djofra besitzt inmitten der Palmenwälder das beste und süsseste Trinkwasser, aber das der Brunnen innerhalb der Ortschaften ist nicht nur brakisch, sondern wird durch das Anbringen derselben in der Nähe der Aborte noch untrinkbarer. Gewöhnlich sind aber die Bewohner viel zu faul, um ihren Bedarf aus den entfernten Brunnen zu holen; sie ziehen es vor, die in den Höfen ihrer Wohnungen oder in den Strassen befindlichen zu benutzen.

Wir befanden uns in Djofra im Frühjahr 1879 leider in zu ungünstigen Verhältnissen, um auch nur annähernd ein zutreffendes Bild von der dort vorkommenden Pflanzenwelt entwerfen zu können. Seit zwei Wintern blieb der Regen aus, während zweier Jahre hatte man in Djofra nicht geackert, und auch in den Uidian beschränkte sich der Pflanzenwuchs auf solche Gewächse, die ohne alljährlichen Regen bestehen können. Grössere Bäume, wie Mimosen, welche zwischen den Palmen in herrlichen Exemplaren wachsen und auch in den Flussbetten vorkommen, sowie Tamarisken und Sarachbäume erfreuten zwar noch immer durch ihr Grün, aber es fehlten ganz und gar jene grünen, mit buntblütigen Blümchen untersprenkelten Teppiche, welche im Frühjahr die Rinnsale so reizend machen. Und wenn man in den Flussbetten jene Bäume und Tamarisken und Seyal-Akazien im frischesten Grün sah, wenn man die Gewissheit hatte, dass sie mit ihren Wurzeln die Wasserschicht, falls überhaupt eine solche existirte, nicht erreichen konnten: dann muss man sich doch wol zu der Annahme entschliessen, dass in der Luft selbst für diese Gewächse eine hinlängliche Menge Feuchtigkeit vorhanden ist und dass sie die Fähigkeit besitzen, diese Feuchtigkeit mit ihren Blättern aufs innigste zu verbinden, um leben zu können. Denn nicht nur hier, sondern auch anderswo habe ich oft genug Bäume in der Sahara, namentlich Talha- und Ethel-Bäume gefunden, welche voll und kräftig wuchsen, die aber vielleicht seit Jahren ohne Regen zubrachten. Aber zugegeben auch, dass sie alle Jahre ein oder zwei Schauer bekämen, so ist doch die Luft so trocken, dass der Boden gleich noch am selben Tage wahrnehmbar keine Feuchtigkeit mehr enthält; die meisten müssen also doch die Fähigkeit besitzen, aus der so trockenen Luft noch Feuchtigkeit einzusaugen. Bei manchen Pflanzen scheint auch ihr Salzgehalt oder das sie bedeckende Salz zur Aufsaugung der Feuchtigkeit förderlich zu sein. Ethel-Bäume sind fast immer mit einer dicken Salzstaubschicht bedeckt. Und wenn man zugesteht, dass es Bäume gibt, welche die Feuchtigkeit aus der Luft derart anziehen, dass es unterhalb ihres Laubdaches durch Wiedervonsichgeben derselben zum Regen kommen kann, so findet die Behauptung, verschiedene Pflanzen in der Sahara vermöchten ohne Regen und ohne Bodenfeuchtigkeit zu bestehen, wol keine Gegner mehr. Im nördlichen Peru [45], in den Wäldern bei Mopobamba, existirt ein Baum, von Professor Ernst in Caracas Pitecolobium Samam genannt, welcher die Feuchtigkeit der Luft mit solcher ausserordentlichen Kraft an sich zieht, dass man das Wasser vom Stamme herabrieseln und wie Regen von seinen Zweigen herunterfallen sieht, sodass in der Umgebung ein förmlicher Sumpf entsteht.

Wenn es aber noch eines Beweises bedürfte, um die Behauptung zu stützen, es gäbe Pflanzen, welche ohne Regen und Bodenfeuchtigkeit existiren könnten, so braucht man ja nur auf die zahllosen Thiere in der Sahara hinzudeuten, welche, ohne je mit Wasser in Berührung zu kommen, jahrelang zu leben im Stande sind.

Palmen bilden in Djofra natürlich einen Hauptbestand unter den Pflanzen, ja, den vornehmsten, wie in den meisten Oasen. Alle Reisenden loben die vorzüglichen Früchte, aber das Lob geht doch nur von solchen aus, welche keine andern Datteln vorher kennen lernten. Es gibt nur ungefähr dreissig verschiedene Sorten in Djofra, und diese Armuth erklärt sich daraus, dass man auf die Production einer guten Mittelsorte, welche gross und süss ist, hauptsächlich Gewicht legt. In Fesan kommen schon feinere Sorten vor. Je weiter aber nach Westen, desto edler werden die Datteln, bis sie im Uadi Draa den höchsten Grad von Vollkommenheit erreichen.

Das nach Schweinfürth allerdings zweifelhafte Vorkommen der wilden Dattelpalme in den östlichen Oasen der Sahara, namentlich in den Syrten-Oasen, in Kufra und Fesan, erhält durch jene Thatsache Bestätigung. Denn da in den westlichen Oasen, wie ich aus eigener Anschauung bezeugen kann, die Palme wild nicht vorkommt, sondern durch die Menschen erst importirt wurde, so nahm man hierzu natürlich nur die besten Sorten, und durch beständige Veredelung hat man immer bessere Früchte erzielt.

Die wilden Palmen, welche hauptsächlich in den Oasen südlich vom Syrtenufer, also in Abu Naim, Marade, Djibbena, sodann in Audjila und Kufra vorkommen, zeigen eine bedeutende Neigung zum Verbuschen, d. h. zu einer Verästelung vom Erdboden an. In Kufra überwiegen die Büsche bei weitem die Palmen. Diese Tendenz ist so gross, dass selbst einzelne Setzlinge sich nicht abhalten lassen, sich gleich ihren Nachbarn zu verästeln. Die wilden Palmen haben viel kürzere Blätter (Djerid), dünnere Stengel und feinere Befiederung. Djofra hat keine wilden Palmen. Die Zahl der zahmen beläuft sich, wie man mir sagte, auf 5000, dürfte aber viel bedeutender sein, vielleicht das Dreifache betragen, da die Bewohner wegen der Besteuerung der Palmen die Zahl derselben so gering wie möglich angeben. Man wird kaum weit von der Wahrheit abgeben, wenn man die von der Behörde oder den Besitzern angegebene Zahl immer dreimal zu klein annimmt.

Die übrigen Fruchtbäume kommen kaum in Betracht. Wein, Mandeln, Oliven, Quitten, Granaten,

Feigen, Aprikosen, Pfirsiche und einige Aepfelbäume, welche letztern nussgrosse Früchte hervorbringen, bilden den Bestand, und von Gemüsen zieht man die in den andern Oasen vorkommenden, hauptsächlich Rüben, Eierfrüchte, Tomaten, Zwiebeln, Kohl, Knoblauch, Wassermelonen, Kürbisse, süsse Melonen, Sauerampfer. Blumen, selbst Rosen und Jasmin, die man doch sonst mit Vorliebe in den nördlichen Oasen pflegt, fehlen hier. An Getreide bauen die Bewohner Reis, Weizen, Gerste und Negerhirse in den Gärten; aber, wie schon hervorgehoben, in regenreichen Jahren bringen wenigstens die Honenser auch Getreide in die mittels des Pflugs bearbeitete Erde.

Das Einpflanzen und Einsäen aber der obenerwähnten Pflanzen findet auf kleinen, etwa 1 qm grossen, von hohen Erdrändern umgebenen Beeten statt, die man regelmässig aus Brunnen bewässert, denn eine Quelle ist in ganz Djofra nicht vorhanden. Als besonders bemerkenswerth muss man hervorheben, dass alle diese Gartenfelderchen ganz unkrautfrei waren, und selbst längs der Wasserrinnen nur Malven und Queckengras sich fanden. Da die botanischen Resultate in einem besondern Kapitel von Professor Ascherson, dem bewährten Kenner afrikanischer Flora, zusammengestellt werden, wie er denn auch mit Bereitwilligkeit die Bestimmung der gesammelten Pflanzen übernommen hat, so brauchen wir hier nicht länger dabei zu verweilen.

Hervorgehoben soll nur noch werden, dass die Bearbeitung der Gärten ganz in derselben Weise und mit derselben kurzstieligen eisernen Hacke erfolgt, wie in den übrigen Oasen, und dass man grosse Sorgfalt auf die Düngung des Bodens verwendet. Zu dem Ende werden Küchenabfälle, Strassenkehricht, Dünger u. s. w. gesammelt und in Körben auf Eseln nach den Gärten geschafft. Nach Unterbringung des Düngers geschieht dann gleich die Berieselung der Felder, aber nicht auf einmal, sondern eines Feldes nach dem andern, sodass zu diesem Geschäft immer zwei Arbeiter nothwendig sind und ausserdem noch ein Ochs oder Esel, die das Heraufziehen des Wasserschlauches besorgen.

Die Gärten sind alle musterhaft gehalten, sämmtlich von mannshohen Mauern aus Stein umfriedigt, und fast alle haben ihre eigenen Brunnen; in vielen stehen auch Landhäuser, von denen einige den Namen einer Villa führen könnten. Die Pflege der Gärten, das Ueberwachen des Aufziehens des Wassers, das Umarbeiten des Bodens, das Ernten ist fast ausschliesslich Sache zahlreicher Sklaven, oder auch in den Händen von Fesasna, welche in Menge ihre zu stark bevölkerte Oase Fesan verlassen, um sich anderswo kärglichen Lohn zu verdienen. Eine Zeit lang im Jahre verbringen die Städtebewohner auch in ihren Gärten.

An Hausthieren hat man in Djofra einige Pferde, dann Esel, Rinder (diese werden fast nur zum Wasseraufziehen benutzt), Schafe [46] (Fettschwänze), Ziegen, Katzen, Hunde, und zwar Slugi und Araberspitze, ferner Hühner und Tauben. Von wilden Thieren ist vor allen zu nennen die Uadan-Antilope, welche vom Gebirge Uadan den Namen erhielt, aber heute viel zahlreicher in der Djebel Ssoda und im Harudj vorkommt als in den Uadan-Bergen. Sodann die Gazelle. Das Fleisch der Uadan-Antilope ist vorzüglich, wird aber an Schmackhaftigkeit noch von dem der Gazelle übertroffen. Reissende grosse Thiere scheinen nicht da zu sein, nicht einmal Hyänen und Schakale. Der Fenneg ist wol das grösste reissende Säugethier. Ratten, Mäuse und Springratten sind häufig. Kaninchen und Hasen kommen stellenweise in den Uidian vor. Raben, Falken, Bachstelzen, Schwalben halten sich fast während des ganzen Jahres in der Oase auf, während Sperlinge fehlen. Wald- und Turteltauben kommen von Norden, sobald das Getreide und die Datteln reifen, später kehren sie zurück.

Zur Zeit des Frühjahrs und Herbstes wird Djofra auf kurze Zeit als Station für eine Menge von Zugvögeln benutzt.

Unter den Thieren niederer Ordnung ist die grosse Dubechse eins der interessantesten, das Fleisch derselben gilt als eine Delicatesse und schmeckt wie Aal. Sie werden bis 0,50 m lang und sind vollkommen Krokodile *en miniature*, meist von grauer, ins Schwärzliche, spielender Farbe. Einige Exemplare, die wir während ihres Winterschlafs in einem Kasten nach Berlin schickten, sind lebendig angekommen. Die fünf Finger der Hinter- und Vorderbeine sind mit tüchtigen Krallen bewaffnet, und der mit aufrechtstehenden scharfen Stacheln beschuppte Schwanz wird zum Schlagen gebraucht. Ausserdem fauchen sie aus ihrem gut bewaffneten Maul, sobald man sich nähert. Für kleinere Geschöpfe sind sie also gefährliche Thiere, zumal sie ziemlich schnell laufen können. Die Dubechse ist auch insofern interessant, als sie, obwol ziemlich gross, doch ohne Wasser existirt, denn wenn sie auch von Mäusen, Heuschrekken, Chamäleonen u. dgl. lebt, also mit dieser Nahrung eine gewisse Quantität Feuchtigkeit zu sich nimmt, so hält sie sich doch in von Gärten entfernten Gegenden, meist zwischen den unzugänglichen Felspartien auf, wo sie höchstens auf dann und wann eintretende Regengüsse angewiesen ist.

Schlangen, auch die Hornviper, kleinere Eidechsen, Chamäleone, Käfer, Fliegen, Mücken, Wespen (Honigbienen gibt es nicht) und zahlreiche interessante Spinnen - alles Thiere, welche lange Zeit Wasser entbehren können - bilden den übrigen Thierbestand.

Die Bewohner der Oase zerfallen in Araber und Berher, welche zum Theil eine Vermischung eingegangen sind. Die Gesammtzahl derselben durfte etwa auf 6000 Seelen zu veranschlagen sein. Ausser den beiden herrschenden Stämmen, den Arabern und Berbern, müssen bei den erstern sodann noch die Schürfa (Pl. von Scherif, d. h. Abkömmling Mohammed's) in Betracht kommen, während die Fesasna ein vorübergehendes Element bilden und die zahlreichen Schwarzen sich aus allen Ländern von Nordcentralafrika rekrutiren.

Den vornehmsten Rang in der Bevölkerung nehmen die Schürfa ein, welche ausschliesslich in Uadan wohnen. Sie wollen angeblich von Uesan aus Marokko hergewandert sein, wie denn überhaupt in ganz Nordafrika jeder, je weiter er from *far west* kommt, desto vornehmer ist. Wer von der Seggiat el homra sein Herkommen herleitet, oder wer unter den Schürfa der Menge weismachen kann, er stamme von Muley Edris, oder Muley Ali Scherif, oder vom Muley Thaib von Uesan ab, gilt in den Augen der Menge für viel vornehmer und heiliger, als wenn er direct von Mekka käme.

Den zweiten Rang an Vornehmheit in der Bevölkerung nehmen thatsächlich die Berber ein, welche ausschliesslich in Sokna wohnen. Freilich in ihren eigenen Augen sind die Araber die vornehmsten; wie sollten sie es auch nicht glauben, da ja Mohammed, der Gesandte Gottes, an mehr als einer Stelle im Koran sagt: Ihr seid das auserwählte Volk, gerade so wie Moses dies den Juden sagte, wie Victor Hugo und andere Franzosen es ihren Landsleuten sagen. Aber die Türken, welche auch nicht zum auserwählten Volke gehören, erkennen doch in Djofra den Vorrang der Berber insofern an, als sie den Regierungssitz in die Stadt derselben verlegten. Berber und Araber [47] gehören verschiedenen Stämmen an. Ein Unterschied zwischen ihnen in Körperbau, Gesichtszügen, Augen und Haaren ist nicht nachzuweisen. Die Bewohner von Djofra sind mittlerer Statur, haben gelbliche, oft bronzene Hautfarbe, schwarzes, meist krauses Haar, das jedoch nicht so kurz und wollig ist wie bei den Negern. Die durchweg schwarzen Augen sind nicht übermässig gross, aber auch nicht so klein und stechend wie bei den Siuahnern. Messungen anzustellen war bei dem fanatischen Charakter der Bewohner nicht möglich. Die Gesichtszüge im ganzen sind aber weit entfernt davon, schön zu sein, obschon eine grosse Verschiedenheit der Gesichtszüge dargethan werden konnte. Dies wird natürlich bedingt durch die in Djofra stattfindende beständige Vermischung.

So findet man denn auch ebenso viele Adlernasen wie plattgedrückte, ebenso viele wulstige Lippen wie feine, und das ohne Unterschied bei der halben Bevölkerung. Es gibt viele freigelassene Neger, mit denen die freie Bevölkerung Heirathen eingeht, wodurch freilich die Rasse nicht verschönert wird. Magerkeit ist bei den Einwohnern vorherrschend - in ganz Djofra sah ich keinen dickleibigen Menschen - und auffallend klein sind Hände und Füsse. Letzteres ist wahrscheinlich Resultat der Arbeitslosigkeit und des wenigen Gehens.

Heirathen werden früh abgeschlossen und jeder Mann ist verheirathet oder doch einmal verheirathet gewesen. Männer sind in grösserer Zahl [48] vorhanden als Frauen. Dass aber trotzdem jeder heirathen kann, erklärt sich aus der Zufuhr weiblicher Sklaven, aus dem Hereinziehen von Frauen aus andern Berber- und Araberstämmen sowie aus der Einwanderung fesasnischer Frauen. Die eheliche Verbindung erfordert nicht viel. Der reiche Mann muss seiner Zukünftigen zehn Anzüge geben (d. h. ein Hemd, Umschlagtuch und Jacke, alles das wird, jedes für sich, Anzug genannt), darunter ein Stück Seide. Das Ganze muss ungefähr den Werth von 200-300 Piaster [49] haben. Man findet aber, trotzdem jeder Mann heirathet, alte Jungfern oder wenigstens unverheirathet gebliebene Frauenzimmer. Gross aber ist die Zahl der verabschiedeten Frauen, Nadjela enannt, was sich aus dem abscheulichen Religionsgesetz zur Genüge erklärt. Denn unter dem nichtigsten Vorwande kann sich ja jeder Muselman von seiner Frau scheiden lassen oder, wie man sagt, er kann "sie verstossen". Vielweiberei kommt wegen zu grosser Armuth der Bewohner fast gar nicht vor. Die Frauen sind wie die aller nordafrikanischen Völker bedeutend kleiner an Statur als die Männer. Da von allzu grosser Scheu bei ihnen keine Rede ist, hatte ich oft genug Gelegenheit, sie betrachten zu können. Alte Weiber, Frauen, Jungfrauen und Mädchen im zartesten Alter - alle sind hässlich, übelriechend und abstossend wie die Negerinnen.

Die Tracht der Bewohner ist ganz ohne Unterschied bei Arabern und Berbern die der Nordafrikaner, nur herrscht das dunkelblaue Gewand der Sudaner bei den Frauen schon vor. Tätowirungen sind selten, aber jeder Erwachsene hat am kleinen Finger der Rechten einen Ring von Silber, die Armen einen solchen von Messing. Oft sind in den Ringen werthlose Steine, welchen verschiedene Eigenschaften innewohnen sollen, z. B. sie schützen gegen bösen Blick, gegen Gift oder andere gefährliche Dinge. Bei keinem fehlen Amulete in kleinen rothen Ledersäckchen, welche auf der Brust, an den Armen, auf dem Kopfe, ja überall am Kopfe getragen werden. Sie sind äusserst erpicht darauf und scheuen sich auch gar nicht, dergleichen von Christen anzunehmen, ja häufig genug sollte ich Leuten aus der Oase solche Amulete schreiben. Alle tragen Schuhe und die Reichen im Winter sogar Strümpfe, die sie selbst stricken. Viele von den Männern bedienen sich der Hosen, welche nicht so weit wie die türkischen Pumphosen und nicht so eng wie die fränkischen sind. Die Frauen führen Halsbänder aus Bernstein- oder Glasperlen, grosse Ohrringe von 6 cm Durchmesser, aus Silber oder Kupfer, und Fussknöchelringe aus verschiedenem Metall. Alle färben sich die Augenlider mit Kohöl (Antimon) und Frauen und Mädchen die Nägel und oft auch die ganzen Hände mit Henneh.

174

Ueber Charakter und seelische Zustände dieser Völker ist es für einen Nicht-Mohammedaner, wenn er ihre Sprache auch noch so gut spricht, äusserst schwer, sich einen richtigen Begriff zu bilden. Denn die meisten halbcivilisirten Völker und namentlich die, welche dem Islam huldigen, verstellen sich Fremden und besonders Andersgläubigen gegenüber mehr, als der Betreffende denkt. Mit der grössten Vorsicht sind daher Berichte von Reisenden in dieser Beziehung aufzunehmen, denn - erst nach langem Verweilen unter einem Volke, und nachdem man die verschiedenartigsten Individuen kennen gelernt, die verschiedensten Verhältnisse mit ihnen durchlebt hat, gelingt es, sich eine einigermassen richtige Vorstellung zu verschaffen. Diese Völker - wir sollten ja später über sie so traurige Erfahrungen machen - üben freilich auch untereinander Wahrheit, Aufrichtigkeit, Treue und Ehrlichkeit, aber nur dann, wenn sie diesen Tugenden durchaus nicht aus dem Wege gehen können. Das ist übrigens bei allen Völkern der Fall, deren ganzes Leben sich vorzugsweise auf religiöse Formalitäten stützt, welche zur Heuchelei, zur Scheinheiligkeit, zur Augendienerei Veranlassung geben. Nichts corrumpirt die Völker mehr als lediglich äusserliche Religionsübungen. Nicht umsonst hat Jesus Christus gesagt: "Wenn du beten willst, gehe in dein Kämmerlein", nicht umsonst eiferte Jesus gegen die Heilighaltung eines solchen Sabbats, welcher das Brechen einer Aehre und die Heilung eines Kranken ausschloss. Immer und immer tritt aber die Tendenz der Geistlichkeit wieder hervor, durch äussern Formendienst die Menschheit in ihre Bande zu legen, und bei den Mohammeda-

175

nern ist dies um so schlimmer, als nicht nur die Geistlichkeit eine Controle ausübt, sondern das ganze Leben und Weben sich nur um Glauben und Geld dreht und einer den andern hinsichtlich seiner religiösen Pflichten und Exercitien beaufsichtigt.

Es ist für Abdallah eine höchst wichtige Sache, ob sein Nachbar Mohammed schon sein Nachmittagsgebet verrichtete, ob er dies zu Hause, in der Moschee, oder - was eigentlich am besten ist, denn man lässt ja so gern seine Frömmigkeit sehen - auf öffentlicher Strasse that- Ben Daud muss durchaus erfahren, ob der Hadj Ali seine Abluition in der Moschee, oder ob er sie vielleicht im Hause vornahm oder gar, ob er sie blos mit Sand vollzog.

Streitsüchtig scheinen die Bewohner nicht zu sein, trotz des eingangs erwähnten Vorfalls zwischen Honensern und Soknensern. Auch lebhaft sind sie nicht, sondern eher indolent, selbst Fanatismus im Sinne Marokkos oder der Snussi, ist unbekannt, obschon diese es an nichts fehlen lassen, um ihre Anhänger intolerant zu machen; auch den religiösen Pflichten kommen sie nur lässig nach. Die Trägheit, welche sie zur Schau tragen, ist aber Folge ihrer wirthschaftlichen Verhältnisse, weil die grosse Zahl der Sklaven den eigentlichen Bewohnern jede Arbeit abnimmt. Gastfreundschaft kennt man, aber bei weitem nicht so wie im Westen von Afrika.

Die Bewohnerschaft ist eigentlich so recht eine gartenbautreibende, denn der geringe Handel kommt kaum in Betracht, und auch die Kamelzucht der Honenser und Araber von Sokna tritt weit zurück hinter der Palmen- und Ackerbauwirthschaft. Der Hang zum Reisen, wie bei den Bewohnern von Rhat, Rha-

176

dames, Djalo und Mursuk, ist auch nicht ausgeprägt, sie hängen an der Scholle und sind mit dem zufrieden, was sie aus ihrem Grund und Boden herausschlagen. Im allgemeinen herrscht eine solide Wohlhabenheit, wie bei allen jenen Völkern, deren Erwerb vorzugsweise auf den Boden gegründet ist; daher ist grosser Reichthum und grosse Armuth unbekannt. Und kämen nicht die vielen willkürlichen und vexatorischen Steuererhebungen, Abgaben und andere Erpressungen vor, so würden sie auch über Abgabendruck nicht klagen können, denn im ganzen hat die Oase 100000 Piaster zu zahlen, wovon auf Sokna 33000, auf Hon 28500, auf Uadan nur 7490 Piaster fallen. Dazu kommt dann noch eine freiwillige Gabe von 25000 Piaster, welche die Schürfa von Uadan entrichten. Kessir als Ort zahlt keine Abgabe und die sich dort aufhaltenden Fesasna ebenfalls nicht.

Zum Militärdienst wird niemand herangezogen, wie denn überhaupt in ganz Tripolitanien bisjetzt gar keine Bestimmung darüber besteht, wer dienen muss und wer nicht. Man nimmt eben die Soldaten einfach da, wo man sie findet; man presst sie, man wirbt an durch ein kleines Handgeld, aber von einer regelmässigen Aushebung war noch nie die Rede. Tripolitanien ist eben eine Provinz, um die man sich in Konstantinopel gar nicht kümmert, jeder Gouverneur thut, was ihm beliebt. Daher haben auch die allgemeinen Gesetze für das Ottomanische Reich äusserst selten Anwendung in dieser Provinz. Von einer Beschickung des Parlaments in Konstantinopel hat man z. B. in Tripolitanien seinerzeit nie etwas gehört. Was sollte da auch wol ein Bewohner Fesans machen, oder ein Beduine aus der Syrte? Der blosse Gedanke reizt das Zwerchfell.

Einen gemeinsamen Verband aus sich heraus bilden die Bewohner nicht; niemand betrachtet die Oase als sein Vaterland, noch weniger Tripolitanien und am allerwenigsten das ganze Reich der Osmanli. Jeder kennt nur seinen Ort. Vaterlandsliebe hat kein Mohammedaner; specifische Religion ist überhaupt Feindin der Vaterlandsliebe, die Mohammedanische wie die römische machen es sich speciell zur Aufgabe, die Vaterlandsliebe zu unterdrücken. Ein Einwohner aus Sokna würde nie begreifen können, weshalb er sich für Tripolitanien erwärmen sollte, ebenso wenig macht sich ein Tripolitaner einen Begriff von der Existenz des türkischen Reichs. Er weiss wohl, dass der Sultan der Beherrscher der Gläubigen ist, aber diesem Reiche der Gläubigen steht nur das Reich der ungläubigen Christen und das der Ungläubigen überhaupt gegenüber. Natürlich hat die Türkei nie etwas gethan, um ein eigentliches Vaterlandsgefähl in ihren Unterthanen zu erwecken. Der Sultan selbst kennt auch heute nur noch seine gläubigen Unterthanen und die von den Christenkönigen regierten "Provinzen" der Christen. Ich weiss wohl, dass es jetzt an der Spitze der Regierung in Konstantinopel Männer gibt, welche die geistige und materielle Ueberlegenheit der christlichen Mächte und Völker anerkennen, aber die Dummheit, als Schwester religiösen Hochmuths, ist so gross und schlug so tiefe Wurzeln bei diesen religiösen Fanatikern, dass ich behaupte, der Sultan selbst und die Mehrzahl des türkischen Volks glaubt heute noch, an die eigene Ueberlegenheit.

178

Die Oasenbewobner haben den malekitischen Ritus, zu welchem sich, mit Ausnahme der hanefitischen Türken, alle Afrikaner [50] bekennen. Von religiösen Orden gibt es in der Oase den der Snussi und den des Mulei Abd es Ssalem. Ueber die Snussi wird später noch ausführlicher die Rede sein. Die Anhänger der Sauya Mulei Abd es Ssalem sind nicht fanatisch, sondern beschäftigen sich mit Unterrichtgeben und Vorbeten. Der Unterricht in den Schulen besteht übrigens in nichts anderm als in Buchstabenmalen und Buchstabirenlernen. Wenn einer einige Kapitel aus dem Koran auswendig herplappern kann, gilt er schon für einen Gelehrten, kann er aber den ganzen Koran auswendig, dann rechnet man ihn zu den Professoren.

Wenden wir uns nun den einzelnen Orten zu, so beginnen wir mit Sokna, welches als Regierungssitz die Hauptstadt genannt werden kann. Der Kaimakam residirt in einem grossen, aber halb in Ruinen liegenden Castell, wo sogar noch als Symbol der Macht eine alte verrostete Kanone zu sehen ist. Zur Aufrechterhaltung seiner Autorität dienen ihm vier Saptieh. In den übrigen Orten, welche von ihren Midjeles, an deren Spitze ein Schich steht, regiert werden, ist eine polizeiliche Macht nicht vorhanden. Der Ort hat circa 1500 Einwohner [51], ist von länglicher Gestalt, ummauert und besitzt äusserst reinliche Strassen und nett aussehende, meist mit einem Stockwerk versehene Gebäude. Das Castell, einige Minarets, welche über den Mauern hervorragen, geben der Stadt ein monumentales Aussehen. Alle Strassen haben Namen, die Hauptstrasse heisst Sokna Habaret.

Sokna ist nicht blos Hauptstadt als Regierungssitz, sondern auch deswegen, weil daselbst und an keinem andern Orte der Oase einige Verkaufsläden vorhanden sind und ein täglicher Dellöl [52] stattfindet. Die vier Moscheen heissen Djemma el Mulei Abd es Ssalem, Djemma djedida, Djemma el Kebira, in welcher Freitags das Chotba-Gebet gelesen wird, Djemma el Fokara, welche den Snussi gehört.

Der Handel ist nicht bedeutend, indess kann man doch Kaffee, Zucker, einige Gewürze, Kattunstoffe, wollene Tücher, rothe, gelbe und gestickte Schuhe, Seife, Netzen, Zündhölzchen (österreichisches Fabrikat), Pulver, Kugeln, eiserne Hacken, hölzerne Schüsseln und andere Kleinigkeiten bekommen. Die kleinen Buden liegen nebeneinander in einer Strasse, zu ebener Erde, sind kaum 2 m im Geviert gross, und inmitten seines Krimskrams sitzt der Eigenthümer, der zugleich noch mit allen andern Gegenständen handelt und statt des Geldes natürlich auch jedes andere Ding, namentlich Lebensmittel, tauschend entgegennimmt.

Die Bewohner sind, wie schon gesagt, der Mehrzahl nach Berber, sie reden unter sich nur ihre Sprache, haben aber eine Menge arabischer Ausdrücke aufgenommen. Das soknensische Berberisch scheint das unvollkommenste und ärmste von allen zu sein. Der mündliche Austausch mit andern Berbern fehlt fast gänzlich, und es wäre nicht unmöglich, dass das Soknensische aussterbe, wenn die Aeltern nicht Vorsorge träfen, dass alle ihre Kinder die Sokna-Sprache erlernten. Aber jeder versteht doch Arabisch, was z. B. in Rhadames und Siuah nicht der Fall ist. Die Araber wohnen in einem besondern Stadttheil.

Während im Anfang unsers Aufenthalts die ganze Bevölkerung äusserst zurückhaltend, sogar traurig war wegen des Kriegs, wegen der Strafgelder, wegen der vielen Verwundeten, gestaltete sich das Verhältniss später besser, und wir hatten oft Gelegenheit, die Jugend vor den Thoren Kriegsspiele, Ball und eine Art Darabret spielen zu sehen. Der Gesang der Soknenser ist äusserst einförmig, sie haben nur eine Melodie, welche sie zu allen Worten singen. Mit dieser Melodie [53] gehen frühmorgens die Arbeiter zu den Gärten, mit derselben ruft der Mudhen ins Gebet, und mit derselben durchziehen sie singend die Strassen. Das ist ihr Nationallied.

Als höchst eigenthümlich möchte ich aus der soknensischen Sprache [54] einige Zahlenbezeichnugen hervorheben. So heisst z. B. 50 i fessen - tischkadidjdem - nfus, d. h vier Hände, vier Füsse und zwei Hände. Nämlich die Finger und Zehen derselben. Es gibt jedoch auch einen einfachen Ausdruck, der dem allgemeinen Tamersirht oder Masigh (Berbersprache) entsprechen dürfte, nämlich asigintmed. Die Zahl 1000 heisst neben dem arabischen "Elf" auch Abu-Mursuk, und zwar wol deshalb, weil die Soknenser zur Zeit, als Mursuk noch Residenz war, in dieser Stadt, in diesem Worte den Mittelpunkt aller Grossartigkeit und Vielheit sahen. Etwa so wie in Frankreich der Bewohner der Provinz, wenn er etwas ganz Ausserordentliches oder Ueberwältigendes vergleichsweise nennen will, sagt: "*C'est tout-à-fait Paris, c'est Paris!*"

Gewöhnlich indess bedienen sich die soknensischen Berber der arabischen Zahlen. Ebenso haben sie auch keine eigenen Benennungen für die Monate. Die

Armuth speciell dieses Berberdialekts offenbart sich noch dadurch, dass sie für die übrigen Völker und Nationen keine besondern Benennungen haben - die sudanische Bevölkerung wird z. B. bei ihnen mit dem einen Namen "tamur-n-ilalen", alle europäischen Nationen mit dem einen Namen "tamur-t-imatar" bezeichnet, d. h. die "guten Leute", wie mir mein Gewährsmann sagte. Ich bin aber eher geneigt, zu glauben, dass sie uns "tamur-t-ingihiattar", d. h. die "bösen Leute" nennen. Die soknensischen Berber wollen auch von Marokko hergekommen sein. Da aber ihre Sprache oder vielmehr ihr Idiom mehr Aehnlichkeit hat mit dem von Audjila und Siuab, als mit dem Rhadamesischen und Targischen, so dürfte das sehr zweifelhaft sein.

Die zweite und an Einwohnern stärkste Stadt ist Hon, östlich von Sokna in circa 10 km Entfernung gelegen, mit rein arabischer Bevölkerung und von einer blendend weissen, gut unterhaltenen Mauer umgeben - mit mehrern Moscheen, in deren einer Freitags Chotba gelesen wird.

Im übrigen lässt sich von Hon mit seinen circa 2000 Einwohnern nichts Bemerkenswerthes sagen.

Uadan, die heilige und geschichtliche Stadt, liegt ausserordentlich malerisch: ein Theil derselben um einen Bergkegel, der andere, sich daran lehnend, in der Ebene. Inmitten von Palmen gebettet, wird das hübsche Bild im Hintergrund nach Osten zu von den Schwarzen Uadan-Bergen umrahmt. Uadan hat nur eine Moschee. Als ich auf diesen für eine heilige Stadt sonderbaren Umstand den uns begleitenden Schich-Scherif aufmerksam machte, erwiderte er stolz: "In Mekka ist auch nur ein Tempel, und die

Beni Israel in Bit el Chuds [55] hatten auch nur einen Tempel!" Dagegen konnte ich nichts erwidern.

8. Von Sokna nach Audjila

Am Montag Morgen, 10. März 1879, verliessen wir die Stadt und bezogen Lager. Das Abschiednehmen erheischte es, dass wir uns nicht gleich auf den Weg machten. Wir hielten uns ja wochenlang in Sokna auf und standen mit den Bewohnern immer im besten Einvernehmen. Nur am Tage vor unserer Abreise drohte ein Bruch einzutreten zwischen dem Mutassarif Ali Bei und mir. Er hatte mir nämlich mündlich einen warmen Empfehlungsbrief für die Midjeles in Sella versprochen, schickte mir aber ein in so zweifelhaften Ausdrücken abgefasstes Schreiben, dass ich nicht umhin konnte, es dem Hauptmann, der es überbrachte, zerrissen vor die Füsse zu werfen. Der Brief hätte mir eher geschadet als genützt: er enthielt eine indirecte Aufforderung, mich nicht gut zu empfangen. Es fiel mir dies um so mehr auf, als ich Ali Bei sehr hübsche Geschenke gemacht hatte, unter andern einen Revolver, einen Krimstecher u. s. w. Er schickte nun die Geschenke zurück, und wer es weiss, was es heissen soll, wenn ein Araber (Ali Bei war Araber) Geschenke zurückschickt, wird ermessen können, bis zu welchem Punkte wir gekommen waren. Im Grunde genommen ging seine Absicht wol dahin, mich von meinem Vorhaben, nach Sella zu gehen, abzubringen, mich zu zwingen, mit ihm nach Fesan zu kommen.

Als Ali Bei nun aber sah, dass ich wirklich Ernst machte, dass ich ohne Bedenken aufbrach, dass ich einen Führer gemiethet, schickte er nicht nur meinem Verlangen gemäss den Empfehlungsbrief, sondern auch einige Saptieh als Bedeckung. Letztere waren eigentlich nicht nur unnütz, sondern konnten mir unter Umständen einen unangenehmen Willkommen bereiten, denn sie hatten den Auftrag, in Sella eine ausserordentliche Steuer einzutreiben und, "falls die Bewohner nicht zahlen wollten, den Schich Ibrahim von Sella in Ketten nach Sokna zu bringen".

So kam denn Ali Bei in eigener Person, von seinem ganzen Stab umgeben, um sich zu verabschieden, es kam der Kaimakam von Djofra, die ganze Midjeles von Sokna, der Schich Scherif von Uadan, einige von den Honensern abgeschickte Leute, mein Sprachlehrer, der Professor Abdallah, und als alle diese Herren ihr Tässchen Kaffee getrunken und eine Cigarrette geraucht hatten, ohne dies geht es nun einmal nicht, brachen wir am 11. März in südöstlicher Richtung auf.

Indem wir den eigentlichen Filgi nordwärts behielten, die Djebel Ssoda dagegen immer dicht im Süden liessen, marschirten wir an dem Tage nur eine kurze Strecke und lagerten schon nach circa 14 km im breiten und mit vielen Akazien bestandenen Uadi Missifer. Da nämlich bald der Schantat (Post) von Tripolis eintreffen musste, der mir Nachricht über den Verbleib der Geschenke bringen konnte, so beschloss ich, diesen Zeitpunkt abzuwarten. Aber auch diesmal kam nichts. Die ganze Post war sogar ausgeblieben, weil Mahmud Damadh sich auf die Jagd begeben und mit derselben zugleich eine Geldeintrei-

184

bung, also das Angenehme mit dem Nützlichen verbunden hatte. Ueber einer so wichtigen Angelegenheit vergass man in Tripolis die Post zu expediren!

Am Freitag den 14. März begannen wir dann die eigentliche Weiterreise. Während wir bis Sokna durch Gegenden zogen, welche Reisende vor uns schon erforscht hatten, betraten wir von jetzt an vollkommen jungfräuliches Gebiet. Der Weg vor uns war noch von niemand begangen worden.

Die Uidian aber, um sie zu Papier zu bringen, machten insofern manche Schwierigkeit, als die Wüstenbewohner die Gewohnheit haben, ein ganzes Stromsystem mit einem Namen zu belegen. So heissen wenigstens vier oder fünf Rinnsale Uadi Missifer, die aber wol alle einem Stamm angehörten, und wenn man vielleicht auch das unterscheidende Merkmal anwandte, dass man dem einen Arm ein "kebir, gross", dem andern "sserhriv, klein", oder dem einen ein "schergi, östlich", dem andern ein "rharbi, westlich" beilegte, so musste man doch sehr aufpassen, um nicht Verwirrung in das einzutragende System zu bringen. Es verhielt sich ungefähr so, als ob wir alle Nebenflüsse der Elbe: Moldau, Mulde, Havel u. s. w. nicht mit eigenen Namen nennen, sondern nur dadurch unterscheiden würden , dass wir solchen Nebenflüssen etwa die Ausdrücke: "südliche Elbe", "grosse Elbe", "mittlere Elbe", "östliche Elbe" beisetzten. Uebrigens haben wir ja in der Schweiz an Vorder-, Mittel- und Hinterrhein etwas Aehnliches.

Wir brauchten vier starke Tagemärsche, um Sella zu erreichen, sodass wir durchschnittlich täglich 50 km zurücklegten. Die Gegend ist hier vollständig Wüste, nirgends bewohnt, und die zahlreichen Uidian sind so spärlich mit Vegetation bestanden, dass auch sie für Nomaden keinen Grund zum Herbeiziehen bilden. Desto zahlreicher trafen wir hier Rudel von Gazellen, von denen wir mehrere erlegten. In der Entfernung beobachteten wir auch Uadan-Antilopen.

In südöstlicher Richtung entbehrt die Gegend an manchen Stellen einer gewissen Grossartigkeit nicht. Das sich verflachende Schwarze Gebirge heisst zuerst Djebel schirgia, später Harudj assod, endlich im Süden Harudj abiod und ist, wie ich an anderer Stelle schon hervorhob, durchweg ein und dasselbe Massiv. Aus Sand- und Kalkstein aufgebaut, mit mächtigen Versteinerungsschichten durchsetzt, ward es von vulkanischen Durchbrüchen auseinandergerissen, die es mit ihren schwarzen lavaartigen Massen überzogen und die Namen "ater, assod, ssoda, schwarz" herbeiführten. Wegen seiner Farbe und Zerrissenheit hat das Gebirge einen äusserst trostlosen, mitunter aber auch grossartigen Charakter. Vegetation ist nur in den Rinnsalen vorhanden, welche auf dem Wege nach Sella alle ihre Richtung nordöstlich nehmen und die Syrte unterirdisch bewässern. Ausser einem aus dem Gebirge von der Jagd heimkehrenden Araber von Sokna begegneten wir keiner Seele, verloren aber drei Neger, welche sich weigerten, weiter mitzureisen. Und wenn ich auch nach dem Contract auf ihrem Mitgehen bestehen konnte, wollte ich sie doch lieber missen, als wider Willen mitnehmen.

Am 17. März überwanderten wir noch während des ganzen Nachmittags ein trostloses Plateau: eine Hammada, welche von Harudj ausläuft und wegen der schwarzen Farbe der sie bedeckenden Steine den

Namen "Ssodaya" erhielt. Alsdann erreichten wir nach einem jähen Abstieg von von circa 150 m abends 9 Uhr die äussersten Palmgärten von Sella, wo uns die Arbeiter und Sklaven recht freundlich empfingen. Froh waren wir, nach dem langen Wüstenmarsch wieder mit Menschen verkehren zu können! Und als wir am andern Morgen früh der Stadt entgegenzogen, trat bald darauf das hoch auf einem Berge gelegene Sella aus dem Palmhain hervor. Je näher wir aber der Stadt kamen, desto mehr Leute sammelten sich an. Keiner ging seiner Arbeit nach, sondern mit der Hacke auf dem Rücken, oder den mit Mist beladenen Esel einfach seinem Schicksal überlassend, indem man vertraute, dass er allein schon den Weg zum Garten finden würde, kehrte alles wieder mit uns um, sodass wir, als wir endlich im Osten des Ortes halt machten, um zu lagern, einige hundert Leute jedes Alters und Geschlechts um uns sahen.

Bald darauf kamen aber Schich Ibrahim und die Aeltesten von Sella mit der angenehmen Nachricht, sie hätten einen ihrer Schnellläufer [56] nach Sokna geschickt, um mich einzuladen, nach Sella zu kommen. Dieser Schnellläufer, Urida (Röschen) hiess er, hatte uns verfehlt, weil er wahrscheinlich auf Richtwegen ging. Aber trotz der so freundlichen Aufnahme seitens der Behörde war die Zudringlichkeit der übrigen Bewohner, die entsetzliche Neugier der Kinder überaus belästigend, wogegen man indess nichts machen konnte. Wie wenig Autorität hier aber die Pforte besass, wurde mir gleich im ersten Augenblick klar, denn kaum liessen die Saptieh, welche uns begleiteten, nur ein Wort von Geldzahlung fallen, als man sie einfach auslachte. Natürlich war nun auch keine Rede mehr davon, den Schich Ibrahim in Ketten zu legen.

Sella oder, wie die Stadt geschrieben wird, Salla ist eine von alters her bekannte Stadt. Edris nennt sie eine kaufmännische Stadt, die von Suila zehn, von Syrt neun Tagemärsche entfernt liege. Vor mir besuchte sie nur Moritz von Beurmann, welcher von Audjila nach Mursuk reiste und am 16. März 1862 in Sella ankam. Seit einem Menschenalter also sahen die Bewohner keinen Europäer, und da Beurmann in Mohammedanischer Tracht reiste, nahmen die meisten von seinem Kommen wol gar nicht einmal Notiz. Einigen war er indess in gutem Andenken geblieben, namentlich einem Verwandten des Schich Ibrahim, bei dem unser so früh verschiedener, verdienstvoller Landsmann Wohnung genommen.

Damals war die gleich nördlich von Sella gelegene Oase Tirsa auch noch bewohnt, deren Bewohnerzahl von Beurmann [57] u 300 Seelen angibt, die von Sella dagegen zu 500, wo ihm die Einwohner sagten, dass ihre Vorfahren vor circa 1000 Jahren aus Aegypten gekommen seien und die frühern christlichen Besitzer vertrieben hätten u. s. w.

Nach unsern eigenen Erfahrungen liegt Sella unter 28deg.32'9" nördl. Br. und 17deg.30' östl.. L. von Greenwich [58], während die Höhe über dem Meere circa 200 m beträgt. Die Oase, auf allen Seiten von steil abfallenden Bergen eingeschlossen, welche zum Harudj gehören und zum Theil davon abgelöste isolirte Kalkzeugen sind, hat von Westen nach Osten eine Ausdehnung von circa 12 km, während die Breite von Norden nach Süden etwa, 5 km beträgt. Die nördlich davon liegende Oase Tirsa ist augenblicklich nicht bewohnt, jedoch im Besitz der zum Stamme der Uled Chris (Uled Harres, Moritz von Beurmann) gehörenden Bewohner Sellas, letztere mit einer Bevölkerung von circa 1200 Seelen; dies bedeutende Mehr erklärt sich durch den Zuzug der Bewohner von Tirsa nach dem Hauptorte.

Der, wie vorhin erwähnt, auf einem Felsen malerisch erbaute Ort ist befestigt, was in diesem abgelegenen Theile der Wüste zum Schutz vor den räuberischen Einfällen der Syrtenaraber nothwendig war. So leben zur Zeit die Uled Chris in Fehde mit den Orfella, welche im Jahre 1876, einige hundert Mann stark, einen Ueberfall auf Kamele machten, welche den erstern gehörten und nördlich von Tirsa weideten. Die Räuber waren aber noch nicht 50 km weit mit ihrer aus einigen Hunderten von Kamelen bestehenden Beute gekommen, als die nachsetzenden Uled Chris sie ereilten und ihnen nicht nur die Kamele wieder abnahmen, sondern auch, wie sie aussagten, mehr als funfzig Orfella tödteten. Diese Todten sind noch nicht gerächt, weshalb seit Jahren die Uled Chris nicht nach Tripolis direct reisen können, da ihnen die Orfella den Weg versperren. Man ersieht hieraus, zumal ja auch Sella nicht weit vom Mittelmeer liegt, die in diesen Gegenden noch immer vorherrschenden mittelalterlichen Zustände: Fehden, Kriegszüge, Raubunternehmungen, Wegelagerei, Faustrecht sind dort an der Tagesordnung.

Sella hat zwei Moscheen und zwei Schulen, aber keine einzige Sauya. Wenn man weiss, wie das Ordenswesen in den Mohammedanischen Ländern sich Eingang verschaffte, sodass es fast keinen Ort, keinen Stamm, keine Stadt gibt, welche nicht mindestens einen religiösen Orden aufwiese, deren Mitglieder, wahre Parasiten, auf Kosten ihrer Mitmenschen sich nähren, der wird es gewiss wunderbar finden, dass in einer so reichen Oase das fanatisch-religiöse Element so wenig Wurzel fasste. Denn Sella ist eine der reichsten Oasen der östlichen Sahara, reich, weil ein grosser, ausgedehnter Palmenbestand, etwa 100000 Palmen, vorhanden ist, und ausserdem die Uled Chris so grosse Kamelheerden besitzen, wie keine andere Oase. Um sicher vor Diebereien zu sein, halten sich die Kamelheerden jetzt südlich von der Oase auf, in den Uidian und Gerarat des Harudj.

Einst war Sella auch berühmt wegen seiner Straussenzucht, obschon ich mir kaum denken kann, dass dieselbe in einer Oase, wo man die Strausse doch schliesslich nur auf Dattelnahrung anweisen musste, bedeutend gewesen sei. Man hält jetzt noch in Sella zwei Strausse, die einzigen, welche überhaupt in der ganzen Sahara in künstlicher Zucht sich befinden. Der Eigenthümer soll von ihnen an Federn jährlich einen Reinertrag von circa 150 M. erzielen. Im übrigen treiben die Einwohner keinen Handel, und eigentlich haben und verfertigen sie, bis auf Kattunstoffe und Kleinigkeiten, alles selbst; auch das in der Oase sowie in Tirsa gebaute Getreide genügt ihnen zu ihrem Unterhalte. Das wie in den übrigen tripolitanischen Oasen auch in Sella übliche Geld ist hier nicht häufig. Nur kommt zum Maria-Theresienthaler zu 25 Piastern noch eine andere österreichische Münze hinzu, deren Erscheinen gerade hier um so mehr überrascht, als sie in Tripolis und Bengasi selbst keinen Cours hat.

190

Auffallend und unerklärlich ist es schon - bisietzt gab noch niemand einen vernünftigen Grund dafür an -, warum gerade der Maria-Theresienthaler vom Jahre 1780 mit fast unbestrittener Herrschaft auf der ganzen Nordostküste von Afrika bis fast zum 6.deg. nördl. Br. sich einbürgerte. Fast noch merkwürdiger aber ist es, dass sich beinahe unter unsern Augen eine andere österreichische Münze und noch dazu eine recht schlechte Scheidemünze, die sogenannten Sechser, d. h. 6-Kreuzerstücke, plötzlich in der Syrtengegend und in diesen Oasen Geltung verschaffte. Man nennt diese Münzen Ssifrit und sie gelten 2 Piaster (also circa 40 Pf.). Sollte vielleicht Ludwig Salvator, der österreichische Erzherzog, der Urheber dieser Münzeinführung gewesen sein? Sollte der kaiserliche Reisende vielleicht bei seiner Syrtenreise solches Kleingeld als Backschich gegeben haben?

Wenn nun auch die Sellenser sich nicht durch viel Vorliebe für die äussern Gebräuche und Formalitäten ihrer Religion auszuzeichnen schienen, so meine ich, dass sie ebendeswegen zu den besten, aufrichtigsten und ehrlichsten Bewohnern der Sahara gehören. Ausserdem bezeugten sie ein gewisses Streben nach Belehrung, einen Trieb nach Erkenntniss, wie er sonst den Mohammedanern gerade nicht eigen zu sein pflegt; sie haben im Jahre 1876 auf Gemeindekosten unter Führung eines gewissen Mohammed el Tarrhoni eine Expedition ausgerüstet, welche in gewissem Sinne eine wissenschaftliche genannt werden kann, da sie sich die Auffindung oder Entdeckung der Oase Uau el namus zum Object nahmen, und Mohammed Tarrhoni, der mein Führer wurde und später ganz allein von Sokna durch die Wüste die kaiserlichen Geschenke nach Audjila holte, gelang es auch wirklich, nach Uau el namus zu kommen.

Man wusste seit längerer Zeit, dass südöstlich von Fesan eine Oasengruppe, Uau genannt, existire. Moritz von Beurmann war es vorbehalten, Uau el Kebir zu entdecken, und er sagte [59] über die andern Uau: "Was ich über die übrigen Inseln der Uau-Gruppe habe in Erfahrung bringen können, ist Folgendes: Drei Tagereisen östlich von Uau liegt Wau sqair [60] oder, wie es gewöhnlicher genannt wird, Wau namus, wegen der unzähligen Menge von Mücken- und Mosquitos so benannt. Es wird daselbst ein sehr schöner weissgelblicher Schwefel gefunden und es ist reich an Datteln. Den Weg indessen von Wau kbir (zum Unterschied von Wau sqair) aus weiss man nicht mehr, da vor zwei Jahren der einzige, der ihn kannte, in hohem Alter gestorben ist. Man hat mehrere Versuche angestellt, es zu finden, indess bisjetzt ohne Erfolg. In Sella dagegen existiren Leute, die den Weg von dort aus zu finden wissen, und ich mache meine etwaigen Nachfolger auf den Mohammed Sabi aufmerksam, der mit diesem Theil der Wüste sehr vertraut ist. Jedenfalls muss Sella als Ausgangspunkt erwählt wer den, um diese Gegenden zu erforschen" u. s. w.

Moritz von Beurmann fährt sodann fort: "Ich komme nun zu dem dritten Wau oder Wau harir. Alles, was davon erzählt wird, ist äusserst unsicher und unbefriedigend, doch will ich hier mittheilen, was mir der Kern der Sache zu sein scheint. Es existiren zwei Erzählungen bezüglich seiner ersten Entdeckung. In Sella hörte ich, dass vor 18 Jahren der Führer einer Karavane, bestimmt, von Wadai nach Bengasi zu gehen, unterwegs gestorben sei. Die Karavane habe den Weg verloren und in der höchsten Verzweiflung den Beschluss gefasst, Fesan zu gewinnen zu suchen. Demgemäss habe sie eine westliche Richtung eingeschlagen und sei auf diese Oase gestossen, die sie vom unvermeidlichen Untergange gerettet. Nach vierzehntägigem Aufenthalte daselbst schlug sie nun wieder eine nördliche Richtung ein, erreichte den Harutsch und ging über Sella und Marade nach Bengasi. Einige Araber von Sella haben sich dann sofort aufgemacht, diese Oase zu finden, indess ohne Erfolg. Einer andern Erzählung gemäss ist einem Araber in Wau kbir sein Kamel abhanden gekommen; er folgte den Spuren des Thieres und fand dieses Wau harir. In der Beschreibung der Oertlichkeit kommen beide Erzählungen gut überein. Es ist ein durch Bäche bewässertes Thal, reich an Palmen und anderer Vegetation, sowie an Wildpret, das so zahm ist, dass man es mit der Lanze tödten kann. Namentlich finden sich Ovis tragelaphus und Antilope bubalis, auch verwilderte Kamele soll es daselbst geben, und in der Mitte des Thals liegt eine verlassene Ortschaft."

Wenn man den geringen Gemeinsinn der Araber kennt, sobald es sich um äussere Angelegenheiten und namentlich um solche handelt, wobei nicht viel Geld zu verdienen ist, so staunt man, dass sie in der That eine Expedition ausrüsteten, Mohammed Tarrhoni mit der Leitung derselben betrauten und dies Unternehmen auch wirklich zu Stande brachten! Mohammed Tarrhoni, bekannt als der beste Antilopenjäger und vorzüglichste Führer der Gegend, welcher jeden Fussbreit Landes zwischen der Syrte und

Uabri, zwischen Sokna-Mursuk und Audjila-Kufra kannte, war kein geborener Uled Chris, sondern als kleiner Knabe mit seinem flüchtigen Vater, der, wie der Name schon besagt, von den Tarrhona stammte und einen Orfella erschlagen hatte, nach Sella gekommen. Die Uled Chris, fast immer in Fehde mit den Orfella, verweigerten seine Auslieferung und so bürgerte sich die Familie ganz ein. Mit einer Frau der Uled Chris verheirathet, hatte er auch schon wieder mit den Uled Chris verheirathete Kinder, konnte also in der That ganz als einer der Ihrigen betrachtet werden.

Mit einigen tüchtigen Gefährten und einigen mit Vorräthen und Wasser beladenen Kamelen brach Tarrhoni auf und erreichte die aus Hornemann's Reise bekannte natürliche Wassercisterne Uabri oder Uabria, oder, wie Hornemann schrieb, Wabri. Da die Wüstenbewohner sehr starke Märsche machen, so kann man annehmen, dass, trotzdem sie nur einmal auf dem Wege nach Uabri campirten, namentlich in Uadi bel Adjan, diese Cisterne mindestens 80 km von Sella entfernt ist und zwar in Südsüdost- zu Südrichtung. Uabri wurde mir von Tarrhoni als eine grosse, seiner Meinung nach natürliche, aber durch Kunst erweiterte und zum Theil gewölbte Felshöhle geschildert. Hier sammeln sich durch verschiedene Uidian Regenwässer und halten selbst beim stärksten Karavanenverkehr bis zum zweiten Jahre an. Die Karavanenstrasse zwischen Kairo und Fesan, die zur Zeit der Selbständigkeit Fesans, als der Verkehr mit den ägyptisch-sudanischen Ländern von Kairo aus noch nicht in der Weise organisirt war wie jetzt, auch der Sklavenhandel noch in schönster Blüte

194

stand, sehr belebt war, ist jetzt ziemlich verlassen. Die Thiere können zum Rhadir [61] Uabri nicht gelangen, aber trotzdem versiegt er manchmal, stets aber, wenn es in zwei aufeinanderfolgenden Wintern nicht regnet.

Mohammed Tarrhoni hatte in Djebel, d. h. am Eingange des Harudj, wo die Gegend schlechtweg so benannt wird, nicht campirt, sagte mir aber, dass eigentlich drei Tagemärsche zum Uabri-Brunnen gerechnet würden. Von hier südöstlich weiter ziehend und zwar im Harudj, also durch bekannte Gebiete, lagerten sie im Uadi bel Haidan. Dies sowol wie das andere Uadi Ben Ratga, in welchem sie am folgenden Tage halt machten, war gut mit Kamelfutter und Talh-Akazien bestanden, namentlich fanden sie frische Agol-Pflanzen. Auch kannten sie noch die Gerara Mudjra [62], eine ausgedehnte, am Ausgange des Harudj gelegene Einsenkung mit vorzüglichem Boden. Doch hört das Gebirge nach Süden nicht auf , obwol Tarrhoni das meinte, sondern zerfällt in grosse Blöcke oder Zeugen, wird charaschafartig. Diese eigenthümliche, auch nördlich von Dachel und Farafrah in so grossartiger Weise beobachtete Gebirgsformation könnte man auch als eine Corrosion des Gebirges en gros bezeichnen, denn es sieht in der That aus, als ob die Gebirge zerfressen wären. Bis zur Gerara Mudjra war man von Uabria aus in kleinen Tagemärschen und durch bekanntes Terrain marschirt, hatte auch fleissig auf Antilopen gejagt, um nicht die gewiss nicht zu zahlreich mitgenommenen Vorräthe zu schnell anzugreifen. Aber jetzt betrat man ganz unbekanntes Gebiet. Ueber eine grosse Sserir-Ebene dahinziehend, lagerten sie nach einem sehr starken Marsch bei einer kleinen Anhöhe, der sie den Namen Gelb el Hadj Mohammed gaben, sahen nach einem zweiten, starken Marsch Berge vor sich, auf die sie jedoch nicht losschritten, und im Glauben, es sei dies Tibesti, gaben sie der Gegend, in der sie Halt machten und die wieder reich an Zeugen war, den Namen Tibesti. Endlich, nach noch einem starken Marsche, erreichten sie eine grosse Oase, welche Tarrhoni für Uau el serrhir oder Uau el namus hielt.

Die Oase selbst beschrieb mir mein Führer als etwas grösser als Abu Naim, aber sie enthalte einen Salzsee und sei mit noch schönern "einstämmigen" Palmen bestanden. Dies sowie viele dort gesehene Topfscheiben bestätigten ihn in der Annahme, dass in frühern Zeiten Uau el namus wahrscheinlich von Tebu bewohnt gewesen, aber infolge eines Einbruchs durchziehender Araberhorden entvölkert worden sei. Wohnungen bemerkte er nicht. An der Westseite des Sees befand sich ein Hügel, auf welchem sie mehrere Tage campirten. Im übrigen war die Oase reich mit Agol, Binsen, Rhardek, Talha-Akazien und namentlich schönen Tamarisken bewachsen. Andere Fruchtbäume gab es nicht, doch erinnerte er sich nicht mehr, ob er nicht auch Feigen angetroffen hätte. Sie blieben längere Zeit in der Oase, konnten viele Thiere - Gazellen, Mäuse, Springratten erlegen und essen, sahen aber ausser den erwähnten Zeichen nirgends Spuren von Menschen und kehrten dann über Uau el Kebir, das sie von Uau el namus in zwei starken Tagemärschen, nordwestlich haltend, erreichten, nach Sella zurück.

In Uau el Kebir ist eine Sauya der Snussi, die sie mit Verwunderung aufnahmen. Als ich fragte, warum sie nicht auch Uau el Herir zu erreichen versucht hätten, erklärten sie, aus Mangel an Vorräthen sei es nicht geschehen; auch habe man ihnen in Uau el Kebir gesagt, dass Uau el Herir von Tebu bewohnt sei, die sich als Heiden jedenfalls ihrer Ankunft widersetzen wurden. Uau el namus entsprach aber doch wol nicht den Erwartungen der Uled Chris. Denn so schön Tarrhoni es auch schilderte und wie sehr er die grosse Zahl der Palmen hervorhob, meinte er doch auf meine Frage, warum sie dort nicht eine Ansiedelung gründen wollten, es lohne sich nicht der Mühe und, um die Datteln einzuheimsen, sei es zu weit und beschwerlich.

Ich habe geglaubt, hier ausführlich über die durch Tarrhoni geschehene Entdeckung von Uau el namus berichten zu müssen, weil sie einerseits unsers verewigten Moritz von Beurmann's Erkundigungen aufs glänzendste bestätigt, andererseits aber der ganze Hergang zur Anregung für künftige Forscher dienen soll. Von keinem Punkte der Wüste können nämlich in wissenschaftlicher Beziehung mehr lohnende Unternehmungen gemacht werden, als von Sella aus. Das Harudj Gebirge mit seinen reichen Versteinerungen, namentlich aber die Vorberge dieses Massivs, ist für jeden Geologen und namentlich für alle Paläontologen eine unerschöpfliche Fundgrube interessantester Gegenstände. Und was die Topographie jener Gegend südlich von der Uabria anbetrifft, wo der Uau-Archipel liegt, so muss man immer bedenken, dass, wenn es auch Eingeborenen gelang, dorthin zu kommen, die Gegend von Europäern noch nicht besucht worden ist.

Dazu kommt die über allen Zweifel erhabene Zuverlässigkeit der Uled Chris, sodass man in keiner Oase bessere Führer finden würde. Man könnte fragen, warum denn ich nicht von hier aus nach dem Süden zu dringen versuchte? Allerdings kam diese Angelegenheit ernstlich zwischen uns zur Sprache. Da sich aber in der Uabria kein Wasser befand, so musste ich einen solchen Plan fallen lassen, wie denn ja Kufra als Erforschungsobject vor allein in Betracht kam. Von Sella nach Kufra hätte man aber ohne vorherige Verständigung mit den Suya nicht gehen können.

Durch Vermittelung des Schich Ibrahim gelang es mir, Mohammed Tarrhoni, diesen so vorzüglichen Führer, anzuwerben, und da am Tage unserer Abreise der "Schnellläufer Urida" von Sokna zurückgekommeft war, nahm ich auch diesen noch in meine Dienste. Damit aber beide sich vorbereiten konnten, wozu sie sich einen Tag ausbedungen, zog ich mit meiner Karavane nach dem circa 3 km südlich gelegenen Auinet, dem kleinen Bache, welchem trotz seiner Kleinheit und Schmalheit die Oase ein so belebendes Aeusseres verdankt. Wie in Bondjem kamen auch nach Auinet die Kamele in langen Reihen täglich ohne Aufsicht anmarschirt, um sich selbst abzutränken und sodann allein wieder nach ihren entfernten Weideplätzen zurückzukehren.

Es war am 20. März 1879, als wir die hübschen Palmenwälder verliessen und bald, in Südsüdost-Richtung uns haltend, in eine äusserst wilde und grossartige Gebirgsgegend gelangten. Wir hielten deshalb diesen ungewöhnlichen Curs, weil wir sicherheitshalber die eigentliche Strasse nach Audjila mieden, da zu viele vertriebene Stämme jene Gegenden im Norden, wo eine Oase die andere ablöst und grosse krautreiche Ebenen den Kamelen vorzügliche Weide bieten, unsicher machten. Ganze Stämme hatten sich nämlich aus ihrer Heimat entfernt, um aus dem Bereiche der türkischen Regierung zu kommen, welche die Steuern so gewaltig erhöhte und mit so grosser Willkür eintrieb, dass sie lieber vorzogen, alles aufzugeben, als länger solchen Erpressungen ausgesetzt zu sein. Und wo konnten sie in der That besser leben, als auf der Grenze der Syrtensteppen, wo sie Weide für ihre Thiere, Gerara zum Ackern und unzählige Schlupfwinkel im Charaschaf fanden, um sich nöthigenfalls dem Arme der türkischen Ungerechtigkeit zu entziehen. In dieser selben Richtung legten wir, immer zwischen den Verbergen des Harudj, etwa 50 km zurück. Zahlreiche Uidian, welche wir kreuzten und die alle ihre Richtung nach Nordost nahmen, grössere und kleinere Geraren, welche Spuren von Ackerung zeigten, gaben uns stets den Beweis, dass die Zone der Mittelmeerregen hier noch herrschte und diese wol erst auf dem Kamme des Harudj die Südgrenze erreicht.

In dieser so grosgartigen Natur litten wir jedoch sehr durch Samumwinde, welche 1879 mit besonderer Häufigkeit zu wehen schienen. Als wir am 21. März nordöstlich den an Versteinerungen unglaublich reichen Djef-Djef von Djebel Bürsa und Remlat el Muschma und sodann die merkwürdige Gegend Dekakin durchzogen, überfiel uns im Uadi Ba Naim, als wir abends dort lagern wollten, ein so starker Samum, dass wir an Kochen und Zeltaufschlagen gar nicht denken konnten. Den Geburtstag des Kaisers hatten wir aber tags vorher im Uadi Belaun so gut und würdig wie möglich gefeiert. Das an und für sich sehr grossartige Belaun-Thal wurde noch malerischer durch die riesigen Talha-Akazien, welche dort in so grosser Zahl wuchsen, dass unsere Führer und Diener ganze Aeste, abhieben, um sie den Kamelen vorzuwerfen. Das mit den weissschimmernden Kalksteinwänden des Uadi so wunderbar contrastirende Grün, sowie unser Lager mit der entfalteten deutschen Flagge trugen nicht wenig dazu bei, dem Ganzen eine äusserst belebte Ausstattung zu verleihen. Von den Kalkwänden hallten denn auch mit vielfachem Echo unsere mit grosser Präcision abgegebenen 101 Schüsse zurück; aber die Gesundheit unsers Heldenkaisers konnten wir nur in Kaffee oder Limonade ausbringen, da alle Spirituosen fehlten. Die erstaunten Diener und unsere sellenser Führer glaubten, wir schössen einen Marabut [63]ein, bis ich ihnen sagte, wir feierten das Miludhfest unsers Kaisers, des Sultans von Brussia.

Das Uadi Bu Naim ist lang und tief eingeschnitten und erhält vor seiner Verbreiterung in die Oase Bu Naim einen ebenso bedeutenden Ast vom Westen: das Uadi Abu Hassan. Beide haben sicher unterirdisch stets fliessendes Wasser, wie denn im Uadi Abu Hassan sich ein Brunnen befindet, aber mit bittersalzhaltigem Wasser. Das Wasser in den Uidian jedoch dürfte süss sein.

Wie erstaunten wir, als wir am Morgen des 24. März beim Betreten der Oase sie so gross, so grün und verhältnissmässig so gut mit Palmen versehen fanden. Leider war aber das Wetter derart, dass wir an eine astronomische Bestimmung der Oase oder vielmehr unsers Lagerplatzes nicht denken konnten, dennoch aber wird es gelingen, mit annähernder Genauigkeit die Position derselben auf der Karte zu fixiren, um so mehr, als wir uns ja immer noch zwischen den Wegen befanden, die nördlich von uns Moritz von Beurmann, südlich Hornemann genommen hatten. Mit Gewissheit kann man sagen, Abu Naim wird vom 28.deg.30' nördl. Br. und 19.deg. östl. L. von Greenwich geschnitten. Die Höhe der Oase beträgt ungefähr 50 m über dem Meere, sie liegt verhältnissmässig sehr tief. Die Grösse ist kaum zu bestimmen, aber wenn man die Kamelweide, d. h. die Vegetation und nicht die Einsenkung selbst als Grenze bezeichnet, dann dürfte die Ausdehnung derselben doch immerhin 1500 qm betragen. Möglicherweise erstreckt sich die Oase aber viel weiter nach Westen und Osten. Bei einer Excursion nach Westen erreichte ich ihre Grenze nicht, und ebenso konnte ich nach Norden zu kein Ende finden. Ja, es wäre keineswegs unmöglich, dass Abu Naim nach Norden hin zusammenhänge mit den von Moritz von Beurmann durchzogenen Oasen, welche von Djibbena an eine ununterbrochene Kette von Hattiehs bis nach Tagrift und Sella bilden. Denn wenn auch von Beurmann factisch manchmal die Palmenhaine verliess und Plateaux zu überwandern hatte, so können dies auch Ausläufer oder grosse Zeugen gewesen sein. Auf meinem Ausflug nach Norden glaubte ich thatsächlich oft das scharf markirte Ende, die Grenze der Oase erreicht zu haben; kam ich dann näher, so schoben sich die Felswände auseinander, und wie durch Zauber sah man eine neue Hattieh vor sich.

Wie die ganze Gegend wird auch die Oase von zahllosen Kalkzeugen durchsetzt, welche mehr oder minder hoch sind, meist aber nicht die aller andern überragen, jedoch senkrecht aufsteigen und stets die sonderbarsten Formen bilden. Ueberhaupt muss man, um den Charakter der ganzen Sahara würdigen zu können, annehmen, dass alles ein Massiv war von ziemlich gleicher Höhe und dass es, abgesehen wahrscheinlich von Tibesti und Ahagar, keine eigentlichen Gebirge gibt, sondern nur zerrissenes Hochland, und wo Ketten vorkommen, wie bei Hon und Uadan, sind diese nicht höher und niedriger, als die umliegenden durchfurchten Plateaux, machen vielmehr den Eindruck losgelöster länglicher Zeugen. Aber alles in der Sahara ist in den grossartigsten Verhältnissen. So sind auch die grossen, mitten in der Oase Abu Naim stehenden Zeugen ungefähr von derselben Höhe wie das im Norden sich befindende "Scheinufer". Alle diese Kalkfelsen enthalten Versteinerungen und ganze Versteinerungsschichten, ja, zum Theil bestehen sie durchweg aus einst lebenden Thieren. Im Sandboden der Oase aber findet man zahllose Foraminiferen, oft von den zierlichsten und reizendsten Formen. Und man jammert, dass die unzähligen Ostreen, Conus, Patelliden und Ammoniten nur noch durch die Häuser derselben vertreten sind. Wie oft, wenn ich jene Spuren vergangenen Lebens durchwanderte, dachte ich an meinen Freund Zittel, welcher während der Libyschen Expedition 1873/74 von einem Entzücken ins andere fiel. Wie würde er hier geschwelgt haben!

Der mergelige, oft auch sandige Boden der Oase kann im allgemeinen als gut bezeichnet werden, wie schon aus der reichen Vegetation genugsam hervorgeht. Aber auch grosse Strecken Djef-Djef sowie Sebucha fehlen nicht. Immerhin aber würde man akkern können und es auch wol thun, wenn nicht die Gegend zu unsicher wäre. Nirgends gibt es feste Besiedelung auf eine Entfernung von mindestens 200 km. Und die im Norden wohnenden Beduinen ziehen es vor, näher an der Küste ihr Getreide dem Boden anzuvertrauen, als mitten in der Wüste.

Dazu kommt das so wenig geniessbare Wasser, sodass man nur durch Noth gezwungen davon trinkt. Entweder ist es dicht unter den Sebchat, welche an einzelnen Stellen die Oase durchsetzen, und alsdann stark salzig sowie natron- oder bittersalzhaltig; oder es befindet sich in jenen kraterartigen Löchern, welche sich auf einer durch die Oase von Osten nach Westen gebenden Kalkrippe befinden, und enthält dann Schwefel. Diese blasenartigen und offenen Löcher sind höher, als der umgebende Boden; der Brunnen z. B. war circa 3 m höher, als unser daneben befindlicher Lagerplatz, und bestand aus einem Kalkbassin von der Form einer oben zerplatzten Blase, die sich kesselartig nach innen erweiterte und 2 m tief war. Nach unten zogen sich aber wahrscheinlich enge Spalten, welche wir beim Sondiren jedoch wegen des trüben Wassers nicht finden konnten. Ausserdem lag auf dem Boden der Quelle fusshoch Schmuz und Sand. Aber beim Ausschöpfen derselben erneuerte sich das Wasser augenblicklich und mit sichtbarer Geschwindigkeit. Bei 18deg. Lufttemperatur hatte es 18,5deg. Wärme, mit dem Pinselthermometer gemessen. Die Temperatur war immer constant, was mir einigermassen sonderbar vorkam, da bei frischem Zulauf, der Natur der Sache nach, wol auf eine höhere Temperatur hätte gerechnet werden können.

Das Wasser ist so schwefelhaltig, dass ich nicht anstehe, es für eine der stärksten schwefelhaltigen Quellen zu erklären. Schon wenn man sich auf 2 m der Quelle näherte, befand man sich in einem Dunstkreis von Schwefelwasserstoffgas. Ich bin überzeugt, dass einstmals Abu Naim Aachen und andern berühmten Schwefelbädern Concurrenz machen wird. Gewiss war es nicht angenehm, von diesem mineralischen Wasser, welches schmeckte, als hätte man faule Eier damit gemischt, trinken und damit seine Nahrungsmittel, seinen Kaffee kochen zu müssen. Und so eignet sich denn freilich Abu Naim gegenwärtig nicht zu einem Heilorte, denn was würden die Patienten eines Schwefelbades sagen, wenn man sie zwingen wollte, ausser ihrer bestimmt vorgeschriebenen Zahl von Gläsern auch ihren Kaffee, ihren Thee, kurzum ihre ganze Nahrung mit Schwefelwasser kochen zu müssen? Wir mussten nicht nur dies, sondern durch die Art des Transports wurde das Wasser immer noch schwefelhaltiger. Natürlich, das Wasser verdunstete aus den Schläuchen, aber der Schwefel blieb zurück. Vergebens fragte ich mich, ob ich eine Schwefelcur nöthig hätte, ich musste es verneinen. Und als wir endlich nach Tagen dies Wasser hinter uns hatten, begann beim Betreten der Oase Djibbena eine andere noch unangenehmere Cur: das Wasser des Brunnens Djibbena enthielt so viel schwefelsaure Magnesia, dass wir nicht aus noch ein wussten. Dies nahm erst in Audjila sein Ende.

Die Oase ist besonders reich an wilden (oder verwilderten?) Palmen, welche mit wenigen Ausnahmen nur in Buschform erscheinen. Ausserdem ist von den Bäumen Ethel (tamarix) am meisten vertreten. Die Ethel bilden nicht selten bis 8 m hohe "Neulinge". Oft findet man, dass letztere nur noch aus Wurzeln und vertrockneten Stämmen bestehen, weil der Baum oder Busch, der den "Neuling" bilden half, abgestorben ist, und nun scheinen sie allmählich wieder aufs allgemeine Niveau zurückzusinken. So ist denn überall in der Thier- und Pflanzenwelt ein ewiges Bilden, Bestehen und Vergehen, auch in der scheinbar leblosen Natur, denn auch hier bemerken wir Bewegung, folglich auch Leben und Sterben.

Die Palmen tragen Früchte, aber weil sie nicht befruchtet werden, sind sie kernlos wie auf allen herrenlosen Oasen. Ueber das wol wahrscheinliche Vorhandensein männlicher Bäume in der Oase, welche die umstellenden weiblichen Palmen von selbst befruchten könnten, liess sich nichts ermitteln, da die in unserer Nähe vorkommenden Büsche keine Früchte mehr hatten. Von den übrigen Pflanzen nenne ich Agol (Alhagi), Belbel (Anabasis articulata), Rhardek (Nitraria) und Fers, letztere beiden strauchartige Gewächse. Auch ein Rohr, Kasbah von den Eingeborenen genannt, findet sich an einigen Stellen. So wenig zahlreich diese Vertreter des Pflanzenreichs auch sind, so gewähren doch, von fern gesehen, die gleich einem Teppich von Agol bedeckten Strecken ein wiesenartiges Aussehen und verleihen dem Auge einen wohlthuenden, durch die imposanten Tamariskenbüsche noch mehr gehobenen Anblick. Es steht wol ausser Zweifel, dass man, wenn Regen einsetzen, in Abu Naim noch bedeutend mehr Pflanzen findet, wenn auch kaum neue darunter sein möchten, wenigstens im Jahre 1879 war ausser den angeführten weiter nichts zu finden.

Dürfte man eine allgemeine Regel aufstellen, so könnte man sagen, dass nach Osten hin die Oasen immer pflanzenarmer werden, wie denn überhaupt, je weiter nach Osten, desto mehr die Trostlosigkeit der Wüste zunimmt. Hätte man nicht jene Uah-Oasenkette [64] von der Oasis parva an bis Chargeh, wie öde und von allen Pflanzen entblösst würde da die ganze Libysche Wüste sein! Und jene von uns 1873 erforschten Oasen verdanken ihren grössern Pflanzenreichthum offenbar nur der menschlichen Einwirkung. Wie reichhaltig sind dagegen die Westlichen Oasen Draa, Tafilet und Tuat, und welch ein Unterschied in der Natur der westlichen Sahara und der Libyschen Wüste!

Obschon wir selbst keinen Gazellen begegneten, deuteten doch die überaus zahlreichen Spuren auf das Vorhandensein derselben hin. Auch Eindrücke von grössern Antilopen (A. bubalis?) bemerkten wir, hatten aber ebenfalls nicht das Glück, die Thiere zu Gesicht zu bekommen. Die Jagd auf Antilopen und Gazellen ist im Norden der Sahara äusserst schwierig, dagegen sehr leicht in den Steppen südlich der grossen Wüste. Man kann ihnen nur durch Beschleichen nahe kommen; es ist jedoch bei der Furchtsamkeit der Gazellen die grösste Vorsicht geboten. Durch Wegtreiben der Jungen von den Alten wird das Jagen manchmal sehr erleichtert, weil man die uner-

206

fahrenen Jungen leichter fangen kann, die Alten aber alsdann durch nichts sich von der Wiedervereinigung mit denselben abhalten lassen.

Schakale, Fennegs, vielleicht auch Hyänen, denn Mohammed Tarrhoni wollte Hyänenspuren gesehen haben, ferner Mäuse, Ratten, Springratten bilden wie in den übrigen Oasen den Bestand der Säugethiere, welche überhaupt ebenso wie die Pflanzen überall und immer in den Nordoasen dieselben sind. Einige Sperlinge - in Sokna und Sella gibt es keine, auch in Audjila, Djalo und Kufra nicht -, Bachstelzen, Raben und Wiedehopfe scheinen ein beständiges Contingent in Abu Naim zu bilden, während einige Schwalben sowie ein paar Störche, welche letztere gravitätisch alle Büsche auf Schlangen und anderes Gewürm absuchten, wol nur eine Pause machten, um sich von ihren weiten Wanderungen vom Norden nach dem Süden und umgekehrt zu erholen.

Von den Schlangen ist, ausser der gemeinen Hannesch, namentlich die von den Arabern Lefa, von uns Hornviper (Cerastes cornutus) genannte zu finden. Diese kleine, von de Arabern sehr gefürchtete und verabscheute, weil für giftig gehaltene Schlange scheint gerade hier sehr häufig zu sein, denn von unsern Leuten wurden zwei gefangen. Vielleicht kommt die Furcht mehr von dem sonderbaren Aussehen der beiden kleinen, wie Ziegenhörner aus ihrem Kopfe hervorstehenden Hörnern. Die Cerastes ist jetzt in den meisten zoologischen Gärten zu finden. Verschiedene Echsen, Gecko, Chamäleone, Wespen (auch die schöne, grosse, blaue Mauerwespe), ferner Mücken nebst Fliegen, verschiedene Ameisensorten bilden den Bestand der Fauna dieser

Oase, welche sich also in nichts von dem der übrigen Oasen unterscheidet.

Menschen gibt es in Abu Naim nicht, die Oase ist also im vollsten Sinne des Wortes als herrenlos zu bezeichnen: wie schon angeführt, in erster Linie eine Folge der schlechten Beschaffenheit des Wassers. Aber möglicherweise könnte man doch durch Graben oder gar durch Bohrversuche dem Boden gutes Wasser entlocken. Da aber in den nördlich von Abu Naim gelegenen Oasen nirgends ein Repräsentant türkischer Regierung zu finden ist, und mir die türkische Behörde, namentlich Ssabri Pascha [65], einer der Gebildetsten dieser Nation, officiell erklärte, ich verliesse mit Sella das türkische Gebiet: so scheint es mir doch bei der jetzt so brennenden Mittelmeerfrage - welche freilich uns in Deutschland wenig interessirt - von Wichtigkeit zu sein, schon jetzt etwas näher die Grenzen der Gebiete ins Auge zu fassen, welche türkisch sind und welche es nicht sind. Hätte Frankreich bei der Regelung seines afrikanischen Landes nach dem Westen zu von vornherein mehr Gewicht auf die alte historische, von der Natur selber gezogene Grenze gelegt, so würde es jetzt nicht in Streitigkeiten darüber mit Marokko gerathen können und manche Revolte vermieden haben, welche gerade in diesen Gegenden ihre Entstehung fand. Denn es ist historisch leicht nachzuweisen, dass die ehemalige Grenze des Deithums Algerien viel weiter westlich verlief und dass das ganze Muluya-Thal algerisch war, wie im Alterthum auch. Und da Meorade und Djibbena ebenfalls nicht besiedeltes, also herren- und abgabenloses Gebiet sind, so fällt die Grenze der Türken viel weiter nach Norden.

Nach Abu Naim begeben sich Beduinen aller Stämme, um die etwaigen, jedenfalls sehr schlechten Datteln einzuheimsen. Man kann im wahren Sinne des Wortes sagen: wer zuerst kommt, mahlt zuerst. Die Uled Sliman, Uled Schich, die Morharba, die Sauya (nicht zu verwechseln mit den Suya), die Uled Chris, alle unternahmen Streifereien hierher, abgesehen davon, dass Abu Naim oft der Aufenthaltsort vieler Banditen und Wegelagerer ist, welche von Norden kommen. Die zahlreich angezapften Palmen kennzeichnen das am besten, denn jene vogelfreien Existenzen haben oft Ursache, über Nacht entfliehen zu müssen, ohne vorher noch Zeit zu gewinnen, Vorräthe einzusammeln. Eine Zeit lang sind sie dann ganz und gar auf Lakbi und herrenlose Datteln angewiesen: freilich keine angenehmen Nahrungsmittel, aber wenn es sein muss, frisst der Satan Fliegen, sagt der Araber.

Interessant in dieser Oase sind noch die Schwefelgruben, wie denn überhaupt die ganze Gegend von hier bis nordwärts zum Mittelmeere reich an Schwefel ist. Die "Hofrat el Kibrit" genannte Schwefelgrube befindet sich nach Dr. Stecker, der eine Excursion dahin unternahm, circa 20 km in südöstlicher Richtung von unserm Lagerplatz. Die von meinem Begleiter mitgebrachten Proben waren allerdings schwefelhaltig, aber im Grunde genommen nicht mehr, als andere bei andern Gelegenheiten vorgefundene. Es ist übrigens möglich, dass der Führer absichtlich vermied, Dr. Stecker nach den reichhaltigen Gruben zu führen. Die bekannten Schwefelgruben, welche Mehemed Ali Pascha von Aegypten seinerzeit ausbeuten liess, und die später zwischen einem französischen Unterthan und der türkischen Regierung zur Erörterung kamen, liegen näher der Küste zu, indess habe ich nicht unterlassen wollen, unternehmungslustige Leute auf diesen noch immer ungehobenen Schatz aufmerksam zu machen.

Wir verliessen Abu Naim am 26. März und näherten uns nun immer mehr, indem wir fast östliche Richtung hielten, der Route von Beurmann und Hornemann, welche etwa in Djibbena mit dem von uns genommenen Wege zusammenfällt, Von Djibbena aus westlich ziehend, verfolgte ersterer die grosse nördliche Heerstrasse über Marade, während letzterer den direct nach Mursuk führenden Weg über Temissa einschlug. Unser Marsch war insofern mühsam, als wir mehreremal Dünen zu übersteigen und mit stürmischem Wetter zu kämpfen hatten. Endlich am 29. erreichten wir die so malerisch gelegene Oase Djibbena oder Djibbene.

Diese Oase, eine mindestens ebenso grosse wie Abu Naim, verdiente eigentlich eine speciellere Beschreibung, aber abgesehen von der Form derselben, müsste man doch alles über Abu Naim Gesagte nur wiederholen: so vollständig an Producten gleicht sie dieser. Sie liegt östlich von einem von Norden in die Sahara hereinragenden Kalkplateau, das wenigstens als solches erscheint. Die zahllos vorgelagerten riesigen Zeugen geben indess auch der Vermuthung Raum, dass das Ganze eine Ansammlung solcher Felsklötze sein könnte. Nordwärts dürfte sich die Oase bis zum Brunnen Sidi Hammed erstrecken.

In Djibbena gibt es drei Brunnen: Ain Djibbena, Ain Dikker und Ain Nischa, alle drei mit gleich schlechtem Wasser, welches sich übrigens so nahe an der

Oberfläche befindet, dass man beim Graben von 1 oder 11/2 Fuss schon Wasser antrifft. Wir campirten bei Ain Dikker, wo, wie der Name schon andeutete, männliche Palmen zu finden sind. Mochte das nun in der That so sein, aber die allerdings noch zahlreich vorgefundenen Datteln waren alle unbefruchtet. Möglich auch, dass früher bei der Quelle männliche Palmen standen, die man aber seitdem vernichtete, denn mit Vorliebe pflegen die Araber die männlichen Palmen anzuzapfen, weil der Lakbi von diesen Bäumen kräftiger sein soll, als der von den weiblichen. Wir fanden übrigens, dass vor einigen Tagen hier eine Karavane oder Wegelagerer gewesen waren. Nicht allein die frischen Spuren von Menschen und Kamelen verriethen das, sondern auch verschiedene Haufen von Datteln, die man hatte liegen lassen, als ob man in Eile aufgebrochen wäre.

Höchst merkwürdig nahm sich dicht bei Ain Dikker ein von Djerid (Palmzweigen) umfriedetes Grab aus. Es war noch neu. Vier oder fünf Jahre mochten es her sein, so erzählte Mohammed Tarrhoni, da erschien der reiche Modjabra [66] Si Hammed ben Abdallah aus Bornu mit einer grossen Karavane. Man war, von Mursuk kommend, den beschwerlichen Weg über Temissa gezogen, man hatte tagelang gedurstet und die Wasserrationen aufs kleinste Maass beschränkt. Hier angelaügt, stürzte sich seine einzige Tochter Chadidja an den Brunnen, trank hastig einige Züge daraus und sank dann todt daneben. Man hatte sie nun dicht neben der Quelle begraben - keineswegs eine angenehme Nachbarschaft: eine Leiche circa 1 m von der Quelle, aus welcher jede Karavane schöpft! Mitten auf dem Grabe befand sich ein Holzgerüst mit wenigstens einem Dutzend mehr oder weniger langer Zöpfe: alle ursprünglich pechschwarzes, festes, krauses, aber kaum negerhaftes Haar. Auf meine Frage, wer denn so viele Zöpfe geopfert habe, erwiderte Tarrhoni: die Sklavinnen der Tochter, und als ich entgegnete, dass die Negerinnen doch nicht so lange Zöpfe zu tragen pflegen, meinte er, es müssten wol Fulaner gewesen sein.

Wir übernachteten in Djibbena. Dann zogen wir weiter, indem wir immer noch dieselbe Dünenkette überkletterten, liessen dieselbe hierauf nördlich liegen und erreichten nachmittags am 31. März nach Osten zu die Grenze der Sandberge. Aber so grossartig endigen diese, dass sie im Rhart Rumani, der äussersten Ostspitze, die von Dr. Stecker gemessene ansehnliche Höhe von 150 m relativ betragen. Für die von Audjila kommenden Karavanen dient die Düne Rumani zugleich als Wegweiser, und man sieht diese fast 500 Fuss hohe um so weiter, als von Audjila bis zu den Dünen gar keine die Aussicht hemmenden Gegenstände vorhanden sind.

Sobald man den südlich am Fusse des Rhart Rumani gelegenen Sebucha el Ethel durchschnitten hat, betritt man nun jene entsetzliche Kalauscho Sserir, die nur an grossartiger Einförmigkeit von der Sserir südlich von Audjila und Djalo übertroffen wird, aber eigentlich ja auch nur einen Theil jener grossen Kreisebene bildet, welche die südlichen cyrenaischen Oasen von Kufra trennt. Wir brauchten zwei volle Tagemärsche, um die Sserir zu durchziehen. Die Zeit wurde uns um so länger, und die Entfernungen dünkten uns um so grösser, weil unsere Führer, ohne es freilich selber genau zu wissen, uns versichert hatten, dass wir am 1. April abends in Audjila eintreffen würden. Als wir jedoch lagerten, waren wir noch circa 30 km von der ersehnten Oase entfernt. Zwar hatten alle Diener, aus Freude, bald frische Datteln geniessen zu können, schon viel Pulver verschossen; aber nachmittags am 1. April sahen wir, dass wir in den April geschickt worden, welcher Casus uns denn herzlich lachen machte. Dr. Stecker seinerseits liess es sich nicht nehmen, nach alter deutscher Sitte unsere beiden deutschen Begleiter extra in den April zu schicken, und jeder in ähnlicher Weise den andern so. Ich selbst musste auch mit daran, keiner entging seinem Schicksal. Wir Deutsche aber gedachten mit Stolz dieses Tages als des Geburtstags unsers grossen Reichskanzlers.

9. Die Oasen Audjila und Djalo

Es war am 2. April, als wir gerade um Mittag die Oase Audjila betraten. Mit Erstaunen kamen die Neger, welche in dem Palmenhain arbeiteten, herbeigelaufen. Man erwartete allerdings tagtäglich eine Djalo-Karavane von Bornu, aber nimmermehr eine zumal von Westen kommende Christenkaravane. Nach einer Stunde waren wir beim Orte selbst, welcher sich in seiner Physiognomie, seit meinem frühern Besuche daselbst, auch nicht im mindesten verändert hatte.
Aber welch ein Unterschied gegen den Empfang im Jahre 1869! Vor 10 Jahren war ich, von Bengasi kommend, nur von einem Deutschen und zwei ein-

geborenen Dienern begleitet, aufs beste vom Schich Barku und der ganzen Einwohnerschaft aufgenommen worden. Und jetzt ein so kaltes und gleichgültiges Betragen, dass es sich nur wenig von Feindseligkeit unterschied! Ich liess nordwärts von der Stadt Lager aufschlagen, schickte die Kamele auf die schlechte Belbelweide (Belbel, anabasis articulata) und bemühte mich, Lebensmittel für uns, Stroh und Gerste für die Kamele einkaufen zu lassen. Aber trotzdem ich für die angesehensten Bewohner (mit Ausnahme des Schich lbrahim el Fadhil) Empfehlungsbriefe mitgebracht hatte, darunter auch einen für meinen ehemaligen Gastgeber, Schich Burku, konnte ich nichts erreichen. Schich Burku, alt geworden, schien sich meiner nicht mehr zu erinnern, die übrigen wollten nichts von mir wissen, und mit genauer Noth gelang es unsern sellenser Freunden, durch ihre Vermittelung Brennholz zu kaufen, sodass wir uns etwas kochen konnten. Dass dies zurückhaltende Benehmen seitens der Vornehmen der Oase seine Wirkung auf die ohnehin fanatisirte und eingebildete Masse des Volks nicht verfehlte, bedarf wol kaum der Erwähnung. Wir wurden verhöhnt, verspottet und mit Zudringlichkeiten gemartert. Nur einer von allen Audjilensern machte eine rühmliche Ausnahme, ein gewisser Si Mohammed Snussi [67]; freilich war sein Mitleid mit uns wol nicht ganz frei von Eigennutz - er hatte seit Wochen aus Mangel an Taback nicht geraucht und wünschte dies Kraut von uns zu bekommen -, aber er brachte aus freien Stükken abends Brot, welches seine Mutter gebacken hatte, und wofür er nicht nur reichlich Taback, sondern auch noch Pulver, Taschentücher und einen rothen Fes bekam.

Unter diesen Umständen blieb ich nur einen Tag in Audjila, denn ich sah ein, dass hier nichts zu erreichen war. Der Einfluss der Snussi hatte innerhalb der zehn Jahre so gewirkt, dass die früher so vorurtheilsfreien Audjilenser jetzt vollständig dem Banne dieser Christenhasser erlegen sind. So zogen wir denn am 4. April weiter und erreichten, nach einem Marsch von 24 km die Schwester-Oase Djalo. Hier war jetzt der Sitz der türkischen Regierung, hier durfte ich doch auf freundlicheres Entgegenkommen hoffen, wenn ich auch hier vor zehn Jahren, was die Aufnahme betrifft, trübe Erfahrungen genug gemacht hatte, da die ungezogene Jugend es an Beschimpfungen nicht fehlen liess.

Aber wie war hier die Aufnahme! Wir kamen vom Regen in die Traufe. Wenn die Audjilenser nur aus religiösem Fanatismus sich verschlossen und zurückhaltend gegen uns benahmen, kam bei den Modjabra [68] noch ein anderes Motiv hinzu, nämlich die Furcht, dass unsere Reise nach Uadaï ihre commereialen Beziehungen zu diesem Lande würde schädigen können. Ich hatte Omar, einen der 9 eingeborenen Diener, voräusgeschickt an den türkischen Beamten Hammed Bei, welcher jetzt den Titel und Rang eines Kaimakam fährt, mit der Bitte, mir womöglich eine Wohnung zur Verfügung zu stellen; natürlich gegen entsprechende Geldentschädigung. Dicht beim Orte Areg angekommen, liess ich meine Karavane halten, und da hatten wir dann, auf die Rückkehr Omar's wartend, Unglaubliches von den Verhöhnungen der alten wie der jungen Bewohner zu leiden. Und als Omar endlich kam und die Weisung brachte, die Expedition nach dem Gasr zu führen, und mich aufforderte, mit ihm durch den Ort selbst zu gehen, um so schneller zum Gasr zu gelangen, während die Karavane um den Ort herum marschiren sollte, wäre ich mitten im Orte fast gesteinigt worden.

Beim Durchschreiten des Orts folgte uns bald eine Bande von Strassenjungen, welche durch Johlen, Heulen und Schimpfen ihr Misfallen zu erkennen gaben, dass ich es gewagt hatte, ihre elende Stadt zu betreten. "Christenhund", "ungläubiges Schwein", "Heide" u. s. w. waren die Ehrentitel, womit man mich belegte, und da ich mein kleines Hündchen, welches sie mit ihren Steinwürfen schon halbtodt geängstigt hatten, auf den Arm nahm, um es so vor den rohen Mishandlungen zu sichern, fingen sie an, mich selbst mit Thonstücken und kleinen Steinen zu bewerfen. Drehte ich mich um, zerstoben sie nach allen Richtungen, setzte ich meinen Weg fort, waren sie mir gleich wieder auf den Fersen, und je weiter ich ging, desto mehr wuchs die Meute, und auch Erwachsene fingen an, sich an dieser für sie so lustigen Unterhaltung zu betheiligen. Vergebens suchte mich Omar mit seinem Körper zu decken, indem er hinter mir herging; auch er wurde beworfen. Als ich aber dann zu gleicher Zeit zwei Steinwürfe bekam, wovon einer, faustgross, mich so am Hinterkopf traf, dass aus meinen Augen Funken sprühten, wurde mir die Sache zu arg; mich gegen ein Haus wendend, um Deckung zu gewinnen, zog ich meinen Revolver und drohte zu schiessen, falls noch ein Steinwurf fiele. Alle stoben davon.

216

Einige der ältern Leute jedoch, denen die Sache und die Folgen bedenklich erscheinen mochten, nahmen sich jetzt meiner an und geleiteten mich nach dem türkischen Gasr.

Am Eingange des kleinen Gebäudes, das diesen stolzen Namen führte, kam mir schon der Kaimakam [69] entgegen und wusste nicht, wie er sich genug entschuldigen sollte wegen des rohen Benehmens der Jugend der Modjabra; "aber", fügte er gleich hinzu, "ich kann nichts thun, ich bin hier vollkommen machtlos". Hammed Efendi meinte es wirklich gut mit uns. Er bat mich, mein Lager (er bewohnte ein Haus an der Nordostseite von Areg) dicht bei seiner Wohnung aufzuschlagen, um so desto sicherer vor Belästigung zu sein, ja, er bot mir sogar seine Wohnung an, worauf ich jedoch nicht einging, da mein Lager nicht ohne Aufsicht bleiben konnte.

Ich veranlasste aber doch gleich am andern Morgen eine Sitzung der Midjeles und drohte, indem ich mich über das Betragen der Jugend beschwerte, mit Strafe, die sicher nicht ausbleiben würde. Alsdann liess ich vom Kaimakam meinen Firman ali verlesen. Das machte zwar grossen Eindruck auf die Leute, sodass wir von den beiden Orten Lebbeh und Areg in reichlichem Masse bewirthet wurden - eine solche officielle Bewirthung schliesst symbolisch ein Willkommen in sich -, aber eigentlich erzielten wir damit doch nichts.

Da ich hier kein Mittel unversucht lassen wollte, um nach Kufra und Uadaï zu kommen, so bezog ich regelrecht Lager, denn die eifersüchtigen und fanatischen Modjabra liessen sich auf Vermiethen eines Hauses durchaus nicht ein. Selbst der freundliche

Schich von Lebbeh, ein Sohn des Schich Yunis, der Hamilton und auch mich früher so zuvorkommend aufgenommen hatte, konnte es nicht über sich gewinnen, mir eine seiner vielen Wohnungen ausräumen zu lassen. Und weil mein Lagerplatz dicht beim Gasr den glühenden Sonnenstrahlen ausgesetzt war, beschloss ich, etwas weiter vom Orte wegzuziehen, wo ich zwischen jungen Palmenpflanzen mehr Schutz vor Wind und Stürmen finden konnte. Denn in der Sandebene wirbelten selbst die leisesten Brisen unangenehme Wolken von Sand und Staub in die Zelte.

Ich wandte mich nun mit dem Saptieb, welchen mir Hammed Efendi zur Verfügung gestellt hatte, nach dem nächsten, halbwegs zwischen Areg und Lebbeh, aber nördlich von beiden Städten gelegenen Palmenwald. Ohne Arg liess ich die Zelte aufschlagen, und sie standen auch bereits, als ein alter Greis wuthschnaubend mit den Worten auf uns losstürzte: "Das ist mein Grund und Boden, verfluchter Hund und Christensohn; ich dulde keinen Ungläubigen zwischen meinen Palmen!" Dies brüllte er so, dass jeder es hören konnte, und dabei fing er an, die Zeltpflöcke herauszureissen. Meine Diener kamen herbei und drängten ihn zurück, der Saptieh aber rief: "Das ist Mustafa Bei, der Freund des Kaimakam und der ganzen Midjeles." - "Der Kaimakam ist ein türkischer Heide", erwiderte er, "und die Midjeles hat auf meinem Grund und Boden nichts zu suchen, das verfluchte Christenschwein aber werde ich bespucken!" Näher trat er, aber die Diener hielten ihn fest, sodass er nur schimpfen konnte, allerdings in Ausdrücken, die sich hier nicht wiedergeben lassen. Nur die ge-

218

lindesten wiederholte ich, da diese Scene durch den plötzlichen Wechsel, den sie erfuhr, immer zu einer der ergötzlichsten Episoden gehörte, die ich auf dieser Reise erlebte.

"Ist der Mann wirklich Eigenthümer des Palmengartens?" fragte ich den Saptieh. - "Das ist er in der That, aber wenn du als Bei des Sultans in seinem Garten lagern willst, kann er nichts dagegen machen." - "Als Eigenthümer", erwiderte ich, "hat er allerdings das Recht, uns auszuweisen, du hättest mir das vorher sagen müssen." Ich nahm nun einen Bu Thir (österreichischen Maria-Theresienthaler), ging auf den Alten los, der wie ein wildes Thier fauchte, und sagte so sanft wie möglich: "Nimm, o Herzensfreund, diesen Thaler als Abschlagsgeld für die Miethe deines Gartens, wir Christen zahlen für alles, und ich möchte nicht umsonst hier lagern; gönne mir also den Schatten und den Schutz deiner Palmen." Der Thaler und meine kurze Anrede wirkten wie Chinin beim Fieber. "O gnädigster Herr, verzeihe meine harten und ungeziemenden Worte, sieh, ich bin dein Sklave, und alles, was ich habe, stelle ich dir zur Verfügung; möge die Zeit schnell eilen, damit die Datteln rasch reifen, sei tausendmal willkommen, und dein Verweilen auf meinem Grunde, der nun dein eigen ist, bringe mir tausendfachen Segen. Willkommen, willkommen!" Nach einer kurzen Entgegnung meinerseits fragte der Alte in kluger Vorsorge, wie viel ich ihm dann später noch geben würde, und als ich ihm noch einen Thaler beim Weggehen versprach, wurden wir von dem Augenblick an die besten Freunde. *The almighty Dollar!* dachte ich, und unwillkürlich fiel mir ein in Amerika frühcr häufig gegebenes Schau-spiel ein, das diesen Titel führt.

Während gleich nach meiner Ankunft Hammed Efendi, der Kaimakam, nach Audjila gereist war, um Steuern zu erheben - die einzige Beschäftigung, wel-cher die türkischeu Beamten mit Gewissenhaftigkeit obliegen -, begann ich sogleich Verhandlungen an-zuknüpfen, um auf irgendeine Weise von hier süd-wärts zu kommen. Aber alles vergebens; stets war ich der Betrogene.

So schrieb ich eines Tags einen Brief an eine einfluss-reiche Persönlichkeit in Schchörre, der nördlich von Djalo gelegenen Oase, welche den Suya-Arabern ge-hört. Ein mir von der Midjeles von Djalo empfohle-ner Bote trug den Brief hin. Als er zurückkam, erhielt ich im Beisein der Midjeles die Antwort, selbst für tausend Thaler würden sie mich nicht nach Kufra begleiten, falls nicht Befehl zum Mitgehen von Dja-rabub, dem obersten Sitze ihrer Geistlichkeit, von Sidi el Madhi ben Snussi käme. Aber der Bote war gar nicht in Schchörre gewesen; er hatte den Brief unterschlagen und log der Midjeles und mir ins Ge-sicht!

Als Hammed Efendi nach Beendigung seiner Steuer-eintreibung wieder in Djalo eintraf, wurden mehrere Rathsversammlungen unter seinem Vorsitze gehal-ten, aber stets ohne Erfolg; der geheim durchklin-gende Refrain war immer, ohne Befehl von Djarabub können wir nichts thun, und selbst dann hätten die Modjabra aus commercialer Eifersucht wahrschein-lich nichts gethan. Eines Tags liess mich ein alter rei-cher Kaufmann, der mindestens 80 Jahre alt war, zu sich kommen und eröffnete mir feierlichst und ge-

220

lobte dabei, einen koranischen Eid thun zu wollen, dass er mir, falls ich ihm ein Verjüngungsmittel gebe, einen seiner Sklaven schenken wolle, der mich nach Uadaï bringen würde. Das war sein voller Ernst. Aber selbst wenn ich ein mephistophelisches Mittel besessen und ihm gegeben hätte, glaube ich kaum, dass er seinem Sklaven würde gestattet haben, mich zu begleiten. Ich erwiderte deshalb, da er so nahe den von Mohammed verheissenen Freuden des Paradieses stände, sei es doch sündhaft, den Aufenthalt hier im irdischen Jammerthal verlängern zu wollen, er solle sich doch freuen auf die in Aussicht gestellten ewigen Genüsse im Jenseits. Der Alte sah mich sehr zweifelhaft an und meinte, ich wollte ihn foppen.

Dann kam ein Neger zu mir und hatte mehrere male lange und anscheinend ernsthaft gemeinte Unterredungen mit mir; er verlangte eine ziemlich hohe Summe für seine Führerschaft nach Uadaï und zugleich die Bewilligung, seine Frau und Kinder mitnehmen zu dürfen; als aber alles eine bestimmte Form annehmen sollte, weigerte er sich, unter dem Vorwande, er habe die Erlaubniss zur Reise vom Snussi nicht. Derartige Anerbietungen kamen noch mehrere, aber immer war ich der Gefoppte.

Endlich der Unterhandlungen mit den Modiabra und ihren Negern müde, erklärte ich eines Tags meinen eingeborenen Dienern, ich würde ohne Führer aufbrechen; denn alle Vorräthe hatte ich inzwischen completirt, sodass meiner Weiterreise nichts mehr fehlte als Führerschaft. Aber bis auf Ali Catroni und Omar erklären alle, ohne Führer nicht gehen zu wollen, und nichts half, weder Drohungen, noch Versprechungen. Meine Diener waren längst von den Sklaven der Modjabra und diesen selbst bearbeitet worden, ich konnte mich gar nicht mehr auf sie verlassen. Dabei sahen sie, wie schnöde man mich behandelte, wie man mich belog und betrog, und dadurch litt der Respect.

Es war vielleicht gut, dass ich den Vorsatz, nach Kufra allein aufbrechen zu wollen, nicht ausführen konnte, denn ich hätte die Oase nie erreicht. Gesetzt den Fall, wir hätten uns aufgemacht, um Kufra da zu finden, wo es nach den Angaben der besten Karten liegen sollte, also Taiserbo auf dem 27.deg. nördl. Br., und wir wären marschirt, wie man in der Wüste zu marschiren pflegt, d. h. wir hätten den 27.deg. nördl. Br. von Battifal aus in sieben Tagemärschen zu erreichen gesucht und alsdann im günstigsten Falle für 10 Tage Wasser in unsern Schläuchen mitgenommen; hätten jedoch den ersehnten Brunnen auf jener Breite nicht gefunden; wären vielleicht noch weiter marschirt; hätten vielleicht den 26., aber immer noch nicht Taiserbo oder Sirhen erreicht, welches, wie wir später constatirten, fast 11/2 Grad (Taiserbo, d. h. Drangeda-Lager 25deg.27'44" nördl Br.) südlicher gelegen ist: wir wären elend in der Wüste umgekommen, d. h. unfehlbar verschmachtet. Und dies alles wäre eingetroffen, wenn wir nicht schon früher zu Grunde gingen, falls Samumwind unsern Wasservorrath auf nichts reducirte. Als ich damals aufbrechen wollte, wusste ich noch nicht, dass man, blos mit Lederschläuchen versehen, unter allen Umständen starke Märsche machen muss, dass es stets mit Lebensgefahr verbunden ist, wenn man die grosse Sserir, welche sich zwischen Battifal und Kufra erstreckt, mit gewöhnlichen Märschen, also zu 35 bis 40 km auf den Tag, durchziehen will.

Ja, wenn wir eiserne Wasserkisten, und wären es auch nur 10 Stück gewesen, gehabt hätten! Jetzt, bei ruhiger Ueberlegung, freue ich mich, dass die eingeborenen Diener sich weigerten, südwärts mit mir zu ziehen. Damals wusste ich vor Aerger und Wuth nicht aus noch ein. Jetzt, nachdem ich Kufra gesehen, bin ich auch froh, dass sich uns 1874 bei Regenfeld solche physische Hindernisse entgegenstellten und die Expedition absolut nicht weiter vordringen konnte (die Kamele konnten bekanntlich die Dünen nicht überwaten); denn wären wir mit fünf oder sechs Mann nach Kufra gekommen, hätten uns sicher die von den Snussi aufgestachelten Suya ermordet. Auch sonst war unsere Lage in Djalo nicht beneidenswerth; abgesehen von den Sonnenstrahlen, welche direct auf unsere Zelte brannten und inwendig eine Temperatur von über 60 Grad hervorriefen, hatten wir sonst mit vielen Unannehmlichkeiten zu kämpfen. Mein kleines von Weimar mitgenommenes Hündchen, das so häufig uns und auch Fremde durch seine possirlichen Einfälle erfreute, war wahrscheinlich von fanatischen Eingeborenen vergiftet worden. Wenigstens kann ich mir die plötzliche Krankheit und den schnellen Tod unter so eigenthümlichen Symptomen nicht anders erklären. Er hatte sich namentlich den Hass der Religiösen deshalb zugezogen, weil er sich unaufgefordert auf die Hinterbeine zu setzen pflegte. Sobald er eine Gruppe von zwei oder mehrern Menschen beisammen sah, lief er hin und machte seine Männchen. Die eifrigen Mohammedaner sahen hierin eine Verhöhnung ihrer

Gebetsübungen; sie glaubten unbegreiflicherweise, man habe dem Hunde dies beigebracht, um sie durch thierische Nachäffung ihrer Gebetsgymnastik zu verhöhnen.

Die aufs Zelt brennende Sonne wurde manchmal aufs unangenehmste abgelöst durch entsetzliche Samumwinde. Einer der stärksten fand am Ostermontag am 12. April statt, kündete sich schon morgens durch die bleierne Luftfarbe an und entwickelte sich im Laufe des Tags zu einem widerstandslosen Orkan. Aus Süd und Südsüdwest blasend, fegte er mit einer unglaublichen Geschwindigkeit und rasirend über den Boden dahin, denn es ist viel schlimmer, wenn ein Orkan in geneigtem Winkel gegen die Erdoberfläche antost, als wenn er in nicht so schräger Richtung wüthet. Vorsorglich hatte ich mein Zelt niederschlagen lassen, weil es grösser als das meines Reisegefährten war und überhaupt weniger Widerstandsfähigkeit besass. Ich verkroch mich unter einem Palmenbusch und wartete der Dinge, die nun kommen sollten. Die entfesselten Windsfurien tobten immer mehr, dicke Wolken - war es Sand oder waren es Wasserdämpfe? - wirbelten mit jagdzugmässiger Geschwindigkeit über unsern Köpfen dahin, donnerähnliches Getöse erdröhnte zuweilen, und dann und wann hörte man das Krachen einer geknickten Palme. Da auf einmal ertönte ein lautes Geschrei meines Gefährten: sein ganzes Zelt mit einem Theil der darin befindlichen Gegenstände riss sich los und flog davon, und viel hätte nicht gefehlt, so wäre er selbst mit durch die Lüfte getragen worden.

Die Sache war komisch und ernsthaft zugleich: komisch der Anblick Dr. Stecker's, dem wir in diesem

Augenblick gar keine Hülfe leisten konnten; ernsthaft die Besorgniss, dass unersetzbare Gegenstände, z. B. Schriften, Instrumente u. s. w., möchten verloren gehen. Glücklicherweise fing sich das Zelt an einem Palmenbusch und übrigens ging auch nichts verloren. Um aber die Verwirrung voll zu machen, ergoss sich, als der Orkan den höchsten Punkt erreicht hatte, plötzlich ein Sturzregen über uns, der zwar nur einige Secunden anhielt, aber vollkommen hinreichte, uns bis auf die Haut nass zu machen. Es war, als ob man einen ungeheuern Eimer Wasser über uns ausgeleert hätte, oder eine Wasserwoge über uns weggerollt sei, und ich weiss jetzt noch nicht mit Bestimmtheit zu sagen, ob die Flut von oben oder von seitwärts in Gestalt einer Wolkenwasserwoge kam. Dann aber plötzlich wie durch Zaubermacht war es still, und die jetzt glänzend aus klarster und heiterster Höhe hervortretende Sonne hatte im Augenblick unsere durchnässten Kleidungsstücke und übrigen Gegenstände getrocknet. Am Abend sprachen wir über diese eigenthümliche meteorologische Erscheinung; unter den Einwohnern in Djalo aber war grosse Trauer, denn gegen 300 hochstämmige Palmenbäume hatte der Sturm geknickt. Die Modjabra, wenigstens einige, liessen Worte laut werden, es sei dies eine Strafe Gottes, weil sie einige Christen in ihrer Oase beherbergten, ich hingegen wies darauf hin, es sei eine Strafe dafür, dass sich fanatisch und feindlich Gesinnte meiner Reise widersetzt hätten. In der That waren den uns feindlich gesinnten Leuten von Areg mehr Palmen umgeweht, als denen von Lebbeh. Ich wage nicht zu entscheiden, wer recht hatte, aber der geneigte Leser

ersieht hieraus, dass auch in den entferntesten Win-
keln der Erde die Menschen sich stets die Sachen
nach ihren eigenen Anschauungen und zu ihren
Gunsten auslegen.

Obgleich die Behörde, Kaimakam sowol wie die
Midjeles, den Pöbel ermahnte, uns nicht zu belästi-
gen, wurde unsere Lage doch immer unerträglicher.
Nicht selten verhöhnten uns Banden lakbitrunkener
Gesellen, wenn sie abends nach Hause gingen. Hätte
ich nicht stets solchen Beschimpfungen gegenüber
die grösste Zurückhaltung und Lammesgeduld an
den Tag gelegt, so konnte es leicht zu blutigen Auf-
tritten zwischen uns kommen. Das musste ich aber
auf alle Fälle vermeiden. Zudem war ich beständig in
Sorge um unsere Kamele, die ich zwar unter Garantie eines Bürgers und in Begleitung eines Djalensers
mit einigen unserer Diener auf die Weide geschickt
hatte, die aber eines Tagsleicht von den Suya konnten gestohlen werden. Und wer hätte dann gezahlt?
Heute, wenn ich ruhig darüber nachdenke, kommt
es mir fast wie ein Wunder vor, dass man sie nicht
wegtrieb. Wer wollte es hindern?

Unter diesen Umständen, als ich alle Mittel, um weiter zu kommen, erschöpft sah, blieb nichts anderes
übrig, als umzukehren. Um jedoch den Modjabra
nicht den Triumph zu gönnen, wir hätten vor ihnen
das Feld geräumt, beschloss ich, selbst zu bleiben,
und bat meinen Begleiter Dr. Stecker, mit der ganzen
Karavane nach Bengasi zu ziehen, während ich ihnen ein sichtbarer Bürge bleiben wollte, dass die Reise zwar durch ihren bösen Willen einen Aufschub,
nicht aber eine Vereitelung schlechtweg erleiden
könne. Es handelte sich aber jetzt für mich um eine

etwas bessere, kühlere und mehr sichere Wohnung, weshalb ich nach Audjila zu gehen beschloss, wo das verhältnissmässig grosse Gasr, einst Regierungssitz für alle Oasen, leer und zu meiner Verfügung stand. Am Sonntag den 19. April, nach einem vierzehntägigen Aufenthalte in den Palmengärten von Djalo, verabschiedete ich mich von Kaimakam, der eigens noch die Midjeles zusammenberufen hatte. Alle versprochen mir feierlichst, mich mit der ersten Karavane nach Kufra und Uadaï befördern zu wollen. Hätte ich eine Anweisung blos hierauf gehabt, wäre sie gewiss nie honorirt worden! Natürlich that ich so, als wenn ich ihren gleisnerischen Versprechungen Glauben schenkte, wusste aber, wie wenig auf sie zu bauen sei. Und als wir dann den liebgewonnenen Palmenwald verliessen, der uns so oft Schutz gegen die sandigen Sturmwinde gewährte, kam noch der alte Eigenthümer gerannt, diesmal nicht, um uns zu fluchen, sondern mit einem selbstgeflochtenen Körbchen voll der schönsten Zwiebeln; seinen Lohn hatte er selbstverständlich vorher schon erhalten.

Mein Reisegefährte blieb in Audjila nur eine Nacht im Gasr und brach sodann mittags am 20. April nach Bengasi auf. Er hatte einen guten Führer engagirt, und in seiner Begleitung befand sich auch jene verrückte Marabuta, die ich schon vor zehn Jahren in Audjila kennen lernte, und welche jetzt noch toller als vordem mit allerlei Krimskram behangen war. Während Stecker nun mit allen Kamelen fortzog, blieb ich mit Hubmer und Omar allein im Castell zurück. Der Kaimakam hatte mir einen Saptioh bei gegeben, der die vornehmsten Schiuch des Ortes zusammenrief und ihnen auseinandersetzte, dass sie für meine Sicherheit der türkischen Regierung verantwortlich wären. Das hatte insofern wenigstens Erfolg, als ich nun mit ihnen und namentlich mit dem Schich Ibrahim el Fadhil in Berührung kam, der sich später als ein braver, wackerer Mann und Freund gegen mich bewies. Aber der Ort war doch im ganzen gegen mein Bleiben eingenommen und die Mehrzahl der Bevölkerung so fanatisch, dass eine hinter dem Gasr postirte Bande von Jungen - und aus dem Benehmen der Kleinen erkennt man am besten die Gesinnungen der Grossen - am zweiten Tage, als ich allein war, dasselbe mit faustgrossen Steinen regelrecht zu bombardiren begann, sodass einige durch die Fensteröffnungen ins Innere flogen. Die Aeltern verhinderten zwar diese Belagerung, ob aber der Fakih wirklich der hoffnungsvollen Jugend eine nähere Bekanntschaft mit dem Palmstocke verschaffte, wie man mir sagte, beweifle ich.

Höchst merkwürdig war es für mich, dass dieser Berberort - in Audjila wohnen nur Berber - durch die Bemühungen der Snussi so religiös wurde, dass man ihn kaum wieder erkannte. An Wohlstand, an Reichthum, an Intelligenz haben die Bewohner allerdings nicht zugenommen, aber dafür besitzen sie jetzt auch fast so viele Moscheen wie einzelne grosse Familien. Während früher in Audjila nur eine Hauptmoschee und vier kleine sich befanden, gibt es jetzt dort dreizehn [70], und alle haben bedeutenden Besitz an Palmen. Es gibt jetzt nur noch drei wohlhabende Leute in Audjila, alle andern sind verarmt. Die früher von mir für die ganze Oase angegebene Einwohnerzahl von 4000 Seelen beträgt heute nur noch 3000, von denen 2500 auf den Ort selbst kommen

228

mögen. Die Zahl der Palmen hat sich durch das frühere Lakbitrinken sehr vermindert, und man pflanzt junge Stämme nicht in genügender Zahl. Das Lakbitrinken hörte zwar öffentlich auf, weil Sidi Omar Bu Haua, ein Sohn Audjilas und ein Chalif der Snussi, es verbot, aber heimlich holen sich Bewohner den Palmenwein von Djalo und Schchörre und vergeuden dadurch Zeit und Geld. Kurz, Audjila macht den Eindruck der Heruntergekommenheit, aber die Einwohner sind dafür sehr religiös geworden.

Wir richteten uns so gut es ging im Castell ein, welches aus einem grossen Hof bestand, wo man zur Noth alle meine Kamele hätte unterbringen können. Umrundet war er von kleinen Zimmern, die als Gemächer - auch das officielle Gefängniss befand sich hier, das ich in einen Hühnerstall umwandelte - für Diener und Pferde dienten. Eins davon nahm Karl Hubmer, eins Omar und eins wurde Küche. Von diesem Hof kam man durch eine abschliessbare Thür in einen zweiten kleinern, auf den ein grosses Zimmer, das Midjeles- oder Rathszimmer, mündete; ein kleineres, mit verschliessbarer Thür, machte ich zu in einem Wohn-, Schlaf- und Vorrathszimmer. Das für etwaigen Gebrauch zurückbehaltene Kamel wurde durch einen kleinen Knaben tags auf die Belbelweide geführt, kam aber regelmässig abends zurück und bekam dann Datteln und Stroh.

Der Schich Fadhil war der erste, der mich bat, ihn zu besuchen; er lag schwer krank an einer Schusswunde darnieder, die er vor einigen Wochen von den Morharba auf dem Wege nach Bengasi bei einem Zusammentreffen erhalten hatte. Als ich ihn, einen Neffen des einflussreichen Omar Bu Haua besuchte, wurden die Schiuch der andern Stämme eifersüchtig und baten um dieselbe Ehre. Obwol gegen allen Brauch, besuchte ich doch den alten Burko, Schich der Ait Burho, der mich vor zehn Jahren so freundlich aufnahm und sich auch noch ganz gut meiner erinnerte; dann den Shich Mohammed, den Ait Ben Chaschen und den Schich der Segagena.

Somit stellte sich nach und nach ein erträgliches Einvernehmen zwischen uns her, und namentlich meine Beziehungen zum Schich Ibrahim el Fadhil wurden immer fester und intimer.

Es gelang mir auch, Unterricht in der Audjila-Sprache [71] bei zwei Schriftgelehrten zu bekommen, wodurch ich die Ueberzeugung gewann, dass dies Berberische zu einem der interessantesten Idiome der grossen Masigh-Sprache gehört. Wir können mit Bestimmtheit annehmen, dass die Audjilenser schon zu Herodot's Zeiten Libyer, d. h. Berber, waren, die sich wahrscheinlich damals derselben Sprache bedienten wie heute. Interessant sind namentlich innerhalb ihres Dialektes die vielen Anklänge an griechische und römische Namen, vornehmlich in ganz Nordafrika unter der arabischen Bevölkerung mit wenigen Ausnahmen die der Ortsnamen, denn offenbar ist Dernab von Darnis, Krennah von Kyrene, Tolmita von Ptolemais abgeleitet. So kann es uns denn auch kaum wundern, dass die Audjilenser für Bengasi den alten, jetzt allerdings von den eigenen Bewohnern der Stadt vergessenen Namen noch beibehielten: Bernik, eine Abkürzung von Berenike, wie man die Stadt unter der Herrschaft der Ptolemäer in der That auch nannte. Leider ist es mir nicht möglich, durch Beispiele zu erläutern [72], dass viele

Hausgeräthe, mit welchen die Vorfahren der heutigen Oasenbewohner durch Griechen, und Römer bekannt wurden, in ihrer Benennung ebenfalls auf die alten Sprachen hinweisen. Keineswegs aber folgt hieraus eine ursprüngliche Verwandtschaft zwischen Berber- und lateinisch-griechischer Sprache.

Wochenlang hatte ich nun wie ein Verbannter an diesem entsetzlichen Orte zugebracht. Ausser sprachlichen Uebungen, die freilich zugleich interessante Aufschlüsse über ethnographische Verhältnisse [73] gaben, hatte ich wenig geistige Anregung. Die Oase selbst bot gar nichts, was zu dem von Pacho, Hamilton, Beurmann u. s. w. über sie Gesagten als Neues hätte hinzugefügt werden können. Bald aber wurde das anders. Am 24. April nämlich trat Schich Mohammed Tarrhoni, unser Sellenser Führer, der uns nach Djalo begleitete und von dort schon wieder nach Sella zurückgekehrt war, mit einem grossen Packet von Briefen und Zeitungen bei mir ein. Aus erstern ersah ich, dass die kaiserlichen Geschenke endlich in Sokna angekommen seien. Aber warum hatte der Naimakam von Sokna sie nun nicht gleich weiter expedirt? Das war abermals ein Verzug, jedoch insofern nicht von Belang, als Dr. Stecker in Bengasi bei der türkischen Regierung bisjetzt nichts ausgerichtet hatte. Nur eine Nacht blieb Tarrhoni, dann kehrte er reich beschenkt zurück, und zwar direkt über Sella nach Sokna, um die Geschenke zu holen. Ich gab ihm zu dem Behufe das mir verbliebene Kamel und bat ihn, seine Reise so viel wie möglich zu beschleunigen.

Auch die Ankunft einer grossen Sklavenkaravane, die von Uadaï kam - eine solche traf auch ein wäh-

rend unsers Aufenthalts in Djalo, und ihr Haupt-
kaufmann war einer der vornehmsten Bürger von
Tripolis, der Bruder von Hadj Ali Gordji -, brachte
Abwechselung. Ich habe schon hervorgehoben, dass
der Sklavenhandel immer lustig weiter geht, und
dass nur die strengsten Massnahmen aller Regierungen und ein vollkommenes Uebereinstimmen bezüglich der zu ergreifenden Handlungen seitens der europäischen Consuln ein allmähliches Aufhören desselben herbeiführen kann. Nichtbezahlte kaufmännische Consuln sind aber ihrer commercialen Beziehungen wegen zu einer solchen Amtirung vollkommen untauglich. Auch die zeitweise von der britischen Regierung in Anwendung gebrachten Massregeln, nämlich die Absendung eines Consuls ins Innere, um sich über den Sklavenhandel Bericht erstatten
zu lassen, sind vollkommen unnütz. Welchen Bericht
wird der früher in Bengasi residirende Consul Hen-
derson, als er 1877 nach Audjila eine Reise machte,
der britischen Regierung eingeschickt haben? Was
konnte er dort während seines Aufenthalts, der nur
einige Tage währte, erfahren? Glaubt man, dass die
Audjilenser ihm, dem Consul, sagten: Ja, wir kaufen
und verkaufen Sklaven? Oder glaubt man, dass seine
Cavassen die Wahrheit erfuhren? Oder wenn das,
glaubt man, dass die Mohammedanischen Cavassen,
die selbst Sklaven besitzen, ihren Herrn und Consul
mit Wahrheit bedienten? Ich halte es für überflüssig,
darauf zu antworten. Jedenfalls ist es ebenso naiv, als
wenn man an ein Zugeständniss Marokkos bezüglich
der Gleichberechtigung der Culte glaubte, welche
Naivetät nur noch von der einer christlichen Macht
übertroffen würde, die von einer desfallsigen Forde-

rung an Marokko einen Erfolg erwartet. Am 1. Mai hatten wir in Audjila am Morgen etwas und mittags von 12 bis 3 Uhr sogar anhaltend Regen, sodass er 4 cm in den Sand eindrang. Samumwinde belästigten uns öfter. Am schlimmsten aber war die wachsende Aussichtslosigkeit unsers Weiterkommens, wenn auch Stecker's Briefe aus Bengasi alle Hoffnung versprachen. Die Suya, die allmählich in Audjila eintrafen und von denen mich auch einige besuchten, erwiesen sich als absolut unumgänglich, und schliesslich stellte es sich heraus, dass sich unter ihnen eine Bande Wegelagerer befand, welche eigens nach Audjila kamen, um die erwarteten Geschenke abzufangen. Diese Kerle machten die Oase so unsicher, dass man in nächster Nähe des Gasr, innerhalb des Ortes nur noch bewaffnet ausgehen konnte und Spaziergänge durch die Palmengärten zu den Unmöglichkeiten gehörten. Abends musste das grosse Thor verrammelt werden, und die Bewohner der Oase, welche sich für meine Sicherheit und mein Leben verantwortlich fühlten, fingen an, nachts das Gasr mit Wachen zu umstellen. Alles dies machte mich ganz melancholisch, denn nun war ich nur auf meine Sprachstudien angewiesen, übrigens aber Gefangener. In Djalo und bei unserer ersten Durchkunft durch Audjila bestimmten wir nach den zu Anfang April 1879 vermittelst unserer Aneroide und eines Hypsometers erhaltenen Resultaten die Lage dieser Oasen höher, dagegen im Jahre 1869 niedriger als das Meer. In meinem an den Vorstand der Afrikanischen Gesellschaft gerichteten Berichte vom 6. April 1879 [74] hatte ich dies mit folgenden Worten gemeldet:

"Wenn ich bei meinem ersten Besuche dieser Oasen, fussend auf Aneroidbeobachtungen, mich veranlasst sah, hier eine absolute Depression anzugeben, so muss ich jetzt bekennen, dass ich mich geirrt habe, dass aber der Irrthum durch einen constanten hohen Stand meiner Aneroide verursacht wurde u. s. w."
Diese Angabe muss ich nun insofern abermals rectificiren, als ich nach der Abreise Dr. Stecker's neue Beobachtungen mit meinem Aneroiden sowol, als auch mit dem Kochthermometer anstellte und nun wieder zu den Resultaten von 1869 kam. Mit Sicherheit lässt sich also nach dem Aneroid, dem Kochthermometer und auch nach dem Quecksilberbarometer nur dann ein annähernd richtiges Resultat erzielen, wenn man das Jahresmittel der Mittheilungen der Aneroid- und Barometerbeobachtung kennt, um hiernach seine Berechnungen anstellen zu können. Was die Höhe von Audjila und Djalo über oder unter dem Niveau des Meeres anbetrifft, so wird man der Wahrheit wol am nächsten kommen, wenn man sagt, die Oasen liegen ungefähr auf gleicher Höhe mit dem Meere. [75]
Mein Begleiter, Dr. Stecker, war am 27. April wohlbehalten mit der ganzen Karavane in Bengasi eingetroffen. Seinem unter dem 15. Mai, 1879 an den Vorstand der Afrikanischen Gesellschaft gerichteten Berichte entnehme ich zum allgemeinen Verständniss der Sachlage Folgendes:
"In Bengasi eingetroffen, fand ich die ganze Gegend in einer revolutionären Stimmung. Die in der Umgegend von Bengasi ansässigen Araberstämme der Suya und Morharba haben nämlich die Gerstenfelder der Bewohner von Bengesi geplündert und alles,

worauf sie kamen, total vernichtet. Die letztern haben daraus Anlass zu einem Streite genommen, und so kommt es fast täglich beiderseits zu Gewaltthaten, gegen welche seitens des hiesigen Gouverneurs, Mohammed Raif Bei, gar nichts vorgenommen werden kann, da die Besatzung von Bengasi äusserst mangelhaft ist. Ein Land wie Barka soll von 80 Soldaten und 30 Reitern in Ruhe gehalten werden!

Ich habe dem Gouverneur, gleich nach meiner Ankunft hier, in Begleitung des hiesigen italienischen Consuls, Herrn F. E. Rossoni, in dessen Hause ich aufs freundlichste empfangen wurde, einen Besuch abgestattet und ihm den Grund meiner Ankunft hier mitgetheilt, ihn nämlich um einige Empfehlungsbriefe an die Schinch der Suya, eines unabhängigen [76] Araberstammes, dem die Datteln in Kufra gehören, und um einen andern, an den Schich der Sauya Snussi, Hadj Omar Bu Haua el Fadhil, aus Kufra und zur Zeit in Bengasi, gebeten. Nach langem Warten ist mir von dem Bei ein Brief für Herrn Gerhard Rohlfs eingehändigt worden, in dem er erklärt, dass der ihm unterstellte District von Bengasi gegen Süden nicht über die Oasengruppe Djalo-Audjila hinausreicht, er daher keinerlei Einfluss weder auf die Suya, noch auf die Bewohner von Kufra besitze.

Unterdessen nahmen die Dreistigkeiten der Araber immer mehr zu. Auch mich haben sie in eine sehr peinliche Situation gebracht. Am 4. Mai nachmittags ist es nämlich vor der Stadt zwischen den streitenden Arabern zu einer Schlacht gekommen, in welcher drei Individuen getödtet und einige verwundet wurden. Abends haben die von dem Schlachtfelde zurückkehrenden Sieger unsere in der Nähe von

Bengasi weidenden Kamele überfallen, sechs Kamele gestohlen und einen Diener nicht unbedeutend verwundet. Ich begab mich noch am selben Abend, sowie ich die Nachricht bekommen hatte, zum Gouverneur. Derselbe hat mich freundlich empfangen, alles Mögliche versprochen, in der That aber gar nichts gethan, und wären nicht seitans des Herrn Consul Rossoni und eines der angesehensten Bürger hier, Hadj Mohammed ben Schaban el Medhuï, Vorkehrungen behufs Eruirung der Diebe getroffen, so wären wir bis heute ohne jede Nachricht von den Kamelen. So ist es aber schon gelungen, einen Dieb zu fangen und ins Gefängniss zu setzen. Herr Consul Rossoni hat ausserdem am 5. Mai einen sehr energischen Brief in dieser Angelegenheit an den Gouverneur geschickt. Da uns aber nach einer Woche noch keine Antwort vom Gouverneur zugekommen ist, so sah ich mich genöthigt, an denselben im Namen des Herrn Rohlfs einen Mahnbrief zu richten, dessen sehr starker Inhalt den Gouverneur endlich zu einer Antwort bewogen hat. Noch am selben Tage, an welchem ich ihm den Brief übermittelt habe, kam sein Dragoman mit dem Versprechen, der Gouverneur werde uns einen Schadenersatz leisten u.. s. w. Da mir aber der Belang solcher Versprechungen zu gut bekannt ist, so habe ich doch in dieser Angelegenheit an die deutsche Gesandtschaft in Konstantinopel telegraphirt und im Namen von Herrn Rohlfs um eine vollkommene Satisfaction seitens der Regierung gebeten.

Der Gouverneur scheint mir aber doch sein Versprechen ernst gemeint zu haben, denn sowie er erfahren hat, dass sich Herr Rohlfs von Audjila hierher begeben will, hat er ihm den Schich el Bled von Bengasi, zehn Schiuch der Morharba und seinen geheimen Polizeivorsteher mit acht Saptiehs entgegengeschickt. Es ist in der That bei den hier obwaltenden Verhältnissen und besonders für einen Christen mit sehr grossen Gefahren verbunden, selbst die Reise von Audjila nach Bengasi allein zu machen. Auch hat der Gouverneur gestern einen langen Brief an Herrn Consul Rossoni geschickt, in welchem er uns versichert, er sei bereit, die Kamele, falls sie nicht gefunden würden, zu bezahlen, uns eine exemplarische Satisfaction zu verschaffen und die gewünschten Briefe, sowie ein militärisches Geleite bis nach Kufra zu geben. Es ist also zu hoffen, dass wir bei diesen Verhältnissen unsere Reise viel eher, als mit der grossen Modjabra-KaravaneAnfang September antreten und so alsbald Kufra erreichen werden."

Endlich trafen nach einer äusserst schnellen Reise Mohammed Tarrhoni, sein Bruder, sein Sohn, der Sohn des Schich Ibrahim aus Sella und noch zwei Sellenser mit den kaiserlichen Geschenken in Audjila ein. Sie hatten den gefahrvollen Weg glücklich zurückgelegt und, selbst brave, tüchtige Männer, brauchten sie ja einen Ueberfall von einer gleich starken oder auch noch stärkern Bande nicht zu fürchten. Auch die auflauernden Suya, zehn Mann hoch, welche für ihre Rechnung die kaiserlichen Geschenke am Rande der Oase in Empfang nehmen wollten, wagten nicht, die Uled Chris anzugreifen, sondern liessen sie ruhig einziehen. Sie hatten gleich darauf die Frechheit, mich zu besuchen, um Abschied zu nehmen, und gingen so weit, zu sagen: "Wir haben gehört, dass man dir weismachte, wir seien gekommen, deinen Waaren aufzulauern; wenn wir gewollt, hätten wir sie ja nehmen können, aber du zweifelst sicher nicht an unserer Rechtschaffenheit." - *Qui s'excuse, s'accuse,* dachte ich; aber Mohammed Tarrhoni, mein braver Führer, sagte den Suya: "Die Flinten der Uled Chris sind nicht blind geladen, das wisst ihr von alters her, und wir sind freie Araber." Ich verstand den Sinn des Wortes "frei" nicht gleich, worauf Tarrhoni, nachdem uns die Suya verlassen, erläuternd hinzufügte, dass sich die Suya mehreremal in Abhängigkeit von andern Araberstämmen, namentlich von den Morbarba, befunden hätten, dass aber nur diejenigen wirklich "hor", d. h. frei, vornehm und edel seien, welche wol besiegt, aber nie abhängig gewesen wären.

So schlich denn die Zeit langsam hin, und längst waren die Zugvögel nach dem Norden gezogen. Ein Storch und eine Schwalbe fielen eines Tags vor Erschöpfung in unser Heim, alle Bemühungen, das Leben der lieben heimatlichen Thiere zu erhalten, blieben vergeblich. Die letzten Schwalben, nachdem sie wochenlang in Audjila geruht und eine grosse Niederlage unter den Fliegen und Mücken angerichtet hatten, mussten schon in Europa sein, nur für uns war kein Fortkommen. Interessante Beobachtungen, namentlich an Spinnen [77] und Wespen, und auch Sammlungen davon konnten wir zwar machen, aber auch dies war meist vergebliche Mühe gewesen: sie gingen verloren. Die sandwespenartige Papierwespe (vgl. Brehm's Abbildung IX, 252), denn so muss ich sie wol nennen, von den Arabern Abu Daude (Wurmvater), von den Audjilensern mit eigenem Namen genannt, entspricht ganz der Beschreibung des Belonogaster, welche unser berühmter Zoolog Brehm von der Port-Natalwespe macht, nur dass die Flügeladern sowie der Hinterleib nicht roth, sondern dunkelstahlblau gefärbt waren. Diese Wespen siedelten sich stets im Midjeles-Saal an und bauten ihre klumpenartig zusammensitzenden Zellen an Wände und Balken. In die aus nassem Thon fertig gewordene Zelle legten sie ein El, holten alsdann von den Ethelbäumen 5-6 kleine Raupen, die sie als zukünftiges Futter dem El beifügten, und verklebten schliesslich die Zelle. Es gelang uns, nicht nur Wespen, sondern auch mit lebenden Raupen und einer Larve gefüllte Zellen zu bekommen und nach Berlin zu senden. Gegen Ende Mai musste ich mich dann entschliessen, selbst nach Bengasi zu reisen: Herr Stekker schrieb mir nämlich, dass meine Anwesenheit absolut nothwendig sei, da er von der Regierung nicht die erhoffte Unterstützung erhalten könne. Wie aus dem oben erwähnten Berichte hervorgeht, hatte mein Begleiter mir auch die Absendung einer Escorte angekündigt, und ich wartete nun auf das Eintreffen derselben. Mittlerweile aber brachte ich die kaiserlichen Geschenke, sowie alle unsere Vorräthe und Waaren, Waffen und Instrumente, soweit wir solche nicht für unsere Person brauchten, im Hause des Schich Ibrahim el Fadhil unter, bei dem sie, wie ich wusste, gut würden aufgehoben sein. Und wie sorgte der brave Mann, der an seiner Schusswunde darniederlag! Er liess sich herbeitragen, und in seiner und meiner Gegenwart wurden alle Gegenstände, welche sich in einem fensterlosen Gemache mitten in seiner Wohnung befanden, zugemauert, sodass in der That von einem Eindringen nicht mehr die Rede sein konnte.

Der Tag kam endlich. Und wie staunten die Audjilenser, als sie in Erfahrung brachten, welche Ehre dem Christenhund (so nannten sie mich unter sich noch immer) zutheil werden solle!

Am Morgen des 25. Mai nämlich stürzte ein Audjilenser ins Castell mit den Worten: "Komm schnell, deine Karavane kommt!" Begreifen konnte er nicht, dass ich mich nicht von der Stelle rührte. Ich wusste aber bereits infolge brieflicher Mittheilung, dass nicht meine Karavane, sondern eine mich abzuholende Escorte kommen würde. Bald darauf hörte man denn auch das Geknatter der Flinten, das Getrappel der Pferde - das Thor öffnete sich, und herein traten der Bürgermeister (Schich el Bled) von Bengasi, Schich Sarok genannt; der Polizeidirector; ein Lieutenant; alle drei in glänzender Uniform, die sie schon morgens angelegt; dann zehn Schiuch der Morharba, jenes mächtigen Stammes, welcher mit Stolz sagt, die Suya sind unsere Sklaven. Alle waren beritten, und vor der Stadt hielten noch zwanzig Reiter und Diener und die nöthigen Kamele. Als aber die Audjilenser, die sich mit ins Castell gedrängt hatten, sahen, mit welcher Demuth die Obrigkeit der Stadt Bengasi, die doch für diese Wüstenbewohner das war, was Paris für die Franzosen ist, sich gegen mich benahmen, fühlten sie sich vollends ganz betäubt und wussten nicht mehr, was sie von mir halten sollten.

Nach gemeinsamer Berathung beschloss man, dass die Bedeckung nur einen Tag rasten sollte, und damit Audjila nicht allzu viel Last von der Einquartierung habe, war am Abend die ganze Gesellschaft sammt Pferden und Kamelen bei mir zu Gast, d. h. ich kaufte drei Ziegen, schickte Hunderte von Broten, welche der Schich el Fadhil für mich backen liess, und kaufte Gerste und Stroh für die Thiere.

Aber wie das immer bei den Arabern zu gehen pflegt: wenn sie auch noch so bestimmt sagen, "morgen gehen wir", wobei sie allerdings nie vergessen, ein "scha Allah", d. h. so es Gott will, hinzuzufügen, so kann man fast stets darauf rechnen, dass irgendetwas dazwischenkommt. So auch hier. Sich einige Tage umsonst füttern zu lassen, war doch zu verlokkend. So zogen wir denn nach der Soani Schoasna, und die Landbevölkerung hatte das Vergnügen, die grosse Karavane beköstigen zu müssen. Der Kaimakam Hammed Efendi, der inzwischen von Djalo herübergekommen war, erhielt allerdings Befehl, alles von den zu erhebenden Steuern abzuziehen, aber man weiss, wie derartige türkische Vertröstungen gehalten werden.

Am 29. Mai 4 Uhr nachmittags erst traten wir wirklich die Reise an, nun aber in Eilmärschen. Und das war auch ganz natürlich, denn unterwegs gab es nichts zu beissen. Obwol der Bürgermeister, und Polizeidirector auf Befehl des Gouverneurs die ganze Karavane, d. h. alle Morharba, die Baschi Bosuks u. s. w., nebst den Pferden beköstigen mussten, versuchten doch die Morharba und mehrere Baschi Bosuks, in einigen Duar der Suya eine Extramahlzeit zu erlangen, aber ich glaube, dass sie dabei meistens leer ausgingen.

Wir bemerkten auf dem Wege nichts Neues und, Tag und Nacht marschirend, waren wir am 31. Mai um 8

Uhr morgens schon bei Bir Rissam, wo uns die grosse Menge versteinerten Holzes, die vielen unversteinerten Cardiummuscheln in Erstaunen setzten. Das südlichste Auftreten der grossen Schnecken (in Audjila, Djalo und Kufra gibt es gar keine Schnekken), *Helix desertorum,* zeigt uns, dass wir etwas südlich von Fareg in die Region der regelmässigen Mittelmeerregen traten. Hier erscheint auch der Floh. Auf dieser südlichen Zone, wo die Trockenheit so gross ist und oft jahrelang der Regen fehlt, schätzen sich übrigens die *Helices desertorum* gegen die grosse Dürre der Luft - wie Dr. Stecker meint, während der Begattungszeit - durch eine oft 1 Centinieter breite Vorkammer, welche gewissermassen eine Verlängerung des ganzen Gehäuses zur Folge hat. Die während der trockensten Jahreszeit durch eine harte Schicht dicht geschlossene Mündung klebt hermetisch auf den Steinen oder Büschen fest.

Am 2. Juni waren wir schon in sehr krautreicher Gegend und zwischen zahlreichen Zeichen vormaliger Civilisation. Am 4. Juni lagerten wir ein paar Stunden bei der Snussi-Sauya Tilimun, welche sich in einem alten römischen Castell befindet. Früh am 5. Juni sprengten einige Baschi Bosuks voraus, um unsere Ankunft zu verkünden, und nachmittags um 3 Uhr erreichten wir das alte Berenike.

10. Bengasi

Keine Stadt hat auf mich einen feenhaftern Eindruck gemacht als Bengasi, wenn man von Süden kommt. Die blendende Weisse der Häuser, das hohe Castell, die Minarets, die hohe Kuppel der römischen Kirche erscheinen deshalb so zauberhaft, weil man schon auf eine Entfernung von 40 km die durch Luftspiegelung hervorgehobene und bedeutend nach oben verlängerte Stadt sieht. Und es scheint, als ob dies immer so wäre, denn als wir von Kufra zurückkamen, hatten wir ganz denselben Eindruck. Dazu der dunkle Palmenwald, die glitzernde Silberfläche der Salz-Sebucha, das blaue Meer und im Hintergrunde das Gebirge von Cyrene tragen nicht wenig dazu bei, das Ganze zu beleben.

Wir hatten also die Reise schnell gemacht, denn wenn in gerader Luftlinie die Entfernung von Audjila nach Bengasi 370 km beträgt, so muss man die Weglinie mindestens zu 400 km rechnen. Wir waren 6 volle Tage und Nächte und 23 Stunden unterwegs gewesen, hatten also im ganzen 167 Stunden gebraucht und in 24 Stunden stets 55 km zurückgelegt. Da wir aber den ersten Tag um 4 Uhr nachmittags aufbrachen und am letzten Tag bereits um 3 Uhr nachmittags in Bengasi eintrafen, so machten wir factisch täglich 60 km, also immerhin mindestens doppelte Militärmärsche.

Bei der Chuebia kamen uns schon Dr. Stecker, Consul Rossoni, der französische Consul Ricard, Herr Andonian, der Dolmetscher der türkischen Regierung, entgegen. Ich setzte mich von meinem Kamel auf ihren Wagen, und in schneller Fahrt ging es zur

Stadt hinein, wo Herr Rossoni und Stecker bereits eine Wohnung gemiethet hatten, von welcher ich, jetzt mit meiner ganzen Karavane wieder vereint, Besitz nahm.

Wie es die türkische Sitte will, wurde beim ersten Besuch mit keiner Silbe des Zweckes meines Kommens erwähnt, nur theilte mir Raif Bei mit, was ich übrigens schon wusste, dass am Tage meiner Ankunft die geraubten Kamele zürückgebracht seien. Zugleich kam aber auch die Nachricht, dass man stündlich der Ankunft eines neuen Gouverneurs entgegensehe, und dass bei dessen Erscheinen die Erhebung Barkas zum Vilayat in Aussicht stände.

Trotz der Irade und Firmane, und trotz eines unter Cheir ed Din's Grossveziriat erst vor wenigen Monaten bekannt gemachten Erlasses, dass die Generalgouverneure mindestens zwei Jahre auf ihren Posten verbleiben und die Kaimakamlik nur von Eingeborenen besetzt werden sollten, wechselte man immer lustig darauf los, weil eben der Wechsel der Stellen eine Haupteinnahmequelle der türkischeu Minister ist. Die Erhebung Cyrenaïkas zu einer von Tripolis unabhängigen Provinz konnte man indess nur mit Freuden begrüssen, weil der Verband durch nichts motivirt ist und bei wichtigen Entscheidungen nur eine Verschleppung und Verlangsamung der Verhandlungen zur Folge hat.

Wenn man so der Erhebung der Provinz zu einem selbständigen Vilayat mit Genugthuung entgegensah, so wurden doch, je näher man dem Augenblicke kam, die Gemüther um so aufgeregter, weil die Person, um die es sich als Gouverneur handelte, bei allen Europäern und Eingeborenen im schlechtesten

Andenken stand. Ali Kemali, so hiess der erwartete Pascha, war in der That schon einmal Gouverneur von Barka gewesen, musste jedoch wegen Misregierung das Land verlassen. Daraus zog aber das türkische Ministerium den Schluss, er müsse ein äusserst brauchbarer Mann sein, und beförderte ihn zum Generalgouverneur von Tripolitanien. Hier konnte er sich indess nur zwei Monate lang halten. Aber nicht etwa auf Veranlassung der europäischen Consuln verliess er Tripolis, sondern die eingeborene Bevölkerung drohte mit Empörung. Es kam auch thatsächlich zu Excessen, sodass Ali Kemali Pascha nach Konstantinopel zurückkehren musste. Man kann sich denken, dass man der Ankunft eines solchen Mannes mit Bangen entgegensah; jeder sagte sich, dass keiner besser als er und sein Schwager das Erpressen verstände.

Mein Begleiter, Dr. Stecker, war inzwischen nicht unthätig gewesen, er hatte namentlich eine Zusammenkunft mit Omar Bu Haua, dem Schich der Sauya in Kufra, zu veranstalten gewusst,da dessen Einffuss und eine Empfehlung von ihm für uns von grösstem Nutzen sein konnten. Leider gab dieser ärgste Christenhasser den Empfehlungsbrief nicht, obwol er mit Herrn Stecker zusammenkam. Aber was half ein Austausch leerer Höflichkeiten? Und merkwürdig! am selben Tage, als ich in Bengasi einzog, verliess Omar Bu Haua die Stadt, in der offen zu Tage liegenden Absicht, einem Besuche meinerseits auszuweichen. Bu Haua wusste, dass ich ihn nicht loslassen würde, ohne einen Brief von ihm zu besitzen, und wie viel Unglück hätte ein solcher verhindern können! Mit einem Empfehlungsschreiben Bu Haua's oder Sidi el Madhi's wäre der Ueberfall in Kufra unmöglich gewesen, moralisch müssen also die Snussi, welche als die eigentlichen Herren von Kufra zu betrachten sind, für den Angriff und die Ausplünderung verantwortlich gemacht werden.

Der Besuch bei Si Abd er Rahim, dem Schich der Snussi-Saûỹa in Bengasi, auf welchen Herr Rossoni so viel Gewicht legte, war von vornherein unnütz, und wenn ich dennoch zu ihm ging, so geschah es, um nichts unversucht zu lassen, zumal die Araber, also auch die Suya, während ihres Aufenthaltes in Bengasi seine Sauya zu frequentiren pflegten. Nach aussen hin aber hatte Si Abd er Rahim durchaus keinen Einfluss, und namentlich stand ihm ein solcher auf Kufra nicht zu.

Unbegreiflich blieb mir immer die Unkenntniss der Europäer mit den Verhältnissen des Landes, in welchem sie geboren oder doch seit Jahren ansässig sind. Obwol sie alle fertig arabisch sprachen, besassen sie über die Sitten und Gebräuche der Araber die unklarsten Vorstellungen. Von Kufra hatten sie erst gehört, seitdem unsere Expedition dorthin wollte. Und das erstemal, als Dr. Stecker ihnen mittheilte, wir müssten nach Kufra, wurde ihm von allen Seiten gesagt: *"Questo è assolutamente impossibile!"* Uadaï kannten alle in Bengasi nur insoweit, als sie mit diesem Worte die Begriffe "Sklaven", "Federn" und "Elfenbein" verbanden. Und selbst die nächste Umgebung der alten berühmten Stadt Euhesperidae oder Berenike erweckte so wenig das Interesse der europäischen Bewohner, dass die wenigsten von ihnen den Lethefluss besucht hatten, dass niemand wusste, wo die Hesperidengärten, der Tritonsee u. s. w. zu

246

finden wären. Niemand aber hatte je daran gedacht, einen Ausflug ins Innere der alten Cyrenaïka zu unternehmen. Was kommt dabei heraus? fragten sich die meisten, und als sie sich keine genügende Antwort geben konnten, blieben sie lieber daheim.

Nach meiner ersten Unterredung mit Raif Bei, dem Gouverneur, einem apathischen, aber rechtlich denkenden Manne, der vorurtheilsfrei und ohne Fanatismus war, und seine Stelle nur verlor, weil er nicht genug erpresste, also auch nicht genug nach Konstantinopel abführte, gewann ich zwar die Ueberzeugung, dass ich nach Kufra und Uadaï würde kommen können, dass aber an einen Aufbruch vor Herbst nicht zu denken sein würde. Dies reifte bei mir den Entschluss, den Vorstand der Afrikanischen Gesellschaft zu ersuchen, mich von dem Posten eines Führers der Expedition zu entheben. Ein ganzes Jahr war verloren gegangen, und somit die Dauer der Expedition, sollte sie, wie geplant, durchgeführt werden, auf mindestens drei Jahre ausgedehnt. Ein solches Opfer zu bringen war mir unmöglich.

Das sah ich indess gleich, dass man unter den obwaltenden Verhältnissen einen entscheidenden Entschluss nicht fassen konnte, alles Mögliche wurde daher versucht, und ein Regierungscourier sollte gerade nach Djarabub, dem religiösen Centrum der Snussi, geschickt werden, mit der Bitte, mir einen Empfehlungsbrief für die Chuan [78] in Kufra zu geben, als die Kunde die Stadt durcheilte, der neue Pascha sei angekommen, und in der That, nach einigen Stunden warf ein türkischer Regierungsdampfer Anker auf der Rhede von Bengasi.

Mit der Ankunft Ali Kemali's hatte denn die Regierungszeit Raif Bei's ihr Ende erreicht. Der Empfang des erstern war grossartig. Militär, einige hundert Mann, brachte er selbst mit, und die in Bengasi befindliche Garnison stand am Strande, um ihm militärische Ehren zu erzeigen. Ausser den europäischen Consuln in Uniform waren alle Beamte der Regierung, die Honoratioren der Stadt in grösster Gala erschienen, um ihren neuen Herrn und Gebieter zu begrüssen. Welche Hoffnungen knüpften sich aber auch daran und wie Vieler Existenz hing davon ab! Diese Hoffnungen und Aussichten schwanden jedoch bei den meisten, als sie sahen, mit welch grossem Gefolge von Clienten Ali Kemali ans Land stieg und das Gasr betrat. Nun wurde mir auch klar, warum der Oberbürgermeister, der Polizeidirector und verschiedene Unterbeamten den weiten Weg von Bengasi nach Audjila nicht gescheut hatten: es geschah einzig in der Absicht, durch meine Fürsprache sich ohne zu grosse Bakschische auf ihrem Posten erhalten zu können. In ihrer Herzensangst kamen sie jetzt zu mir gerannt und baten flehentlich, für sie bei Ali Kemali ein Wort zu ihren Gunsten einzulegen, was ich auch versprach. Für den Polizeidirector gelang es mir auch, er wurde sogar, da er gut mit Geldmitteln versehen war [79], im Range befördert, aber der arme Oberbürgermeister, ein rechtlicher Mann, soweit ein arabischer Beamter rechtlich sein kann, blieb nur während meines Aufenthalts zu Bengasi im Amt. Noch vor meiner Ankunft in Audjila entsetzte ihn Ali Kemali Pascha seines Postens, den er einem reichen Kaufmann verlieh, welcher dem Gouverneur bereits nach Konstantinopel hin ein

Angeld von 200 türkischen Lire (circa 4000 M.) entgegengeschickt hatte. Ich führe diese Thatsachen
nicht etwa um des Skandals willen an, sondern um
damit zu illustriren, dass alle Reformen in der Türkei
nur auf dem Papiere stehen, denn sozusagen gestern
passirte das. Ali Kemali brachte in der That ausser
seiner grossen Verwandtschaft, welche versorgt sein
wollte, ein ganzes Heer hungriger Türken mit, denen
er im voraus schon die versprochenen Stellen verkauft hatte. Es fand ein allgemeiner Stellenwechsel
statt. Das musste auch so sein, denn womit hätte er
sonst seine Stelle bezahlen sollen? Glücklicherweise
waren einige Stellen seinem Einfluss entzogen. Die
Beamten der Douane, der Hafenkapitän, die Offiziere der regelmässigen Armee und noch einige andere
Beamte hängen direct vom Ministerium ab.
Inzwischen war der von Dr. Stecker in seinem Bericht erwähnte Hadj Medhuï, ein Geschäftsfreund
des Consuls Rossoni, nicht unthätig geblieben, wie
denn beide die Expedition ungemein zu fördern
suchten. Wenn man mitunter falsche Mittel und Wege anwandte, welche der Expedition zum Schaden
gereichten, so geschah das gewiss nicht aus Mangel
an Energie oder gar aus bösem Willen, sondern viel
eher aus zu grossem Eifer und dem nicht vollständigen Erfassen der Gesammtaufgabe der Expedition.
Der Hadj Medhuï, aus Mahadia in Tunesien gebür-
tig, war schon seit Jahren in Bengasi ansässig. Den
Choms [80] angehörend, hat er trotzdem und sogar
unter den eingeborenen Kaufleuten bis vor kurzem
in Bengasi eine Stelle bekleidet, die unserer Präci
dentschaft einer Handelskammer entsprechen würde, wenn es erlaubt ist, Kleines mit Grossem zu ver-

gleichen. Als aber der Aufschwung des Handels mit Uadaï eine so grossartige Entwickelung annahm, warf er sich ganz auf die Vermittelung dieses Handelszweigs und entfaltete namentlich eine grosse Thätigkeit als Mittler zwischen den Suya-Arabern und den Kaufleuten, welche von Tripolis und Tunesien kamen und nach Uadaï wollten. Er war es, der die Kamele von den Suya miethete und die Preise bis Kufra, bis Uadjanga oder jetzt bis Uadaï festsetzte. Auf Veranlassung des Consuls Rossoni schrieb er an einige der angesehensten Suya-Schiuch, sie möchten nach Bengasi kommen, ein angesehener Europäer, beschützt von der Regierung des Sultans, halte sich dort auf und wünsche, mit ihrer Hülfe nach Uadaï oder nach Kufra zu reisen.

Andererseits erhielten die Suya schon längst von Bengasi aus Nachricht über unser Vorhaben, und es scheint mir wahrscheinlich, dass sie sich nach und nach mit dem Gedanken vertraut machten, mich mitzunehmen. Die richtige Vermittelung hatte mir gefehlt. Denn wie man sich erinnern wird, war meine Botschaft von Djalo an die Schiuch in Schchörre nicht ausgerichtet worden und würde auch schwerlich eine Wirkung erzielt haben, weil die vornehmen Schiuch zu der Zeit unter ihren Zelten in der Gegend am Uadi Fareg wohnten.

Da nun die Suya-Araber von jetzt an in den Vordergrund der Action treten, so dürfte es an der Zeit sein, den Leser mit diesem Stamme der Araber bekannt zu machen.

Die Suya bewohnen den südlichsten Theil der Cyrenaïka, nördlich geht ihr Gebiet halbmondförmig bis zu einer Linie hinauf, welche man sich nach Osten hin von Adjedabia aus gezogen denkt, ohne bis zu dieser Oertlichkeit hinanzureichen. Ebenso ist der westliche Theil des Uadi Fareg nicht in ihren Händen, sondern in denen der Morharba. Als festen Wohnsitz haben sie nur die Oase Schehörre, besitzen indess auch hier nur wenige steinerne Wohnungen, da sie es vorziehen, als echte Beduinen in Palmenhütten zu wohnen. Aber auch in Djalo und Audjila haben sie Besitz, und die ganze Oase Kufra kann jetzt als ihr Eigenthum betrachtet werden; jedoch haben sie es bisjetzt nur in einer Oertlichkeit, in Djof, zur festen Besiedelung gebracht, welche allerdings mehr und mehr den Charakter eines aus Häusern bestehenden Ortes annimmt.

Die Suya, welche ihrer eigenen Angabe nach aus 5-6000 Individuen bestehen, sind freie Araber und haben auch alle Merkmale dieser Wüstensöhne; aber es lässt sich die Thatsache nicht leugnen, dass sie verschiedentlich von den numerisch stärkern Morharba in eine Art von Vasallenthum hinabgedrängt worden sind. Sie bestehen aus drei Hauptstämmen: den Sdeïdi, den Djeluled und den Schuager. [81] Letztere, welche nicht nach Kufra gehen, weil sie sich am ersten Eroberungszuge überhaupt nicht betheiligten, bleiben stets in Schchörre und in der Gegend von Fareg. Die Sdeïdi [82] zerfallen in den starken Stamm der Uled Ameïra mit den Unterabtheilungen Ait Bu Schuk, Ait Bu Zahana [83], Ait Meschkueska [84], Ait el Ksir [85], Ait Gaderroha [86] und Ait Guetin. [87] Die Djeluled setzen sich zusammen aus Ait Ali [88] und Ait Auadel. [89]

Obgleich die Suya es für unschicklich halten, sich mit Negerinnen zu verbinden, kann man doch auf den ersten Blick erkennen, dass sie häufig in dieser Beziehung sündigten, wodurch sie keineswegs zur Verschönerung ihrer Rasse beitrugen. Ueberhaupt gibt es heute in ganz Nordafrika wol kaum einen Stamm ohne Negerblut, so sehr man auch bemüht ist, äthiopische Beimischung fern zu halten.

In ihrem Aeussern sind die meisten Suya allerdings noch echte Semiten geblieben. Die gebogene Nase, das stechende schwarze Auge, zurückweichende Stirn, hervortretende Backenknochen, fleischige Lippen, langes schwarzes Haar, langer Hals, langer Körper, geringe Entwickelung der Muskeln, Abwesenheit runder Formen, kleine Hände und Füsse sind die äussern Merkmale der männlichen Suya, während die Frauen, klein von Statur, sich nur in der Jugend durch mehr Fülle auszeichnen. Was ihren Charakter anbetrifft, so sind sie wie die übrigen Araber Afrikas: Treue gilt ihnen nur, wenn es mit ihrem Vortheil übereinstimmt; ein gegebenes Wort halten sie, wenn sie Nutzen davon haben; Lüge ist ihnen so zur zweiten Natur geworden, dass sie auch aus Vergnügen und ohne Vortheil die Unwahrheit sagen; eitel, hinterlistig, prahlerisch, grausam, geizig, geldgierig, ideenarm, ohne Sinn für Kunst, arbeitsscheu, abergläubig: das sind ihre Haupteigenschaften, denen man nur eine gute gegenübersetzen kann: Gastfreiheit, die sie aber wegen ihrer Armuth selten ausüben können. Dazu kommt ein ekelhafter, auf entsetzlichste Unwissenheit basirter Fanatismus. Wie oft habe ich über die landläufigen Schilderungen des Charakters der Araber den Kopf geschüttelt, wenn von ihrer Grossmuth, von der Tugend des Worthaltens, selbst dem Feinde gegenüber, von der Freigebigkeit, von der Tapferkeit und gar von ihren geschichtlichen Leistungen die Rede war. Möge man doch endlich einmal anfangen, ein Volk nach seinen gewerklichen und vollends nach seinen geistigen Hervorbringungen zu beurtheilen. Die Araber sind stets Parasiten gewesen und werden es bleiben.

Spanien kann froh sein, dass es vordem diese Semiten vertrieb. Es ist wahr, es befindet sich nicht im glänzendsten Zustande, aber hätte es diese entsetzliche Bande behalten, dann stände es etwa auf gleicher Höhe mit Marokko. Man vergleiche den Culturzustand Spaniens mit dem von Marokko, Tunesien, Tripolitanien u. s. w., und man wird erstaunen über den himmelweiten Unterschied. Der Jammer über die Vertreibung der Semiten aus Spanien hat gar keine Berechtigung. Wenn die Araber wirklich das tüchtige Volk wären, wofür man sie zu halten nur zu sehr geneigt ist, dann hätten sie doch in Marokko, Algerien und Tunesien nach ihrer Vertreibung aus Spanien dasselbe geleistet, was sie angeblich in Spanien geleistet haben sollen. Sanken denn die Franzosen, als sie blinder Religionshass unter Ludwig XIV. aus Frankreich vertrieb, in Deutschland unter ihre französische Bildung herab? Im Gegentheil, heute noch würden sie der Stolz Frankreichs sein, wie sie heute in Wissenschaft und Künsten der Stolz ihres neuen Vaterlandes sind. Weshalb, fragt der denkende Mensch, behaupteten nicht die aus Spanien vertriebenen Araber ihren auf der Iberischen Halbinsel eingenommenen geistigen Standpunkt? Oder warum suchten sie nicht wenigstens, wenn überhaupt etwas Tüchtiges in ihnen war, aus ihrer durch Vertreibung und Zerstreuung zeitweise erzeugten Versunkenheit zu früherer Höhe emporzukommen, zumal sie sich jetzt in Afrika, also auf einem ihrer Natur nicht unangemessenen Boden befanden? Die Beantwortung ist sehr leicht: diese Semiten sind eben Parasiten. In Spanien fanden die Eroberer ein günstiges Feld. Eroberer! - Schwarze Sklaven zur Bebauung des Bodens besassen sie schon, viele Christen zur Beackerung günstiger Gebiete erhielten sie noch dazu. Selbst arbeiten? Die Araber arbeiteten nie und nirgends, sie liessen für sich arbeiten. Erfindungen machten sie nicht, sie liessen erfinden. Die höhern Künste? Malerei und Bildhauerkunst sind aus religiösen Gründen verboten. Musik? Diese Semiten sind das unmusikalischste Volk der Erde. Und was die Poesie anlangt - können die Araber auch nur Annäherndes den Culturvölkern der Erde an die Seite setzen? Man sagt, um nur Einzelnes hervorzuheben, man verdanke den Arabern den Gebrauch des Rhabarbers, der Tamarinden-Pulpe, des Zimmet, des Kamphers, des Manna, der Sennesblätter, des Zuckers, der Gewürze, wie Nelken, Muskat u. s. w.: als ob sie das nicht alles durch Vermittelung der Inder erhalten hätten? Ferner: Spanien verdanke ihnen die Norias, als wenn diese Methode, Wasser zu schöpfen, nicht längst den Aegyptern, folglich den Römern bekannt gewesen wäre. Aldemiri wird der Buffon der Araber genannt, wer sagt mit Bestimmtheit, dass er geborener Semit gewesen ist? Und da komme ich gerade auf die für die Bewunderer arabischer Grössen verwundbarste Stelle: alle jene Grössen, welche die Araber in der medicinischen, astronomischen, geographischen und mathematischen Wissenschaft für sich beanspruchen, sind wahrscheinlich gar keine geborenen Semiten oder Araber gewesen, sondern Christen, d. h. Spanier, Griechen oder Italiener. Warum brachten denn die Araber, auf sich allein angewiesen, nicht solche Männer hervor? Warum leisteten sie nur in den Ländern Grosses, wo sie, wie in Syrien, Aegypten und Spanien, mit den Christen untermischt, herrschten? Ist denn nicht etwa der Rasm el Ardh (Beschreibung der Erde) etwas anderes als ein Abklatsch vom Griechischen? In der That dürfte doch wol die Frage erlaubt sein, ob alle jene in Beziehung auf Geographie verdienstvollen Männer: die Ebe-Haukal, Hasudi, Abel Uefa, Albiruni, Bekri, Jakut, Ibn Batuta, Makrisi, Leo u. s. w. wirklich geborene Araber gewesen sind? Vielleicht waren sie oder die meisten von ihnen Christensklaven und, berühmt geworden, gaben sie die Araber für die ihrigen aus. Hätten wir heute nicht genaue Geschichtsaufschreibungen, so gehörte Naivetät dazu, glauben zu wollen, dass die Osmanli den aus dem Krim-Kriege bekannten Omar Pascha, sowie den im letzten türkisch-russischen Kriege berühmt gewordenen Mohammed Pascha und ebenso die vielen in ägyptischen Diensten befindlichen Europäer nicht der Nachwelt als ehemalige Renegaten, sondern im Gegentheil als Vollblut-Mohammedaner überliefern würden.

Wir können uns mit diesem Gegenstande hier nicht näher befassen, nur möchten wir demjenigen, welcher im Araber das Vorbild vollendeter männlicher Schönheit erkennen will, den Rath ertheilen, mit den Suya Bekanntschaft zu machen oder sie Studiums halber nach Bengasi kommen zu lassen: er wird dann das phantastische Urtheil derer zu würdigen wissen, welche bezüglich der Vollendetheit dieses semitischen Volks nur aus Büchern schöpften, aber nicht von Angesicht zu Angesicht sahen. Wie kann ein Volk noch schön bleiben, von welchem wir geschichtlich nachweisen können, dass sich seit länger als Mohammed's Zeiten bis heute Männer und Weiber mit Hunderttausenden von schwarzen und andern Sklaven und Sklavinnen vermischten!

Am Tage nach seiner Ankunft hatte ich mit Ali Kemali Pascha meine erste Zusammenkunft. Voll Liebenswürdigkeit, mit Aufmerksamkeiten aller Art mich überhäufend, einer der redseligsten Männer unter den sonst stummen Türken, schien er wirklich die Sprache nur zu gebrauchen, um seine Gedanken verbergen zu können. Aber das wusste ich gleich, dass er mit strenger Weisung hergekommen war, der Expedition in jeder Beziehung Vorschub zu leisten. Auf Veranlassung der deutschen Botschaft in Konstantinopel hatte ihn in Kreta, auf dem Wege nach Bengasi, noch ein darauf bezügliches Telegramm ereilt, und so hoffte ich denn nach dieser ersten Unterredung auf das baldige Flottwerden der Expedition.

Einige Tage darauf kamen auch drei der angesehensten Suya-Schiuch nach Bengasi. Abd el Krim el Halleg, Fkrim Bu Mrhaëb und Schich el Alhuesch, und noch am selben Tage hatte ich im Beisein des Hadj Medhuï eine Berathung mit ihnen, welche aber vollkommen resultatlos blieb, weil die Schiuch so unverschämt in ihren Forderungen waren, dass es mir nicht in Gedanken einfiel, darauf einzugehen. Die erste Forderung betrug 5000 Mahbub, blos um die Expedition nach Kufra zu begleiten. Nachher blieben sie längere Zeit auf 2000 Mahbub stehen, denn von

256

nun an folgten Tag für Tag lange Sitzungen, in welchen man zuweilen im Beisein des Stadtraths, des Gouverneurs, zuweilen auch privatim verhandelte. Ich versuchte es, ihre Hartherzigkeit durch kolossale Fleischschüsseln zu mildern, die sie gewissenhaft vertilgten, ohne auch nur einmal den "Anstandsbrocken" zurückzulassen, aber bei ihrer Forderung blieben sie stehen. Hierauf bat ich den Schich der Snussi in Bengasi, Sidi Abd er Rahim, um Intervention; er liess sie auch kommen, und ich habe nicht den leisesten Grund, an der Aufrichtigkeit seines Zuredens zu zweifeln, aber nichts konnte sie bewegen, ihre Forderungen herabzustimmen. Ja, wenn Sidi Omar Bu Haua dagewesen wäre! Aber dieser hatte sich wohlweislich aus dem Staube gemacht.

Ganz Bengasi fing an, sich für die Sache zu interessiren, aber wir kamen keinen Schritt vorwärts. Ali Kemali Pascha, ein Chuan der Snussi, wünschte durchaus, der Sache ein Ende zu machen; er hatte mehrere Zusammenkünfte mit Sidi Abd er Rahim, dem Schich der Snussi in Bengasi, und als die drei Schiuch nach allem vergeblichen Zureden sogar Anstalt machten, die Stadt zu verlassen, wurden sie auf offenem Marktplatz von Sidi Abd er Rahim excommunicirt. "Es treffe euch der Zorn des Schich!" rief er ihnen zu, und der Pascha hatte hierauf nur gewartet, um sie greifen und einsperren zu lassen.

Diese Massregel führte zu langen Erörterungen. Herrn Consul Rossoni war sie sehr unlieb, weil sein Geschäftsfreund, der Hadj Medhuï, dadurch in seinen Beziehungen zu den Suya Schädigung erlitt. Er hatte die Suya kommen lassen, er war also für ihre Sicherheit gewissermassen verantwortlich, und nun befanden sie sich mit einem mal im Kerker und sogar in Ketten. Auf Veranlassung des Herrn Rossoni - er selbst hatte leider als nicht besoldeter Consul wenig Einflass, und Ali Kemali Pascha vermied jede Unterhandlung mit ihm - schickte ich daher zum Gouverneur und verlangte die sofortige Befreiung der Suya. Ali Kemali sandte gleich seinen Dolmetsch, Herrn Andonian, und liess mir sagen, er erwarte in diesen Tagen verschiedene andere angesehene Suya, mit denen wol leichter ein Abkommen würde getroffen werden. Die Gefangennahme der Schiuch bezwecke aber in erster Linie, die übrigen Suya zur Zahlung der rückständigen Steuern zu zwingen, welche seit sechs Jahren nicht bezahlt seien und sich auf die Summe von 150000 Piaster beliefen, sodann betrachte er die Inhaftirung der Schiuch als ein vorzügliches Pfand für mein sicheres Ueberkommen nach Kufra. Von einer Freilassung könne keine Rede sein. Da unter den Arabern die Sitte, Geiseln zu stellen, allgemein ist, so war natürlich gar nichts dagegen einzuwenden, und ich bin immer, wenn ich an die ganze Angelegenheit zurückdenke, froh, dass man den Schich Bu Halleg während meiner Anwesenheit in Kufra als Geisel in Bengasi zurückbehielt, denn dieser war und ist nach Aussage der Suya einer der grössten Schufte und Schurken, ein würdiger Verwandter des Schich Bekr Bu Guetin, der uns verrieth. Die Einkerkerung der Schiuch der Suya hatte sich aber wie ein Lauffeuer durchs ganze Land verbreitet, und als endlich am 26. Juni mehrere andere Suya kamen, um zu unterhandeln, darunter zwei Schiuch, nämlich Krim Bu Rba und Bu Guetin, musste ich ihnen erst mein Wort verpfänden, dass der Gouverneur sie nicht einsperre, und für Bu Guetin noch speciell bürgen, da dieser Räuberhauptmann wegen Privatschulden fürchtete, von den Kaufleuten Bengasis eingesperrt zu werden.

Mit diesen Suya gelang es mir nun, allerdings auch nach langen Unterhandlungen, einen Vertrag zu schliessen, ja sogar, sie zu bewegen, die Expedition nach Abeschr, der Hauptstadt von Uadaï, zu geleiten, während sie sich zuerst nur dazu verstehen wollten, dieselbe bis Kufra, dann bis Uadjanga, endlich bis zu dem an der Grenze von Uadaï gelegenen Um Schaluba zu bringen.

Der Hadj Medhuï sowol wie auch Herr Consul Rossoni gaben sich die grösste Mühe, einen Vergleich mit den Suya zu Stande zu bringen, und der officielle, mit den Suya abgeschlossene Regierungscontract basirte auf einem von Hadj Medhuï ausgearbeiteten Entwurf. Endlich am 29. Juni nachmittags, nachdem im ganzen die Verbandlungen mit den Suya in täglichen Sitzungen gerade zwei Wochen gedauert hatten, wurde in einer feierlichen Midjeles-Sitzung unter dem Präsidium des Generalgouverneurs und in meinem Beisein und dem von 13 Suya jener Contract durchgenommen und angenommen, während die türkische Regierung sich officiell als Garantin für die Ausführung aller Bedingungen des Contracts erklärte.

Am 4. Juli 1879 wurde ebendaselbst der in sechs Exemplaren ausgefertigte Contract von der Regierung, von mir und sämmtlichen Suya unterzeichnet; nur einer konnte seinen Namen schreiben, die übrigen drückten dem Siegel ihren in Tinte getauchten Finger bei. Den Contract hatte man in arabischer Sprache und deshalb in sechs Exemplaren ausgefertigt, weil eins davon für Konstantinopel, eins für Berlin, eins für die Suya, eins für mich, eins für den Gouverneur und eins für das italienische Consulat in Bengasi bestimmt war.

Der Contract lautete in wörtlicher Uebersetzung:

"Gemäss dem Verlangen und der Bitte des wohlbekannten Reisenden Gerhard Rohlfs Bei, deutschen und preussischen Unterthans, gerichtet an die Localregierung von Bengasi, ihm einen Führer (Khabir) und Kamele zu stellen zur Weiterschaffung seines Gepäckes bis zur Grenze der ottomanischen Regierung in der Sahara durch die Provinz von Bengasi zum Gebiet der Regierung von Uadaï, welches Land Kufra genannt wird, wurden auf Fürsorge des Vali der genannten Provinz, Ali Kemali Pascha, Excellenz, acht Personen vom Stamme der Suya Sdeïdi vorgeführt, mit Namen: Aud n Noël, Bu Sif Bu Argub, Mohammed Bu Guetin, Rasel Burgheh, Alimed Bu Reseghalla, Oker Bu Schnef, Ssalem el Husein el Halleg und Smeda uld Mohammed sowie ein Mann von der Tribe der Suya Djeluled, Namens Ssaadi Bu Dib, unter Garantie der Schiuch der Sdeïdi, mit Namen Schich Krim Bu Abd er Rba, Schich Bu Bekr Bu Guetin und der Schiuch der Djeluled, mit Namen Schich Junes el Baba und Schich el Fadhil Bu Marsuk.

Sie sind mit dem genannten Bei übereingekommen, sein Gepäck und ihn selbst in Sicherheit bis Kufra zu bringen, indem sie sich verpflichten, bis zum genannten Ort ihn zu begleiten. Und nach seiner Ankunft in Kufra würde er ihnen einen Brief zu geben haben, den dieselben nach Bengasi an die Regierung

260

zu senden haben, in welchem er anzeigt, dass er wohl und sicher die Grenze der Provinz erreicht hätte.

Sie haben auch zwischen sich vereinbart, sein Gepäck und ihn bis Bescha (Abeschr), der Hauptstadt von Uadaï, zu bringen, nach ihrem freiwilligen Uebereinkommen, und von da schnell zurückzukommen.

Der vorerwähnte Herr, zufriedengestellt durch dies ihr Benehmen gegen ihn, hat eingewilligt aus freiem Antrieb, ihnen 18000 Piaster als Lohn zu geben, und sie würden ihm die nothwendigen Kamele zu beschaffen haben von Audjila oder auch von Kufra, zum Preis von 1000 Piaster jedes Kamel bis Uadaï. Und wenn er andere Kamele nöthig hätte, würde er es in Kufra mittheilen, welches die Grenze der Provinz ist, und sie würden sie zum selben Preis stellen.

Indem dies vor dem Verwaltungsrath (Midjeles-Idaret) zwischen beiden Parteien beschlossen und festgesetzt wurde, ist gegenwärtiger Contract in sechs Exemplaren ausgefertigt worden, wovon zwei in den Händen des hiesigen Gouvernements bleiben, zwei dem genannten Herrn Rohlfs Bei eingehändigt sind, einer den Suya überliefert und einer der Consularagentur von Italien behändigt wird, welche alle Contracte mit unterzeichnet hat, da er sich unter der Protection derselben befindet.

Der erwähnte Contract soll von beiden contrahirenden Parteien so ausgeführt werden, wie man übereingekommen ist.

17. Haziram 1295 und 10. Regeb [90] 1296.

Wir persönlich waren beim Contract zugegen und haben für die neun Personen von unsern Leuten gebürgt, dass sie die Kamele beschaffen, und den genannten Reisenden sowie sein Gepäck führen und ihn vor allen Gefahren bis zur Grenze von Bengasi, welche Kufra ist, verpflichtetermassen behüten werden, und von da bis nach Bescha (Abeschr), Hauptstadt von Uadaï, nach ihrem freiwilligen Entschluss.

Wir erachten uns gebunden und verpflichtet gegen die Regierung für alle Unterlassungen und Zuwiderhandlungen, was den Contract anbetrifft, und erklären uns dafür verantwortlich.

Daher siegeln und unterschreiben wir Gegenwärtiges.

Man bescheinigt, dass der gegenwärtige Contract von beiden contrahirenden Theilen geschlossen und bestätigt worden ist im Midjeles-Idaret dieser Provinz. Und den Gebräuchen gemäss (Mohabara) zwischen der Hohen Pforte und dem Cabinet von Berlin, und dem officiellen Abschluss gemäss, garantirt die Regierung officiell dem vorerwähnten Herrn Rohlfs Bei, ihn wohl und gesund bis zur Grenze von dieser Provinz (Kufra) gelangen zu lassen. Folglich wurde festgesetzt, dass ein solches Uebereinkommen beobachtet und ausgeführt würde in jedem seiner Theile.

Da ein solcher Gegenstand von höchster Wichtigkeit ist, deshalb, und weil es sich um eine solidarische Garantie handelt, werden hier provisorisch (im Gefängniss) zurückbehalten seitens der Regierung drei hochachtungswürdige Persönlichkeiten (Mootabirini) aus den Schiuch der Suya, welche sind Schich Abd el Krim Bu Haleg, Mohammed el Rhadai und Fkrim.

Damit solche Sache jedermann bekannt sei, und endlich damit jeder gezwungen sei, dem, was er versprochen, soweit es ihn angeht, nachzukommen, und für jede Contravention verantwortlich gemacht werden könne, wurde gegenwärtiger Anhang geschrieben, das authentische Siegel deshalb beigedrückt, und demgemäss, wie festgesetzt wurde, wurden die Copien vertheilt an die, die es anging.

14. Regeb 1296 und 21. Haziram 1295.

Unterschrift und Siegel der Midjeles-Idaret."

Ich habe geglaubt, den Contract in seiner ganzen Ausführlichkeit wiedergeben zu müssen, um zu zeigen, wie klar aus demselben hervorgeht, dass die Regierung von Bengasi Kufra als türkische Provinz [91] betrachtete, dass sie officiell der Expedition die sichere Ueberkunft bis Kufra wenigstens garantirte, und dass mit Wissen der Suya die drei Schiuch derselben als Geiseln in Bengasi zurückbehalten wurden. Diese drei Punkte muss man wohl im Auge behalten, wenn man das spätere Verhalten Ali Kemali's richtig würdigen will. Die Ketten liess ich übrigens gleich am ersten Tage den Gefangenen abnehmen, und die mich begleitenden Suya erhielten in meiner Gegenwart von Ali Kemali das bestimmteste Versprechen, dass ihre Verwandten gleich in Freiheit gesetzt werden sollten, sobald ein Brief von mir aus Kufra käme. Da aber voraussichtlich schon in Audjila die nächsten Angehörigen der gefangenen Schiuch einen moralischen Zwang auf mich ausüben würden, dem Pascha zu schreiben, er möge die Gefangenen freigeben, so waren Ali Kemali Pascha und ich über eingekommen, dass er einem arabisch geschriebenen Briefe von mir keine Bedeutung beilegen solle, sondern meine wahren Absichten nur aus einem in italienischer oder französischer Sprache geschriebenen erfahren würde.

11. Von Bengasi nach Kufra

Am 5. Juli 1879, gerade nach einmonatlichem Aufenthalt in Bengasi, traten wir unsere Reise von neuem an. Abends vorher verliessen wir schon die Stadt und lagerten in den Gärten von Barke, südlich von Bengasi. Die ganze Stadt kam, um sich zu verabschieden, und selbst eine alte Drehorgel fehlte nicht, welche ein wandernder Neapolitaner zum Erstaunen der Eingeborenen lustig ertönen liess.

Ich war nun von meinem Entschlusse, die Führerschaft der Expedition niederzulegen, zurückgekommen, weil ich um alles in der Welt nicht wollte, dass meinetwegen der Fortgang derselben auch nur einen achttägigen Aufschub erdulde. Ehe ein Nachfolger von Berlin herbeikommen konnte, mussten ja auch Wochen vergehen. Die Suya drängten überdies zum Aufbruch, für sie war die Zeit der alljährlichen Wanderung gekommen, und in Kufra gab es gewiss genug zu thun, um eventuell eine grössere Karavane abwarten zu können.

Tags vorher hatte ich auch den Suya die ganze im Contract stipulirte Summe ausbezahlt. Anfangs wollten sie erst in Kufra das Geld haben, aus Furcht, der Gouverneur Ali Kemali möchte ihnen eine grosse Partie davon abnehmen, aber als sie von mir die bestimmteste Zusicherung erhielten, dass ihnen ihr

Geld ungeschmälert zu eigen verbleiben solle, nahmen sie schon aus dem Grunde alles lieber im voraus, um nicht mit ihren Brüdern in Kufra theilen zu müssen. Nachdem sich einige von ihnen noch mancherlei Waaren eingekauft, zogen wir langsam dem Süden entgegen. Bis Audjila machten wir nur ganz kleine Strecken, um die Kamele nicht zu ermüden, die wir auf dem Wege dahin noch ordentlich mit Gerstenfutter zu stärken suchten, was uns auch vollkommen gelang, denn die Thiere haben sich alle vorzüglich gehalten.

Die tiefen, von Dr. Stecker gemessenen alten Brunnen: Bir Bu Drissa, 34 m tief, bei 29deg. Lufttemperatur mit 24deg. Wasserwärme, sowie der Brunnen Signora gebli, 24 m tief, bei 32deg. Luftwärme mit 24deg. Wasserwärme, geben durch letztere gewiss ein annähernd richtiges Jahresmittel der Temperatur für die Gegend zwischen Djedabia und Bengasi. Wir liessen diesmal Tilimun östlich und Djedabia westlich liegen, wie denn überhaupt, sobald man die Chuebia im Norden lässt, ein bestimmt vorgeschriebener Weg fehlt; selbst Pfade, wie in der Wüste, gibt es nicht. Da alles Land entweder Kamelweide oder Ackerboden ist, so zieht die eine Karavane hier, die andere da, ohne, sich gerade auf einer bestimmt vorgeschriebenen Linie fortzubewegen.

Die Suya blieben immer gleich liebenswürdig und aufmerksam, und namentlich der Schich Mohammed Bu Guetin that sich durch Dienstwilligkeit hervor, sodass er bald in ein näheres Verhältniss zu uns trat, was sich besonders dadurch kennzeichnete, dass er von nun an fast ganz auf unsere Kosten lebte und sein Bruder als Diener angeworben wurde.

Wir erreichten Audjila am 15. Juli und sofort sandte ich meinen Saptieh an Sidi Omar Bu Haua, der sich gerade in Schchörre aufhielt, um ihn um eine Unterredung zu bitten. Meine Botschaft unterstützte ich nicht nur durch zwei Briefe: einen officiellen von der Regierung, mit der Aufforderung, mir auf alle Fälle das Verlangte zu geben, und einen andern von seinem Collegen Sidi Abd er Rahim, sondern ich hatte auch schöne Geschenke hinzugefügt, die jedoch, wie ich allerdings nach spätern Erfahrungen schliessen möchte, der Saptieh nicht abgab, sondern einfach für sich behielt. Omar Bu Haua liess mir antworten, er würde selbst herüberkommen, meinen Besuch dagegen möchte ich lieber unterlassen, da derselbe bei den Suya-Frauen unliebsam Erörterungen veranlassen könnte. Aber am folgenden Tage war Sidi Omar Bu Haua weggereist nach Djarabub. Er hatte mir keinen Brief geschickt, nichts sagen lassen, und andere Leute wollten sogar behaupten, er sei nach Djarabub gegangen, blos in der Absicht, um dadurch meine Reise nach Kufra unmöglich zu machen.

Nach einer Berathung mit seinem Neffen und den Suya, zu denen noch verschiedene andere Angesehene ihres Stammes kamen, wurde aber dennoch beschlossen, nach Kufra aufzubrechen, und ich miethete deshalb zu unsern Thieren die noch nöthigen Kamele. Aber welche Schwierigkeiten gab es da zu bewältigen. In der übrigen Sahara, einerlei ob im Osten oder im Westen, ob im Norden oder im Süden, ob man das Kamel von den Tebu, Arabern oder Tuareg miethet, ist es Brauch, dasselbe mit circa 300 Pfd. zu beladen. Etwas mehr oder weniger wird nicht beachtet, letzteres selbstverständlich vom Eigenthümer des Kamels nur gern gesehen. Aber die Suya - und die entsetzlichen Sserir, durch welche man ziehen muss, entschuldigten ein solches Verfahren - haben eine ganz besondere Art des Transports: seit längerer Zeit gewöhnten sie die Kaufleute daran, Packete von 100 Pfd. zu machen, und in der Regel beladen sie ihre Kamele nur mit zwei un Packeten, zwei "Usenet", wie sie sagen. Nun kommt es vor, dass einer vier, fünf oder sieben Usenet, einer dagegen nur ein Usen [92] zu transportiren hat. Das ist denn oft Anlass zu Streit und Zorn. Wenn es nun gar geschah, wie bei uns, die wir alter Gewohnheit gemäss unsere Waaren in Gerara oder Kamelsäcke zu je circa 3 Ctr. nähten, dass der eine 2, der andere nur 1 Ctr. zu transportiren hatte; oder wenn es galt, jene Kisten fortzuschaffen, welche so lang wie die Kamele waren: so wird man zugeben, dass eine Engelsgeduld dazu gehörte, alles mit diesen Starrköpfen zu vereinbaren. Die Kisten wurden denn auch nur gegen Extravergütung mitgenommen. Aber eine gewisse Sicherlfeit und Rechtlichkeit der Suya im allgemeinen soll nicht geleugnet werden, denn viele gingen auf und davon mit den Sachen, die ich erst in Kufra wieder zu sehen bekam, aber es fehlte nichts an den Gegenständen. Und wenn man denkt, dass sie es früher immer so machten mit den ihnen von den Kaufleuten anvertrauten Waaren, so beweist das, dass gegenwärtig die Suya, blos aufgehetzt, so tief herabsanken, dass sie den "Heiden", z. B. von Uadaï, deren Karavanen sie mehreremal treulos ausplünderten, sowie Europäern gegenüber ohne Gewissensbisse die grössten Gesetzlosigkeiten verüben.

Es kam sodann noch eine Deputation der Suya mit dem Verlangen, einen Brief an Ali Kemali Pascha wegen Freilassung der Geiseln zu schreiben ich schrieb den Brief arabisch und wusste nun, dass er keine Beachtung finden würde, was andernfalls für mich von den schlimmsten Folgen hätte sein können. Nachdem wir endlich alles geordnet, die Geschenke und Waaren, die Lebensmittel und die Gerste unter die Suya vertheilt hatten, verliessen wir Audjila am 25. Juli nachmittags, nächtigten in Djalo und waren nachmittags am folgenden Tag in Battifal.

Die Bewohner von Audjila und Djalo benahmen sich diesmal viel anständiger. Einestheils die Furcht, anderntheils die Meinung, die Snussi hätten uns die Erlaubniss zur Reise nach Kufra gegeben, schliesslich die Macht der Gewohnheit - waren wir nun doch schon alte Bekannte -, alles trug dazu bei, zwischen uns eine bessere Stimmung hervorzurufen. Beim Verlassen von Djalo betrugen sich die Suya übrigens wie echte Räuber: sie erstiegen Palmen, nahmen die besten Datteln und liessen keinen der Lakbitöpfe unberührt, die sie um so leichter fanden und ausleeren konnten, als die Modjabra die Palmen unten zu ebener Erde anzapfen und den Topf dann, sobald er voll ist, blos wegzunehmen brauchen, während man in den übrigen Oasen die Palme an ihrem höchsten Wipfel anzubohren pflegt.

Nach unserer Ankunft in Battifal wussten wir schon, ehe wir noch die astronomische Lage (28deg.56'22" nördl. Br., 21deg.44'10" östl. L. von Greenwich) aufgenommen hatten, dass wir bedeutend weiter, als man den Ort bisher auf den Karten angab, nach Osten gekommen waren. Zugleich erfuhren wir aber auch eine arge Enttäuschung, denn statt Palmen oder gar eine bewohnte Oase vorzufinden, ist Battifal nichts anderes als eine kleine locale Einsenkung mit einigen Wasserlöchern. Das Wasser selbst ist ungefähr von derselben Beschaffenheit wie das von Djalo, also auch mineralisch, obschon die Modjabra behaupten, es sei besser. In der Nähe der Wasserlöcher versuchen einige Binsen zu wachsen, können aber kaum zollhoch aus der Erde hervorkommen, da die ausgehungerten Kamele gierig jeden Halm abweiden. Dies Battifal ist eine der traurigsten Oasen, die man sehen kann. Und es war, als sollten wir einen Vorgeschmack bekommen von der entsetzlichen Einöde, die wir jetzt durchziehen mussten: so grossartig traurig und elend ist sie, wie vielleicht keine zweite in der ganzen Sahara. Von Battifal bis nach Taiserbo sind in gerader Luftlinie 350 km, eine Karavane darf aber mindestens 50 km mehr rechnen, da es namentlich nachts äusserst schwer ist, die gute Richtung gleichmässig innezuhalten. Zum Glück ist auf dieser ganzen Strecke kein Hinderniss. Weder Berge noch Schluchten sind zu bewältigen, und Sanddünen sieht man zwar am ersten Tage, aber östlich weit entfernt am Horizont, man braucht sie also nicht zu durchwaten. Der Boden dieser grossartigen, stets ebenen Sserir besteht oft aus feinem, ebenmässig rundem Kies, dass man glaubt, auf versteinerten Erbsen oder Linsen zu marschiren. Oft auch hat man Strecken, wo die Kieselchen grösser, aber nie umfangreicher als eine Walnuss sind. Die Ebene ist derartig gleichmässig, dass man von Battifal bis Kufra sehen könnte, wenn nicht der Blick durch den von der natürlichen Wölbung der Erdkugel gebildeten

Horizont begrenzt würde. So aber sieht man nach allen Seiten nur circa 7 km weit. Und diese entsetzliche Einöde durchzogen wir in vier Tagen und zehn Stunden. Wir machten also täglich circa 95 km. Natürlich waren wir Tag und Nacht unterwegs.

Wir bildeten eine stattliche Karavane, denn in Battifal stiessen noch viele Suya zu uns: diesen gefahrvollen Weg durchzieht man nur in grosser Gesellschaft. Da war ein Kamel mit einer "Karmut", wie die grossen überdachten Frauensättel heissen, hier ein anderes mit einer "Kadóra", so heissen die kleinen; dort ritt einer auf einem "Bassor", wie man die aus "Lihf" gefertigten Sättel nennt, kurz, man sah eine grosse Mannichfaltigkeit in derAusrüstung. Und gefahrvoll ist der Weg nicht so sehr wegen der Wegelagerer und Räuber, als wegen des Wassermangels. Ein starker Samum kann die Schläuche austrocknen und eine ganze Gesellschaft zu Grunde richten. So zählten wir manchmal an 100 Kamele, oft jedoch waren einige nachts weit abseits gekommen, wodurch sich die Zahl verringerte. Einige Suya-Schiuch aber hielten sich stets in unserer Nähe, und auf dieser grossen Einöde mochte vielleicht der Schich Bu Bekr Bu Guetin, welcher ebenfalls nicht von uns wich, den Plan zu unserer Beraubung und Ermordung aushekken. Natürlich liess er noch gar nichts darüber merken, denn seine Leute mussten erst bearbeitet werden, was hier nicht geschehen konnte, wo sich dieselben stets in Gesellschaft mit andern befanden, die nicht zu seinem Stamm gehörten.

Imposant genug sah die Karavane aus, denn die Suya-Schiuh waren alle beritten, allerdings auf entsetzlich magern Kleppern. Aber ein Schich würde ohne gewisse Attribute nicht als voll in den Augen der Leute seines Stammes erscheinen. Also ein Ross, ein Windhund, ein Sonnenschirm, ein Falke und eine lange Flinte, auf der ein verrostetes Bajonnet steckt: so kommt er daher, der Suya-Schich, angethan mit einem schmuzigen Gewand (Hemd und weisse Baumwollhose, die nie gewaschen werden), darüber einen Burnus aus dickem Wollstoff, über welchen bei festlichen Gelegenheiten ein feuerrother, mit Goldlitzen eingefasster Burnus geworfen wird. Er geht selten zu Fuss, der Suya-Schich, weil das gegen sein Savoir-vivre ist, aber er hat hinter sich zu Pferde auf einem kleinen Lederkissen einen Falken sitzen, in seiner Linken hält er den aufgespannten Schirm, über dem Rücken hängt die lange Steinschlossflinte, im Gürtel stecken noch ein paar Pistolen und ein Dolch, und hinter dem Pferde trabt sein Slugi. Die Suya sind leidenschaftliche Raucher, aber nur, wenn sie Taback zur Cigarrette sich haben erbetteln können. Alle können erstaunlich essen, besonders wenn es auf Kosten anderer geschieht.

Ich hatte mir in Bengasi einen starken Hengst gekauft, der die Strapazen der Reise spielend überwand, und ich hatte auch reichlich Wasser mitgenommen, so viel, dass Schich Bu Bekr mit seinem Pferde und Slugi ganz und gar von unsern Vorräthen profitirte. Nach Sonnenaufgang marschirten wir gewöhnlich eine Stunde, dann wurde ein Halt von einer halben Stunde gemacht, während welcher Zeit wir Deutsche in Wasser geweichten Zwieback, Datteln, Käse, Chocolade u. s. w. assen. Unsere Leute mit den Suya bekamen eine grosse Schüssel mit Datteln, oft auch etwas Zwieback. Dann marschirten wir wahrend des ganzen Tags ununterbrochen bis etwas nach Sonnenuntergang, wo wir wieder, um unsere Hauptmahlzeit zu halten, eine kurze Rast machten. Wir tranken nun Limonade, assen das Fleisch einer ganzen Büchse, ferner Zwieback mit Butter, einen Zwiebelsalat, etwas Datteln oder andere trockene Früchte, während die Suya und unsere Diener tüchtig Someta [93] zu sich nahmen. Dann ging es weiter. Die Nächte, unter diesen Breiten ohnedies schon lang, schienen noch länger zu sein. Und wenn wir anfangs den Anstrengungen der Märsche gut widerstanden hatten, so bemächtigte sie zuletzt aller eine unwiderstehliche Schlafsucht. Vier Nächte waren Menschen und Thiere ohne Schlaf und stets unterwegs gewesen.

Endlich der letzte Tag und der entsetzlichste Tag! Kufra schien ganz abhanden gekommen. Man sprach gar nicht mehr, sondern taumelte vorwärts. Mensch und Thier bewegten sich wie Maschinen. Dieser schlief im Gehen, jener auf dem Kamel. Hier hatte sich einer wie ein Sack quer über ein beladenes Thier geworfen, der Kopf baumelte nach der einen, die Füsse nach der andern Seite herab; dort wackelte einer mit seinem Oberkörper auf seinem Gaule hin und her, welches selbst bedenklich schwankte und nur noch mit Mühe sich aufrecht erhiblt.

Einem unserer Neger gab ich am letzten Tage mein Pferd zum Reiten - wir mussten natürlich alle unsere Leute abwechselnd reiten lassen, damit sie nicht liegen blieben -, plötzlich fielen beide zur Erde, beide waren fest eingeschlafen gewesen, das Pferd kippte förmlich seitwärts. Aber rasch sprangen doch beide wieder empor. Ein anderer Neger, der am letzten

272

Abend unmittelbar nach der Mahlzeit zu Boden fiel, blieb liegen und schlief ein. Zum Glück merkte ich seine Abwesenheit; es wurde zurückgeschickt und der junge Mann von einem sichern Tode gerettet. Wir hielten südliche Richtung, einige Grade zu West. Topographisch war nichts anderes zu notiren, als 150 km südlich von Battifal ein Uadi, schlechtweg so genannt, weil sich dort eine Rinne oder Einsenkung befinden soll, die sich angeblich bis nach Sella erstreckt. Ich konnte aber mit meinen Augen nichts entdecken, was auch nur entfernt einem Uadi glich. Auch einige als Gor el Kelb, Gor el Dub bezeichnete Erhabenheiten sind so unbestimmt, dass sie kaum die Erwähnung auf der Karte verdienen, besonders da die Suya selbst nicht recht wussten, ob sie diesen oder jenen maulwurfgrossen Hügel mit solchem Namen bezeichnen sollten. Am 1. August abends erspähten verschiedene Suya, die sich, um weiter sehen zu können, auf ihre Kamele stellten, in der Entfernung Sandhügel, und nachts 2 Uhr betraten wir wirklich die Oase Taiserbo.

So hatten wir endlich diese geheimnissvolle Oase Kufra, deren nördlichste Insel Taiserbo ist, erreicht, aber ehe wir lagern konnten, mussten wir noch eine Geduldsprobe bestehen, denn den Brunnen von Djrángedi erreichten wir erst, immer in der Hattieh marschirend, morgens um 11 Uhr.

12. Kufra

Ich muss competenteren Leuten, Gelehrten, den Nachweis überlassen, ob Kufra mit einer der von den Alten erwähnten Landschaften identificirt werden kann. Wer hierüber Studien machen, Hypothesen aufstellen will, den verweise ich auf Dr. Behm's [94] "Das Land und Volk der Tebu", wo alles Einschlägige zu finden und die ganze Sache am gründlichsten erörtert worden ist. Auch die Schrift von Berlioux [95] gehört hierher, und es lässt sich nicht leugnen, dass Herr Berlioux mit Construction seiner Karten nach Ptolemaeus, Kufra eine richtigere Lage anwies, als bislang es auf den neueren Karten geschehen ist.

Was das Wort Kufra anbetrifft, so ist es offenbar abzuleiten vom arabischen [arabisches Schriftzeichen] Kafir, im Pl. [arabisches Schriftzeichen] Kafara, welches Ungläubiger bedeutet. Kufra heisst also das Land der Ungläubigen. Nach Brugsch bedeutet Kafir im Koptischen, wie Camperio's "Esploratore", Jan. 1880, mittheilt, auch einen kleinen, vorzugsweise von Heiden bewohnten Ort. Die Lage des Mons Azar ist identisch mit der der Djebel Neri. Ob Kufra dem Berdoa entspricht, einer Oase, welche nach Leo Africanus gegen das Ende des 15. Jahrhunderts eine von Audjila kommende Karavane besuchte, und in der drei Schlösser und fünf bis sechs Dörfer gewesen sein sollen, lässt sich auch nicht mit Bestimmtheit nachweisen. Schlösser (Gasr) gab es in Kufra, und die Zahl der Dörfer belief sich allein in Taiserbo auf ein Dutzend. Unter Taiserbo allein könnte man aber vielleicht Berdoa verstanden haben, denn es ist keineswegs wahrscheinlich, dass ganz Kufra mit einem mal entdeckt wurde, da die einzelnen Inseln alle durch Wüsteneien von circa 100 km Entfernung voneinander getrennt sind.

Unter den neuern Reisenden gibt uns Hornemann [96] die erste, allerdings etwas dürftige Beschreibung:

"In der Richtung von Südwest von Augila, in einer Entfernung von 10 Tagen oder 200 Meilen (soll wohl miles heissen) wohnen die Febabo (soll Kobabo heissen, weil das aus dem Arabischen genommene Wort wegen des [arabisches Schriftzeichen] und [arabisches Schriftzeichen] leicht eine Verwechselung zuliess) und einige Tagereisen weiter südlich die Birgu. Beide Nationen gehören zu den Tibbo und sollen Heiden sein. Ihr Land ist sehr schön und fruchtbar. Es ist sonderbar, dass die Augilaer, wenn sie von diesen Stämmen reden, beinahe dieselbe Vergleichung anstellen, deren sich Herodot bedient, wenn er der Aethiopischen Troglodyten erwähnt, wie sie von den Garamanten verfolgt werden: dass ihre Sprache dem Pfeifen der Vögel ähnlich sei."

Hamilton konnte niemand finden, der ihn nach Koffra und Gebabo begleitet hätte, und wandte sich dann von Djalo nach Siuah. Ebenso ging es von Beurmann, ebenso ging es 1868 mir.

Aber jetzt waren wir doch in Taiserbo, der nördlichsten Insel von Kufra. Und wie übertraf die Oase alle Erwartungen! Wir glaubten bislang, dass wir nur einen von einigen Palmen umgebenen Brunnen vorfinden würden, so aber hatten wir bereits von Norden nach Süden innerhalb der Oase über 30 km zurückgelegt und lagerten nun angesichts des alten

Stammschlosses Djrángedi, von dem aus die frühern Sultane der Tebu in Taiserbo ihr Volk beherrschten.

Die Suya, welche sich dort schon aufhalten und theilweise zum Stamme der Bu Guetin gehören, empfingen uns sehr freundlich, und die herrlichen Datteln, die man traubenweise von den uns beschattenden Palmen schnitt, mundeten nach den anstrengenden Märschen vortrefflich. Aber Gastfreundschaft wurde kaum geübt, man erwartete als Gegenleistung baares Geld, das wir auch gaben. Wir befanden uns in Taiserbo nun schon circa 250 m über dem Meere, da wir von Audjila und Djalo aus ganz unmerklich anstiegen. Aber so sanft erhebt sich von dieser Syrtendepression der Boden nach dem Süden zu, dass man von einer Steigerung nicht das mindeste merken kann.

Unser erster Besuch galt dem alten Gasr, welches von weitem wie ein Erdhaufen aussieht, in dessen Ruinen sich aber noch Gemächer, Balkenlagen und aus Salzklumpen errichtete Mauern erkennen lassen. Auf dem Rückwege gelang es mir sogar, einen Kopf hier auszugraben, der aus der ehemaligen Sultan-Familie stammte und also einer der echtesten Tebu-Schädel sein dürfte. Der Sohn des Schich Djib al Lah el Abid behauptete sogar, es sei der seines Urgrossvaters. Und als ich sagte, es sei unter solchen Umständen die Mitnahme des Schädels seines Ahns eine Entweihung, erwiderte er, es schade das nichts, der sei ein "Kafir", d. h. ein Ungläubiger gewesen. Dicht hinter Djrángedi erstreckt sich ein grosser Salzsumpf mit vielen Wassertümpeln; ringsherum in tropischer Fülle wuchert Kasbah und Ethel so dicht durcheinander, dass man nur auf einigen künstlichen Pfaden durchdringen kann. Auf den Pfützen waren wilde Gänse und wilde Enten, mitten in der Sahara eine gewiss seltene Erscheinung. Etwas weiter hinaus sieht man abermals die Ruine eines Gasr.

Unsere uns begleitenden Suya zogen nun nach den verschiedenen Palmenbeständen, der eine nach el Haua, der andere nach Mahbus, der dritte nach Djesira, welche Palmenbestände von den Suya als Orte bezeichnet wurden und gewiss auch früher Tebu-Ortschaften enthielten. Heute gibt es hier aber höchstens Palmenhütten. Die meisten Araber ziehen es vor, einfach im Schatten der hohen Palmenbüsche zu lagern. Unsern eigenen 240 m über dem Meere gelegenen Lagerplatz bestimmte Dr. Stecker zu 25deg.37'44" nördl. Br. und 21deg.25'20" östl. L. von Greenwich. Derselbe lag circa 1 km südöstlich von Gasr Djrángedi.

Nördlich vom Uadi befindet sich ein grosser Kirchhof mit zahlreichen, meist runden Gräbern, welche mit kleinen, aus harten Sebchamassen verfertigten niedrigen Kuppeln versehen sind. Ich entdeckte den Kirchhof erst nach der Beraubung auf dem Rückwege und konnte daher wegen mangelnden Werkzeugs leider kein einziges Grab öffnen. Aber bei verschiedenen konnte man durch Löcher hineinsehen und entdeckte dann die Todten in sitzender Stellung und von Matten bedeckt, welche, zum Theil gut erhalten, zum Theil zerfallen, nicht aus Palmblättern bestanden, sondern aus Halfa mta Kufra geflochten waren und alle dieselbe Ordnung zeigten, d. h. es wechselten immer je vier Strähne miteinander ab. Künftigen Reisenden möchte zu empfehlen sein, sich mit Wasser zu versehen, um durch Erweichung die Gräber zu öffnen; Wasser ist überall in der Oase und zwar sehr gutes zu haben, und kein noch so harter Erdsalzklumpen widersteht dem schmelzenden Einfluss. Etwas nördlich vom Friedhof der Tebu sieht man eine grosse Ruine moderner Construction. Es ist das die erste Anlage der Snussi, welche hier zuerst eine Sauya gründetöin, die sie jedoch später wieder aufgaben, um den Sitz nach Kebabo zu verlegen. Wie ich hörte, soll aber auch diese Sauya wieder besiedelt und bezogen werden.

Der mit Vegetation bestandene Raum der Oase Taiserbo, die sich oblong von Westen nach Osten zieht, hat nach Dr. Behm's Berechnung 6343,2 qkm Flächeninhalt, ist also ungefähr so gross wie das Grossherzogthum Oldenburg. Die Oase unterscheidet sich hinsichtlich der Vegetation sehr von den meisten übrigen Oasen, weil alles eine vorzugsweise mit Halfa mta Kufra bestandene Hattieh bildet. Doch kommt auch Rissu, Had Kasbah und Ethel vor, sowie im Süden bei Mahbus ein schöner grosser Talha-Wald, dessen Ausdehnung man - er war licht bestanden - nach Südwesten gar nicht absehen konnte. Schilf, und ein einziges Exemplar des Suakbaumes, dessen Existenz aber durch mitgebrachte Blätter bewiesen werden konnte, bilden so ziemlich alles, was an Pflanzen in Taiserbo zu nennen ist.

Fast aller Orten und bei geringer Tiefe findet man Wasser, welches zum Theil mineralisch, wie das der Ain Djelaled, in deren Nähe wir campirten, zum Theil aber ganz süss ist. Ain Djelaled hatte, bei 2 m Tiefe und 35deg. Lufttemperatur, 24deg. Wärme.

Wir blieben in unseren Lager bis zum 5. August. Da unsere Kamele mehr noch, als wir, der Ruhe bedurften, so gingen wir auch an dem Tage nur bis zu dem circa 10 km südlich gelegenen Mahbus, wo ein anderer der uns begleitenden Suya einen grossen Palmenwald besass. Die Datteln waren hier von vorzüglichster Güte, und das Trinkwasser so süss, wie wir es seit dem alten Römerbrunnen zwischen Euhesperis und Automalax nicht mehr vorgefunden. Hier rasteten wir noch bis zum 7. August abends und verliessen dann die Oase, um nach dem circa 100 km entfernten Buseïma zu ziehen, dessen Namen wir nun zum ersten male hörten und zugleich erfuhren, es sei eine Oase auf dem Wege nach Kebabo.

Wer Entdeckungsreisender ist, wird ermessen können, mit welcher Freude wir daran gingen, diese Oase zu erreichen, von deren Existenz man absolut keine Kenntniss gehabt hatte. War die Oase gross, klein? Das waren die Fmgen, die wir oft genug unsern Begleitern vorlegten, aber wir erfuhren nichts Bestimmtes, nur dass sie am Fusse eines Bergs und an der Seite eines Sees liegen sollte. Ein See mitten in der Libyschen Wüste! Scharf südöstlich haltend, mussten wir abermals eine kiesige Ebene durchschreiten, welche sich zuletzt in grosse, aber harte Sandwellen auflöste. Endlich aber erblickten wir schon von den höchsten Sandwegen aus die schönen Berge dieser Oase. Wenn man tagelang über Flächen wanderte - und was für Flächen! - dann imponiren auch kleine Berge (die Djebel Bu-Seima 388 m absolut), zumal wenn sie sich mit malerischen Formen darstellen: schwarz und zackig die ganze Längsseite. Und was war das? Ein blauer See mit starker Brandung? Ja, der See existirte in der That, aber der Wellenschlag wurde hervorgezaubert durch das Wüstengespenst, die Fata-Morgana. Ein breiter Saum weissen Salzes an der nördlichen Seite des Sees gewann infolge der starken Vibration der erhitzten Luft in täuschendster Nachahmung das Ansehen einer Seebrandung, wo denn freilich nicht das Wasser, wohl aber die heisse Luft ihre Wellen schlug, die auf silbernem Salzgrund gegen die schwarzen Berge und Palmen tosten.

Buseïma oder Bu-Seïma liegt am Südfusse eines von Norden nach Süden sich erstreckenden Bergzugs, um einen daselbst befindlichen Salzsee. Unser Lager, unter 25deg.11'42,5'' nördl. Br. und 22deg.15' östl. L. von Greenwich am Wasserufer gelegen, hatte vollkommen süsses Wasser, welches man, wie auf vielen Oasen, in unmittelbarster Nähe des salzigen Sees der Erde entlocken kann. Der mit Vegetation bestandene Boden beträgt nach Behm's Berechnung 319,9 qkm, wobei zu bemerken, dass diese Angabe ziemlich genau ist, da wir durch Abgehen den Umfang der Oase feststellen, wie überhaupt vom Berge aus sie ganz überschauen konnten. Bei den andern von uns besuchten Oasen darf man aber die Zahlen nur als auf Schätzung beruhende betrachten, die allerdings so gewissenhaft wie möglich vorgenommen worden ist. Der See, der äusserst concentrirtes Salzwasser enthält, erstreckt sich von Nordwest nach Südost, und der Längendurchmesser beträgt etwa 10 km. Die Ufer sind mit zwei Arten von Kasbah, sowie mit Schilf aufs dichteste bestanden, oft reichen auch die Palmbüsche unmittelbar an den Rand des Wassers hinan. Um den See lagert sich, durchschnittlich in der Breite eines Kilometers, die mit grossen Palmbüschen bestandene Oase. Aber auch viele Feigenbüsche gibt es hier, offenbar verwilderte, welche von den ehemaligen Bewohnern, den Teda, herstammen. Man brachte uns Feigen, die zwar nicht besonders, aber doch geniessbar waren. Da aber die Suya sie grösstentheils unreif pflückten und assen, so bemerkte ich die das Fleisch auflösende Kraft des Feigensaftes sichtbar an mehreren von ihnen, welche sich die ganze Mundhöhle verwundet hatten.

Pflanzen fanden sich hier dieselben, wie in der nördlichen Oase, nur fehlten Talha, sowie Had. Buseïma scheint aber ein Aufenthaltsort vieler Falken zu sein; auf dem Rückwege wurden mehrere gefangen. Die Suya nennen den grössern Bu Hauam, den kleinern Bu Scheraga. [97] Auf dem Hinwege trafen wir nur einen kleinen graubräunlichen Vogel, der einheimisch hier wie in Kebabo zu sein scheint, und auf eine Schlange Jagd macht [98], die sich in wirklich erstaunlicher Menge hier vorfindet, bis zu einem Meter lang wird, eine gelbbräunliche Farbe hat und fast in jedem Palm- und Feigenbusche haust, aber nicht giftig ist. Sie pflegt sich um die Zweige eines Feigenbusches oder die Djerid zu ringeln - die Feigen bilden keine Bäume, sondern Büsche - und wartet nun mit erhobenem Kopfe auf die Vögelchen, welche ohne Arg sich auf die Schlange setzen, die sie für ein Palmblatt oder einen Feigenzweig halten. Ich hatte in Buseïma Gelegenheit, einen kleinen Vogel, dessen ängstliches Zwitschern mich herbeilockte, aus dem Rachen einer solchen Schlange zu befreien, ein kräftiger Hieb mit dem Stock schlug sie entzwei. Das Vögelchen flatterte fort, aber starb doch bald darauf. Räben und Wiedehopfe scheinen ebenfalls einheimisch zu sein, und wenn die Zugzeit ist, dient diese

Oase, wie die übrigen, als Halte- und Ruhepunkt. Wir trafen, ausser den genannten, auch Störche und Schwalben, welche, als wir im October zurückkamen, nach Süden zogen. Interessant war es, anzusehen, wie die Falken Jagd auf die Thiere machten.

Während wir auf dem Hinwege auf keine Gazellenspuren stiessen, fanden wir solche in Menge auf dem Rückwege. In grosser Zahl kommen sie nur in Erbehna vor. Aber Fenneg, Springratten, Mäuse, Far (pl. Firane) und eine Ratte mit grossen Füssen, Beyut genannt, sind sehr häufig. Dann verschiedene Eidechsen, Spinnen und Ameisenarten. Aber in ganz Kufra, sowie überhaupt südlich vom Bir Rissara, fehlen alle Schnecken.

Aeusserst interessant erschien uns am Fusse eines Berges das Ruinenfeld eines Dorfes, in welchem die runden und viereckigen Häuser mit gutem Mörtel gemauert gewesen waren, und zwar so fest und widerstandsfähig, dass jeder Versuch, eine Mauer zu zerstören, äusserst schwer hielt. Diese Bauten unterschieden sich von den gewöhnlichen Ruinen der Tebu durch die Grösse der wenn auch nicht behauenen, doch sorgfältig ausgewählten Steine. Aber wie staunte ich, als ich, um die Höhe aufzunehmen, den Djebel Buseïma erstieg und hier nun auf der südlichsten Ecke ein grosses und so gut erhaltenes Dorf fand, dass man nur die ehemaligen Strohdächer auf die runden Steinhütten zu setzen brauchte, um sie sofort beziehen zu können. Und nicht allein das Dorf, sondern die ganze vom übrigen Gebirgsstock durch eine Einsattelung getrennte Bergecke, die Zugänge, die etwaigen Pfade, die hinaufführten, Wachtplätze u. s. w., alles war befestigt und zu einer energischen

Vertheidigung eingerichtet. Oft genug mögen sich hier die Teda vor den räuberischen Einfällen der Araber oder Tuareg zurückgezogen und durch den Ruf "Kerkora", d. h. "habt Acht!", ihre Landsleute gewarnt haben, bis sie endlich dem Feinde und hauptsächlich wol der Feuerwaffe erlagen.

Aber nicht nur hier war eine solche Zufluchtsstätte, sondern mein Begleiter fand eine ebenso gut angelegte Befestigung auf einem kleinen Hügel mitten im Sebcha von Buseïma.

In Buseïma fanden wir Sandstein und Kalk und das Ganze von einer Masse übergossen, welche wie Lava aussah. Der Boden der schmalen Oase ist nicht besonders, obschon eine üppige Vegetation von Schilf, Rohr und Palmbüschen sich entwickelt. Die Palmen werden nur zum Theil befruchtet, da sich hier niemand aufhält. Doch hat man auch hier junge Anpflanzungen angelegt, welche aber, da ihnen die erste Pflege zu fehlen scheint, nicht besonders gedeihen, wenigstens nicht so gut, wie in Taiserbo und Kebabo.

Als wir Buseïma verliessen, hielten wir dieselbe Richtung inne, nämlich Südost zu Ost, und fanden, dass die Hauptinsel Kebabo von Buseïma ebenso weit entfernt ist, wie diese von Taiserbo. Aber wir hatten nun bedeutende Dünen zu übersteigen, was unsern ohnedies schon müden Kamelen viele Schwierigkeiten bereitete. Wie mancher warf ab; und mehrere mal waren die Gehänge so steil, dass alle Mann herbei mussten, um Treppen mit den Händen in den Sand zu wühlen, damit die Lastthiere besser festen Fuss fassen könnten. Man lässt einen einzelnen schwarzen Zeugen, der den eben nicht decenten

Namen Gor Sibbel el Abid führt, westlich liegen, und bald darauf erblickt man im Süden die imposante Kette des Djebel Neri, welche von Ost nach West verläuft, ebenfalls von schwärzlicher Farbe ist und den Kufra-Archipel in eine nördliche und südliche Hälfte theilt. Im Sande finden sich nun jene merkwürdigen Gebilde, die oft wirkliche Blitzröhren sind, manchmal aber auch nur solche zu sein scheinen. Auch erinnern einige von ihnen an die Gehäuse des Röhrenwurms, und ich lasse es dahingestellt sein, ob es nicht in der That solche gewesen sind. Auch kleine winzige, inwendig feste Kalkstückchen findet man, als ob es versteinerte Würmer wären. Nur etwa 30 km bleibt der Gebirgszug Neri von der Karavane entfernt im Südwesten liegen, und die Suya erzählten uns, dass sowol oben auf dem Plateau des Gebirgsstocks, als auch am Fusse des Nordrandes sich ein Brunnen befinde, und auch einige Palmen dort wachsen. Sehen konnten wir keine.

Von einer Düne östlich vom Wege, welche über 100 Meter hoch ist, kann man ziemlich halbwegs zwischen Buseïma und Kebabo den Berg, an welchem Erbehna liegt, sowie das im Nordosten sich erstreckende Gebirge von Sirhen erblicken, obschon letzteres sich nicht unmittelbar bei Sirhen, sondern zwei Tagereisen südlich davon befindet. Die Dünen, welche man durchwandert, haben keinen bestimmten Verlauf, wie z. B. im Osten der Libyschen Wüste oder südlich von Algerien; aber aus der Vogelperspective würde man doch vielleicht einen Streifen derselben von Nordost nach Südwest erkennen können. Der Sand besteht aus Quarz und Kalktheilchen, ist aber mitunter, wahrscheinlich durch Beimengung von Eisenpartikelchen, dunkler gefärbt. Etwas nördlich vom Gor el Hauari, welcher wie die übrigen Zeugen eine Fortsetzung des Djebel Neri [99] ist, kommt man in eine charaschaf-artige Gegend, die Sanddünen gehen über in flache, grosse und harte Sandwellen, und endlich erreicht man wieder Sserir, kiesigen Boden, aus welchem aber jene stehengebliebenen Zeugen hervorragen. Nun sieht man aber auch jene merkwürdigen, öfters auch an andern Theilen der Wüste beobachtete Gebilde: grosse und kleine Kugeln, bald mathematisch rund, bald knorpelig und oval, manchmal hohl, manchmal mit hellem Sand gefüllt, zuweilen voll von derselben glasigen Masse, aus der die Rinde der Kugel besteht; dann auch aus derselben Masse fladenartig aufgewickelte fusslange und fussdicke Röhrengebilde. Der ganze Boden ist davon bedeckt, und die kleinern Bruchstücke verleihen ihm den schwarzen Ton.

Am 13. August erreichten wir den nordöstlichsten Theil von Kebabo, Hueuïri ([az]) genannt, und befanden uns somit in der Hauptoase Kebabo. Wir lagerten in einem schönen Palmwalde, welcher dem Schich Krim Bu Abd el Rba gehörte, dessen Leute uns aufs freundlichste aufnahmen. Ueberhaupt hatte bisjetzt nichts vermuthen lassen, dass wir bald in eine so entsetzliche Lage gerathen sollten, da die Suya immer aufmerksam und freundlich gegen uns gewesen waren. Und wenn ja einmal einige Zwistigkeiten zwischen uns vorkamen, so vermittelten stets die Schiuch, sodass ernstliche Zerwürfnisse bisjetzt gar nicht stattfanden.

Am Abend desselben Tags - mit grosser Schnelligkeit hatte sich nach allen Richtungen das Gerücht unserer

Ankunft verbreitet - kamen von verschiedenen Orten, von Djof, Buma und namentlich von der Sauya, eine Menge Suya unter Anführung von Chuan [100] der Snussi herbei. Es wurde unfern unsers Lagers eine mehrstündige lebhafte Sitzung gehalten, die sich zuweilen zu einem wahren Höllenlärm steigerte. Ich glaubte damals, es handle sich um interne Angelegenheiten, wie solche ja so häufig zu langen und lauten Erörterungen Veranlassung geben. Aber mit nichten. Wie ich später erfuhr, hatten jene Sendlinge einfach unsere Auslieferung verlangt, um uns zu tödten. Unser Hab und Gut sollte getheilt werden. Aber es siegte damals der Wille der Schiuch der Suya, die es gut mit uns meinten; und namentlich der Umstand, dass wir uns auf Grund und Boden unsers spätern Lebensretters befanden, trug wol nicht wenig dazu bei, unsere Auslieferung zu verhindern. Von dem Augenblicke an mochten aber die verbrecherischen Gedanken im Hirn Bu Bekr Ba Guetin's eine bestimmtere Gestalt an nehmen, da er merkte, auf welche und wie mächtige Bundesgenossen er bei seinen Plänen würde zählen können. Man debattirte nun darüber, da man dem Ansinnen, uns auzzuliefern, nicht nachgab, wo wir lagern sollten. Und wäre man nur darauf eingegangen, uns in Hueuïri zu lassen, vielleicht wäre dann viel Unglück vermieden worden. Man beschloss aber, wir sollten mit Bu Guetin nach Boëma ziehen, dem südöstlichsten und abgelegensten Orte von Kebabo. Theils hatte man auch recht, weil Buma, Djof, Hueifiri und alle übrigen Palmenwälder Durchzugsörter der Karavanen sind, wobei es leicht zu feindlichen Reibereien zwischen uns und den Fanatikern kommen konnte:

286

alle Tage kamen ja jetzt Zuzüge vom Norden, wie auch vom Westen, nämlich Tebu, welche westlich von Surk und Djof, namentlich in Tolelib lagerten.

Den Schich Bu Guetin erkor man deshalb zu unserm speciellen Schutzherrn, weil wir mit ihm am vertrautesten standen, er war fast ein Diener von uns geworden, und seinen Bruder, Mohammed Bu Guetin, hatte ich wirklich und ohne Bedenken engagirt, weil ich ihn durch zahlreiche Wohlthaten verpflichtet glaubte. Aber es scheint fast, dass bei manchen Menschen, wie auch bei Nationen, Wohlthaten die entgegengesetzte Wirkung äussern: dass sie nicht Dankbarkeit, sondern Neid und Rache erwecken, wenn von letzterer die Rede sein kann. Das schien auch mit Bu Guetin der Fall zu sein: je mehr Wohlthaten ich ihm erwiess, je mehr er Geschenke erhielt, desto grössern Hass gegen mich und uns alle schien er in seinem Innern anzuzammeln, und nothgedrungen, wie bei einem Vulcan, musste es endlich bei ihm zu einer Eruption kommen.

Demnach gingen wir von Hueuïri über den inmitten Kebabos befindlichen Gebirgszug nach Boëma, welches nur circa 16 km davon entfernt ist, und richteten uns hier häuslich ein. Unser Lagerplatz war überaus schön. Mächtige Palmbüsche überall, untermischt von Feigen!

Vor uns, bei einer sumpfigen Niederung, wuchsen Ethel (Tamarix), und im Norden war das Bild abgegrenzt durch jenen Grat, welcher Hauari und Hueuïri von dem südlichen Theile von Kebabo trennt. Im Süden dehnte sich bis fast an die südlichen Berge eine üppige Kamelweide aus, ebenso nach Osten, und die Spuren ehemaliger Tebu-Besiedlungen gaben dem Ganzen auch einen historischen Grund. Ich liess unsere Zelte mit einer Einfriedigung von Palmen umgeben, fing an, die Waaren, Vorräthe und Geschenke, die nun Tag für Tag mit den Suya eintrafen, aufzuspeichern, und richtete mich für einen längern Aufenthalt ein. Theils hatten ja auch die Kamele eine anhaltendere Ruhe nöthig, theils wollten die Suya nicht gleich aufbrechen. Alle die schönen, von uns beabsichtigten Pläne, z. B. der Verfolg der Oase bis zu ihrer östlichsten Grenze, um zu sehen, ob von dort wirklich ein Weg nach den ägyptischen Oasen führe, oder der Besuch Erbehnas, jener Oase im Westen, kamen nicht zur Ausführung, da wir schon vom folgenden Tage an aus einer aufregenden Scene in die andere geriethen, bis man uns nach 10 Tagen Aufenthalt in Boëma zu Gefangenen erklärte, welche Gefangenschaft mit Flucht und vollständiger Ausplünderuug unsers Lagers endete.

Gleich am folgenden Tage stürzte eine grosse Zahl bis an die Zähne bewaffneter Suya in unser Zeltlager und verlangte auf der Stelle den "Hak el drub", d. h. Weggeld. Es befand sich unter ihnen als Haupträuber der Schwiegersohn Bu Guetin's, ein gewisser Ssala. Nur durch äusserste Ruhe und Kaltblütigkeit verhinderte ich an dem Tage eine Plünderung und vielleicht noch Schlimmeres; aber von dem Augenblick an wurde mir klar, welch Menschenkind Bu Guetin sei. Er sass auf einer der Kisten in meinem Zelte, und rief mit bedeutungsvollem Blicke: "Ich sitze hier auf den Schätzen, in dieser Kiste ist das Geld."

In den Augen der Chuan [101] der Snussi galten wir für vogelfrei: der eigentliche Herrscher von Kufra, Omar Bu Haua, hatte mir ja und absichtlich keinen

Empfehlungsbrief für die dort befindliche Sauya mitgegeben. Der Hass der Chuan steigerte sich derart, dass sie sogar unsern Begleitern den Zutritt zur Sauya el Istat verboten. Wir selbst aber durften es gar nicht wagen, uns dem Kloster zu nähern.

Die Sauya el Istat in Kufra hat jetzt schon fast einen ebenso grossen Ruf der Heiligkeit, wie Djarabub selbst. Ja, sollte es sein, dass in Aegypten dereinst eine andere Herrschaft platzgreift und somit Siuah, in welcher Oase Djarabub liegt, in andere Hände kommt, dann machen die Snussi gewiss die Sauya von Kebabo zur Centralstelle ihrer Bestrebungen. Die reichste Sauya ist sie jetzt schon. Man bedenke nur, dass ein Viertel aller Palmen in Kufra den Snussi geschenkt wurde, und wie viele haben sie selbst seitdem angepflanzt!

Da die Snussi während des Verlaufs der Expedition eine so verhängnissvolle Rolle spielten, so scheint es mir geboten, näher auf diesen Orden einzugehen, zumal erst dadurch der ganze Gang der Ereignisse in Kebabo die richtige Beleuchtung erhält.

Der Orden der Snussi ist verhältnissmässig neu, und wir werden wol nicht weit von der Wahrheit abgehen, wenn wir die Stiftung desselben ins Jahr 1849 oder 1850 verlegen. Denn als Heinrich Barth 1847 durch Cyrenaïka reiste, existirten die Snussi noch nicht; wenigstens erwähnt er des Ordens in seinen "Wanderungen u. s. w." nirgends; es erscheint uns aber ganz undenkbar, dass unser als so gewissenhafter Beobachter bekannter Landsmann eine in alle Verhältnisse so tief eingreifende Genossenschaft könnte übersehen, haben. Dagegen sagt Hamilton, welcher die Cyrenaïka 1852 durchreiste, S. 96 in sei nen "Wanderings in North Africa":

There is one nuisance in Cyrene, too characteristic of the country not to be mentioned. A small community of Der-wishes or Marabuts, as they are called here, has estab-lished itself lately in one of the largest tombs not far from the fountain. They belong to an order recently founded by a respected saint, called the Sheikh Es-Snoussi, and their president in Grennah is a fanatic of the first water, who will not defile his eyes by even looking at a Christian, etc.

Smith und Porcher [102] machten schon viel schlimm-mere Erfahrungen mit einem gewissen Sidi Mustafa, welcher während ihrer Anwesenheit Schich der Snussi Chuan in Cyrene war. Glücklicherweise fan-den sie Schutz bei englischen Soldaten und fortwäh-rend hielten sich englische Kriegsschiffe an der na-hen Küste auf, sonst würde ihnen von diesen Fanati-kern wol das Schlimmste begegnet sein.

Als Henri Duveyrier seine Reise machte fand er die Snussi schon vollständig als Ordensgesellschaft or-ganisirt. Er führt die Stiftung der Sekte sogar auf die Eroberung von Algier zurück, was jedoch irrthüm-lich zu sein scheint. Aber Duveyrier gibt S. 304 seines Werks die ersten bestimmten Notizen über Djarabub oder, wie Duveyrier schreibt, Jerhajib.

Cependant Es-Senoussi, sentant la mort venir et trouvant le Djebel el Akhdar (Barka oder Cyrenaïka) *encore trôp rapproché des Turcs de Ben-Gâhzi et des consuls qui y résident, ordonna la création d'une nouvelle zaouiya à Jerhajib, dans un désert un peu au Nord de la route de Sioua à Audjela. A Jerhajib, il n'y avait qu'un seul puits d'eau amère, dans une vallée, au milieu du vide; de nou-veaux puits y ont été creusés et la zaouiya s'est élevée*

comme par enchantement. Au printemps 1861 on y plan-
tait des dattiers, etc.

Dass Henri Duveyrier ebenfalls genug von den Snussi zu leiden hatte, ist bekannt, und so ist es fast jedem
Reisenden gegangen, der sich innerhalb des Bereichs
ihrer Machtsphäre befand.

Si Mohammed Snussi oder Sidi el Hadj Mohammed
es Snussi ist zu Tlemçen im Anfange dieses Jahrhunderts oder vielleicht am Ende des vorigen geboren
und starb Mitte der sechziger Jahre in Djarabub, woselbst er auch beerdigt liegt. Früh von Algerien aus-
wandernd, vielleicht schon ehe die Franzosen die
Regentschaft eroberten, bekam er seine Erziehung in
Fes und besuchte dort namentlich die berühmte Ka-
ruin-Universität. Sein Hass gegen die Christen erhielt Nahrung in Marokko, wo man mehr als in irgendeinem andern mohammedanischen Lande die
Andersgläubigen verabscheut, ausserdem aber dadurch, dass er den Schmerz erleben musste, seine
Heimat in den Händen der Franzosen zu sehen.

Und in jenem Lande fasste er auch wol zuerst den
Plan, einen religiösen Orden zu stiften, an dessen
Spitze er sich selbst stellen wollte. Marokko ist ja das
Heim der religiösen Genossenschaften, und die in
Westafrika verbreitetste, die von Muley Thaib,
herrscht bis nach Tripolitanien mit unumschränkter
Gewalt. Vor allem musste er erst Hadj werden und
zwar durch eine Pilgerreise nach Mekka, die er auch
ausführte, und wenn er, was nicht sicher erwiesen
ist, nicht wirklich Scherif (d. h. Abkömmling Mohammed's) war, so machte er sich doch dazu, indem
er sich von nun an "Mulei" oder "Sidi", d. h. gnädiger
Herr, nennen liess. Er reiste sodann nach Konstanti-

nopel, wo er durch sein frommes Gebaren so zu imponiren verstand, dass man seinen Plan, im Osten von Afrika einen religiösen "revival" in Scene zu setzen, für vorzüglich fand, und der Sultan ihn mit einem Firman ali ausrüstete, wodurch er ermächtigt wurden sich irgendein beliebiges Stück Land zur Gründung einer Sauya auszusuchen.

Der Schich Snussi wählte Djarabub, genau da gelegen, wo auf der östlichen Stieler'schen Mittelmeerkarte Santariah verzeichnet steht, und das nun der Hauptort und Mittelpunkt einer der mächtigsten religiösen Genossenschaften wurde. Liess er sich durch Zufall leiten oder bestimmten ihn dazu gewichtige Gründe? Schwer wird das zu entscheiden sein. Er hätte ja in der östlichen Wüste viel besser gelegene, mehr von der Natur begünstigte Punkte finden können, als Djarabub, wo in der That, wie Duveyrier sagt, nur Bitterwasser zu finden ist. Aber dem ist längst durch grosse Cisternen abgeholfen, welche einen reichlichen Vorrath Regenwasser sammeln. Vielleicht liess er sich durch geschichtliche Reminiscenzen leiten. Denn die Oase des Jupiter Ammon ist seit Jahrtausenden religiöser Mittelpunkt gewesen. Hierher soll Hercules gepilgert sein, hierher kam wirklich Alexander der Grosse und selbst Cato richtete Fragen an den Gott in der Libyschen Wüste. Es gab eine Zeit, in welcher ein grosser Theil der damaligen Welt ebenso gläubig auf die Aussprüche der Priester des Ammonium lauschte, wie heute auf die Decrete des Vatican. Und als mit dem Aufhören der ägyptischen Gottheit die Oase christlich wurde, befand sich dort abermals ein berühmtes christliches Heiligthum, denn die Lesart Sanmaria

[103] für Santaria scheint mir mehr für sich zu haben, da hier wahrscheinlich ein der Maria geweihter Tempel stand. Anfangs seit Verdrängung des Christenthums durch den Mohammedanismus lässt sich kein bestimmtes Heiligthum der Mohammedaner nachweisen, jetzt aber gelangte Djarabub durch die rapide Verbreitung der Lehren der Snussi weit über die Grenzen der Libyschen Wüste hinaus zur höchsten Berühmtheit. Es gibt im Westen, in Tuat, schon Anhänger dieses Ordens, und in den nordcentralafrikanischen Ländern schwört alles auf Sidi Snussi, sodass dieser grosse Heilige dort viel mehr verehrt wird, als der Prophet selbst, und wenn die Tebu in Kufra z. B. einen Eid ablegen, so gebrauchen sie als stärkste Bekräftigung: "el Hak Sidi Snussi", d. h. "bei der Wahrheit Sidi Snussi's". Es kamen während unsers Aufenthalts in Kufra sogar Pilger aus dem französischen Senegalien, deren Ziel nicht etwa Mekka war, sondern Djarabub. Eine solche weite Reise, die sie für verdienstvoller zu halten scheinen, als eine Reise nach Mekka, erhob sie in den Augen derjenigen Bewohner, deren Länder sie durchzogen, zu verdienstvollen und heiligen Männern.

Es ist von vielen Mohammedanern, namentlich aber von andern Ordensbrüdern, wie das ja auch ganz natürlich ist, behauptet worden, die Snussi seien Choms [104], d. h. gehörten nicht den vier allein berechtigten orthodoxen Riten der Sunniten: den hanbalisten, Schaffeïsten, Malekiten und Hanefiten an. Und es lässt sich nicht leugnen, dass dieser Vorwurf eine gewisse Berechtigung hat, da die Snussi Brüder die beim Beten vorgeschriebenen gymnastischen Bewegungen etwas anders machen, sowie sie auch bei den Worten des Gebetes selbst einige Silben verkürzen oder verlängern, was äusserst störend auf die Rechtgläubigen wirkt. Wie entsetzlich ist es z. B., wenn der Snussi am Ende der Fötha (erstes Koran-Kapitel) anstatt dâââlin kurzweg dâlin, oder ganz am Ende anstatt Aamiiin (Amen) kurzweg Amin sagt! Wegen solcher Fragen fand in Bengasi verschiedenemal zwischen den Snussi und den Ordensbrüdern der Malekiten und Hanefiten ein gelehrter Disput statt, aber zu einer Einigung kam es nicht. Welch ein Lärm auch, wenn eine der Parteien in einer so äusserst wichtigen Sache zum Rückzug geblasen hätte!

Niemand aber wagte es bisjetzt, die Snussi des Chomsthums anzuklagen, denn wo sie sind, da herrschen sie. *Sint ut sunt, aut non sint,* kann man auch von ihnen sagen. Was sie aber unter allen mohammedanischen Orden und Sekten noch besonders auszeichnet, ist nicht der blosse Fanatismus innerhalb ihrer eigenen Religion, sondern der glühende Christenhass, der sie in dieser Beziehung zu jedem Verbrechen antreibt, wenn dasselbe ausserhalb des Bereichs des irdischen Richters begangen werden kann; nur dieser allein vermag ihren Leidenschaften einigermassen noch einen Zaum anzulegen, denn vor zukünftiger Strafe fürchten sie sich durchaus nicht, so sehr sie auch äusserlich sich den Anschein davon geben.

Der augenblickliche Schich der Snussi, Sidi el Madhi ben Snussi ist der älteste Sohn des Stifters des Ordens, lebt verheirathet in Djarabub, hat mehrere Kinder, verliess noch nie das Sanctuarium, thut täglich, wie sein verstorbener Vater, Wunder und kann nicht nur als der einflussreichste, sondern auch als der reichste Mann der ganzen östlichen Wüste betrachtet werden.

13. Kufra (Fortsetzung)

Man wird nach dem über diesen einflussreichen Orden der Snussi im vorhergehenden Kapitel Gesagten den Verlauf der Handlung besser würdigen und sehen, welche klägliche Rolle diese Religiosen, namentlich die obersten Chuan derselben spielten.

Man hielt nun täglich lärmende Sitzungen in Boëma, oft ohne mein Beisein, oft auch wurde ich zugezogen. Immer handelte es sich um Gelderpressungen. Die Summe, welche ich in Bengasi erlegen musste, war deshalb so hoch angesetzt worden, weil die Escorte erklärte, sie hätten an alle ihre Angehörigen einen bestimmten Theil dieses Geldes abzugeben; nun aber verlangten die in Kufra schon wohnenden oder sich aufhaltenden Suya, ich solle noch einmal zahlen; man verlangte 1000 Maria-Theresienthaler. Ich weigerte mich natürlich, denn hätte ich gezahlt, so würde eine weitere Erpressung die Folge gewesen sein.

Aber andern Erpressungen konnte ich mich nicht entziehen. Es ging das Gerücht, der Sultan von Uadaï wolle weder Türken noch Christen in sein Land hereinlassen, und eine gewisse Wahrscheinlichkeit hatte das ja für sich. Man beschloss darauf, Boten nach Uadaï zu senden, und zum Theil bezahlte ich dafür die Gelder; aber der Bote ging nie ab. Vollkommen isoliert war ich jetzt, aber vor meiner Gefangenschaft schon hatte Bu Bekr Bu Guetin und sein ganzer Stamm den Entschluss gefasst, mich zu ermorden und auszuplündern.

Dass man unsere Diener, welche zum Einkaufen nach Djof gehen sollten, zu beschimpfen und zu schlagen begann, dass man sogar so weit ging, mir selbst vorzuwerfen, ich ässe Fleisch und sie hätten nur Datteln zur Nahrung, dass man also jeden Respect, wodurch sich der unter wilden Menschen befindliche Reisende allein zu schützen vermag, ausser Acht nahm, liess mich von jetzt an das Schlimmste befürchten. Und doch war nichts zu machen, um uns aus dieser entsetzlichen Lage zu befreien. Laut unserer Uebereinkunft in Bengasi, so stand im Contract, sollte ich von Kufra aus meine Ankunft daselbst sofort durch einen Kurier melden, um die Freilassung der Geiseln zu erwirken. Ich wollte denn auch gleich am Tage nach unserer Ankunft in Boëma einen Rkas (Bote, der kamelberitten ist) miethen und absenden, aber alles vergeblich: die Antwort war stets: "Wir wollen erst einen Boten abwarten, um zu sehen, ob unsere Geiseln noch in Bengasi sind." In Wahrheit aber wollten sie deshalb keinen Boten senden, weil sie glaubten, die Geiseln wären durch irgendeinen günstigen Umstand ohnedies frei geworden oder seien vielleicht entflohen.

Als ich endlich einen Mann - er war vom Stamme der Bu Guetin - mit vielen Briefen, mit Berichten für die Afrikanische Gesellschaft, und mit einer ganzen Kiste voll Naturalien, worunter besonders kostbare Unica an Spinnen und Eidechsen sich befanden, zum Aufbruch vermochte, nachdem ich ihm das Geld dafür gegeben, ging er zwar, aber nur zum Schein.

Nach einigen Tagen kehrte er zurück mit dem Bemerken, man habe ihn in Hauari angehalten, da die übrigen Suya nicht wünschten, dass ich einen Bericht über Kufra nach der Heimat sende. Später erfuhr ich, dass mein specieller Beschützer Bu Bekr Bu Guetin einfach die Kiste erbrochen, die Briefe und Berichte zerrissen, die Pflanzen und Thiere fortgeworfen, die Steine aber seinen Landsleuten gezeigt und gerufen habe: "Seht die Christen, sie sind in unser schönes Land gekommen, um es auszukundschaften; seht da die Steine, in denen Gold enthalten ist, und welche sie nach ihrer Heimat schicken, um andere Leute hierher zu locken. Bei Gott, das soll nicht geschehen, ungläubige Hunde sollen nicht zum zweiten mal das Land besudeln!"

Man kann sich denken, dass derartige Reden nicht dazu beitrugen, unsere Lage zu verbessern, und als ich die Trümmer unserer mit Mühe gesammelten Naturalien, die Fetzen unserer Briefe sah, da war es mir, als sollten wir Kufra nicht wieder verlassen.

Aber unsere Lage verschlimmerte sich erst recht durch einen von dem Hadj Medhuï von Bengasi an die Schiuch der Suya geschriebenen Brief, in welchem er ihnen anzeigte, der Pascha habe auf meinen von Audjila aus geschriebenen Brief die Geiseln nicht freigegeben, "dass aber eigentlich ich an der Einkerkerung der Schiuch schuld Sei und nur ich sie befreien könne". Das war eine offenbare Unwahrheit, denn ich hatte, wie man sich erinnern wird, nicht nur nicht die Schiuch einkerkern lassen, sondern sogar den Pascha gebeten, sie wieder in Freiheit zu setzen. Dies verweigerte der Pascha aus Utilitätsgründen. Begreiflicherweise goss ein solcher Brief Oel ins Feuer, zumal noch hinzugefügt war, die Geiseln seien in Ketten und einer derselben sei erkrankt. Vergebens erbot ich mich, sofort einen Rkas nach Bengasi zu senden; ich sagte ihnen offen, dass der Gouverneur auf einen nur arabisch geschriebenen Brief gar nicht eingehen würde, weil er einen solchen als erzwungen betrachte. Sie wollten von nichts wissen.

Am 24. August rief man eine Midjeles zusammen welche hauptsächlich aus den Uled Bu Guetin, welche mich doch eigentlich hätten schützen sollen, und den Ait Gaderroha bestand. Nach einer stürmischen und lärmenden Berathung wurde ich gerufen und mir die Mittheilung gemacht, ich sei von jetzt an Gefangener. Wenn es sich bewahrheite, dass die Geiseln zu Bengasi in Ketten seien, wie nämlich der Rkas, der den Brief überbrachte, ausgesagt hatte, dann würde man mich auch in Ketten legen; wenn aber einer von ihnen stürbe, würden sie mich auch tödten. In der That schien Ali Kemali die Schiuch nach einem Fluchtversuche in Ketten gelegt zu haben. So erzählte mir wenigstens später Herr Andonian, der Regierungsdolmetsch. Vor allem aber, das sah ich jetzt, war ihr Bestreben nun darauf gerichtet, womöglich die Geiseln frei zu bekommen, um dann ungehindert über uns und unser Eigenthum verfügen zu können.

Schich Krim Bu Abd el Rba, der mich eines Tags besuchte, und der in seiner Rechtlichkeit gar nicht fassen konnte und wollte, was Bu Guetin gegen mich plante, tröstete mich zwar und meinte, es würde alles noch gut werden, und mit meiner Gefangenschaft sei es kein Ernst. Als ich ihn dann aber fragte, ob er und die Seinigen nicht mit uns nach Uadjanga, nach

Fesan oder auch nach Bengasi aufbrechen wolle, erklärte er erschrocken, ohne die übrigen könne er allein nichts unternehmen.

Einer der mächtigsten Stämme der Suya, die Ait Amera, hatte sich bisjetzt an diesem ganzen Treiben nicht betheihgt. Hauptsächlich in Djof und Tolab ansässig, war er von unserm Lager immerhin 12, resp. 50 km entfernt, jedenfalls jedoch von allen Vorgängen unterrichtet. Der Schich der Ait Amera, Djib el Lah el Abid, ein schon bejahrter Mann, war der Nachkomme jenes letzten unglücklichen Tebu-Sultans von Drángedi in Taiserbo. Sein Grossvater, den als kleines Kind die Suya fortschleppten, hatte durch eine glückliche Wendung die Liebe der einzigen Tochter des Suya-Schich gewonnen, und der aus dieser Ehe entsprossene Sohn und Enkel, Djib el Lah el Abid, war augenblicklich Schich: ein Mann von sehr ehrwürdigem Aeussern und mindestens 70 Jahre alt. Hiernach zu schliessen, muss also die Eroberung von Taiserbo seitens der Suya vor etwa 150 Jahren stattgefunden haben.

Absichtlich hatte man mich immer von den Ait Amera fern gehalten. Bu Bekr Bu Guetin, dem ich gleich bei meiner Ankunft in Boëma sagte, ich wolle den Djib el Lah besuchen und ihm ein passendes Geschenk mitbringen, war absolut dagegen. Er erklärte, der Schich sei ein Fanatiker, er würde mich gar nicht empfangen und ich dadurch nur Unannehmlichkeiten haben. Zum Schich selbst, der andererseits mich zu besuchen beabsichtigte, hatte er gesagt: "Gehe nur nicht zum Bei (meine Wenigkeit), der ist ein schmuziger Geizhals und du erniedrigst dich nur, wenn du ihn besuchst."

Am 5. September kam von Audjila ein gewisser Sidi Agil, ein Bruder des in Bengasi gefangenen Schich Krim Bu Hellak. Dieser, einer der angesehensten Chuan [105] der Snussi, ein wüthender Fanatiker und Christenhasser, brachte unsere Sache zur Entscheidung. Vom Augenblick seiner Ankunft an war ich so fest von unserm Untergange überzeugt, dass ich meinen Gefährten von unserer bedrohten unrettbaren Lage Mittheilung machte. Bislang hatte ich alles allein getragen. Dr. Stecker sowol wie Eckart und Hubmer, welche freilich wol sahen und hörten, wie ich öfter den lärmenden Versammlungen der Suya beiwohnte; die auch erlebten, wie die eingeborenen Diener, namentlich Ali der Gatroner, mishandelt und sogar geprügelt wurden, hatten doch von unserer lebensgefährlichen Lage keine genaue Kenntniss. Dass wir unser Lager von Boëma seit dem 24. August nicht verlassen durften, wussten sie zwar auch, aber dass wir jetzt nächtlich und stündlich überfallen und gemordet werden könnten, kam ihnen unerwartet.

Noch einen Versuch wollte ich machen, die Regierung von Bengasi von unserer Lage in Kenntniss zu setzen, und miethete deshalb einen Mann, von dem ich glaubte, er würde die Botschaft übernehmen und ausrichten. Ein gewisser Suya, Namens Mutta, der am östlichsten Ende der Palmenwälder von Boëma wohnte, war öfters, auch einige mal in Begleitung seiner Frau, in unser Lager gekommen, um uns Datteln oder Lakbi zu verkaufen; er machte den Eindruck eines treuherzigen Mannes, aber auch er nahm das Geld und betrog uns. Er hat nie die Oase verlassen.

Sidi Agil, welcher anfangs jede persönliche Zusammenkunft mied, weil er, wie er sagte, sich durch den Verkehr mit einem Christen nicht verunreinigen wollte, hatte endlich den klugen Gedanken ausgeheckt, ich solle einen Brief schreiben, aber nur arabisch, damit Ali Kemali die Gefangenen freilasse. Das war mir auch ganz recht, nur wünschte ich einige Worte italienisch beizufügen. Ich hatte ja vom Anbeginn meine Absicht kundgegeben, einen Kurier absenden zu wollen. Es wurde ein Brief geschrieben, zerrissen, ein neuer aufgesetzt, aber auch dieser keineswegs abgeschickt, obschon ich von neuem das Geld für den Kurier gab. Und es handelte sich nicht um kleine Summen, denn ein Kurier verlangte 200 M. Die eigentliche Absicht Sidi Agil's und des jetzt eng mit ihm verbündeten Schich Bu Bekr ging dahin, von mir einen Brief zu erhalten, wodurch sie die Gefangenen frei bekämen, den Brief abzusenden und mich dann am selben Tage zu ermorden. Das Schlimme war, dass er mich aber jetzt zwang, einen Brief an Herrn Rossoni und auch arabisch ohne italienische Begleitworte zu schreiben. Denn wenn ich auch wusste, dass der Pascha einem arabisch geschriebenen Briefe keine Folge geben würde, konnte ich nicht ein Gleiches von Herrn Rossoni erwarten. Eigenthümlicherweise hielt Herr Rossoni auch nach meiner Rückkehr noch immer an der Meinung fest, dass die Gefangennahme der Schiuch der Suya Ursache des Misgeschicks der Expedition gewesen sei, obschon er doch selbst als Zeuge den Contract unterschrieben hatte, also damals, wenn auch ungern, die Inhaftnahme derselben billigte. Und als er selbst in diesem Sinne Berichte an die Geographischen Gesellschaften von Rom und Berlin schickte, wusste er freilich nicht, dass ich am selben Tage, an dem ich, zum wievielsten mal erinnere ich mich nicht mehr, meinen arabischen Brief schrieb, ermordet und ausgeplündert werden sollte und dass die Ausplünderung in der That auch erfolgte. Hieraus geht zur Evidenz hervor, dass die Gefangenschaft der Schiuch in Bengasi vollkommen Nebensache für die Suya in Kufra war. Als Herr Rossoni seine Berichte machte, wusste er freilich ebenfalls nicht, dass nach dem misglückten Mordversuch die Suya mich ruhig abziehen liessen, trotzdem die Schiuch noch immer als Geiseln zu Bengasi in Gefangenschaft sassen.

Unsere Angelegenheit hatte sich aber jetzt so zugespitzt, dass ich mit Bu Guetin offen über unsere Ermordung sprach. Wenn ich nun drohte und hervorhob, dass die Regierung Repressalien ergreifen, Schchörre zerstören, an den heimgebliebenen Suya sich rächen und ihnen überhaupt die Rückkehr nach Cyrenaïka verbieten werde, erhielt ich die kalte Antwort: "Wir brauchen gar nicht zurückzukehren; unsere Angehörigen benachrichtigen wir rechtzeitig, zu uns zu stossen, und dann gehen wir nach dem Sudan, wo wir unabhängig, wie die Uled Sliman, leben werden."

Am 11. September aber stürzte abends eine Bande von 30 bewaffneten Suya unter Anführung des frommen Sidi Agil in unser Lager. Es war 9 Uhr abends. Stecker und ich sassen vor seinem Zelt, hatten gerade unser frugales Abendbrot beendet und beriethen, was wol zu thun sei, als wir uns im Nu von einer Menge langer Flinten umstellt sahen und Sidi Agil in fieberhafter Aufregung 1000 Thlr. ver-

langte, um, wie er sagte, mit diesem Gelde den Pascha Ali Kemali zu bestechen, die Gefangenen frei zu geben. Die drohenden Geberden, die fremden Gesichter, von denen wir viele zum ersten mal sahen, das Geldgierige in ihren Mienen, das Schreien und Schimpfen der Rotte hätte mich trotzdem kaum bewogen, ihrem Verlangen nachzugeben. Erst als ich sah, dass sie wirklich Ernst machten, und mein Leben sowie das meiner drei Landsleute auf dem Spiele stand, wich ich. Ich hielt das stets in einzelnen Säkken verpackte Geld hauptsächlich in den Kisten, aber auch Stecker sowie Hubmer und Eckart hatten Geldsäcke, und letztere beiden die grössten. Ich rief ihnen also zu, einen Sack zu 400 und einen zu 300 Thlrn. zu bringen, indem ich erklärte, nicht mehr zu besitzen. Es stellte sich dann heraus, dass aus dem einen Sack schon 10 Thlr. verbraucht waren, factisch also bekamen sie nur 690 Thlr. Die Scene aber, wie die ganze Bande auf der Erde lag, wie sie die blanken neuen Thaler bei Fackel- und Kerzenbeleuchtung zählten, wie Bu Bekr Bu Guetin den Versuch machte, während des Zählens für sich 10 Thlr. beiseite zu bringen, was nur durch die Aufmerksamkeit Stecker's vereitelt wurde - diese Scene vergesse ich niemals! Habgierigere Mienen, funkelndere Blicke, geldgierigere Finger wird man nirgends wiedersehen können. Der fromme Sidi Agil nannte dies eine Anleihe, während Bu Guetin sich mit den Worten entfernte: "Für diesmal haben wir genug!"
Am andern Morgen fanden wir, dass ein Koffer aus dem Lager gestohlen war, und zwar der, aus welchem Eckart das Geld nahm und worin man noch mehr vermuthet hatte. Der Dieb, ein Vetter Bu Gue-

tin's, oder sein Bruder, oder er selbst, konnten nicht zur Rechenschaft gezogen werden, wie man denn überhaupt die Sache so nebensächlich behandelte, als ob sie sich von selbst verstanden hätte. Die Uled Bu Guetin und die Gaderoha, in deren Mitte wir ja lagerten, verfügten jetzt so unumschränkt über unsere Gegenstände, als ob wir gar nicht mehr für sie existirten. Mehrere ihnen anvertraute Ladungen Gerste verbrauchten sie, als ob es ihr Eigenthum gewesen sei.

Die Gelderpressung konnte aber nicht verheimlicht werden und brachte in der ganzen Oase eine grosse Aufregung hervor. Es war ein beständiges Kommen und Gehen, und auch unser Lebensretter Krim Bu Abd el Rba stellte sich ein. Bu Guetin und Sidi Agil, der fromme Chuan, glaubten aber jetzt, den Zeitpunkt beschleunigen zu miissen, und so luden sie denn auch Krim el Rba ein, sich ihrem Bündnisse anzuschliessen, mich zu ermorden und die Gegenstände zu theilen. Dieser Vorschlag, den uns Schich Krim el Rba nicht verschwieg, rettete uns. "Diese Nacht", sagte er, "wollen sie dein Lager überfallen. Schläfst du, wird man dich während des Schlafs abstechen. Bu Guetin und Sidi Agil haben mindestens 70 Mann. Falls du Widerstand leistest, bist du verloren. Ja, tödtest du nur einen Suya, dann hast du auch alle andern Stämme gegen dich, selbst meine Leute würden sich dann gegen dich wenden, denn dann wird es nicht heissen, du habest dich zur Wehre gesetzt, sondern als Christ einen Moslim getödtet, und du weisst, was das bedeutet."

"Aber was ist zu thun", erwiderte ich, "ist denn niemand von den Garanten da, um mich zu beschützen?" - "Rechne auf mich! für einige Tage kann ich dich in meinem Lager schützen, aber dahin musst du kommen." - "Aber", erwiderte ich, "was wird aus meinen Landsleuten, ich werde die nicht allein lassen." - "Für die brauchst du nicht zu fürchten, man wird ihnen, sobald man dich in Sicherheit weiss, nichts thun, auch nicht wagen, deine Sachen anzurühren, solange du lebst. Also komm nur nach Surk. Wenn ich auch nicht so viele Leute wie Bu Guetin und Sidi Agil habe, bist du jedenfalls dort in Sicherheit und, einmal frei, können wir alles abwarten." - "Soll ich gleich mit dir kommen oder wann? Aber noch einmal: ohne meine Landsleute gehe ich nicht, und wer bürgt mir, dass ich dir trauen darf?" - "Das ist deine Sache. Ich muss gleich fort, denn bleibe ich hier, würde auch ich, ohne am Ueberfall theilzunehmen, von den übrigen als Mitschuldiger genannt werden." - "Gut, wir werden kommen, aber hast du niemand, der uns abends führt?" - "Mein Schwiegersohn, Smeida, bleibt hier, er weiss alles. Sobald es dunkelt, verlasst ihr das Lager und nehmt nichts mit, als etwas baares Geld, denn danach wird man vielleicht suchen, alles andere lasst an Ort und Stelle."

Ich ersuchte ihn dann noch, mein Pferd zum Reiten mitzunehmen. Bezwecken wollte ich dadurch, einen Diener, der es angeblich zurückreiten sollte, fortzusenden. Dieser, ein Neger, Klili hiess der Würdige, war nämlich von Bu Guetin engagirt, uns auszuspionieren, und ihm von allen unsern Handlungen Nachricht zu bringen. Ich bat Schich Krim, den Klili zurückzubehalten, das Pferd natürlich auch. Es war 4 Uhr nachmittags geworden, als Krim el Rba vor unserer Lagerthür mein Pferd bestieg. "Du bleibst nicht?" fragte ihn Bu Guetin, der zufällig oder absichtlich herbeikam. - "Nein, ich will nicht", erwiderte jener. Ich that, als ob ich das "ich will nicht" nicht verstände. - "Aber warum gibst du dem Schich dein Pferd, und warum geht der Klili mit?" fragte mich nun Bu Guetin. - "Ich leihe ihm mein Pferd, weil es sehr heiss ist zum Gehen, und Klili geht mit, damit er mir noch heute das Pferd zurückbringt." Das schien dem Bu Guetin sehr einleuchtend und, mir höhnisch zurufend: "Ja, das ist gut, lass dir dein Pferd nur bald zurückbringen", entfernte er sich nach seinem Palmengebüsch.

Ich rief nun meine Landsleute herbei, theilte ihnen alles. mit und gab ihnen die Vorschrift, sich schon jetzt genau mit dem Kompass eine gerade Südlinie zu bezeichnen, abends nach dem Dunkelwerden 500 Schritt abzuzählen und dann zwischen den Hadbüschen auf mich zu warten. Smeïda aber, der in unserm Lager blieb, sagte ich, er möge abends im rechten Augenblick bereit sein, mich abzuholen.

Im übrigen verblieben wir in unserer gewöhnlichen Thätigkeit. Unsere eingeborenen Diener wussten von nichts, nur Ali hatte ich gesagt, einem etwaigen Ueberfall keinen Widerstand entgegenzusetzen und, sobald es dunkelte, die übrigen Eingeborenen irgendwie zu beschäftigen, damit unser Abmarsch verborgen bliebe.

Soweit ging auch alles gut. Wir assen zu Abend und, sobald es Nacht geworden, ging zuerst Hubmer, dann Eckart, endlich Dr. Stecker aus dem Lager. Kaum hatte letzterer es verlassen, als Smeïda hereinkam und mich aufforderte, ihm zu folgen, es sei die höchste Zeit. Meine drei vorangegangenen Landsleute hatten sich leicht zurecht gefunden; aber erst nach einigen Versuchen konnte ich selbst den Punkt ausfindig machen, wo sie auf mich warteten. Ich hatte nicht gezählt, ging nur gerade südwärts, Smeïda flüsterte mir stets zu: "Komm westlich", während ich ihm sagte, erst müssten die Gefährten gefunden sein. Endlich antwortete ein leises Husten auf das meinige und, der Richtung des Schalles folgend, fand ich alle drei beisammen. Es war so dunkel, dass man keinen Schritt vor sich sehen konnte, denn ausnahmsweise hatte sich der Himmel umwölkt.

Jetzt ging es schnell und geräuschlos vorwärts, Smeïda voran und wir hintendrein. Es war ein fürchterlicher Marsch, um so entsetzlicher, als wir aus der Richtung kamen, in einen Sebcha geriethen, dann wieder zwischen Had und Binsen uns durcharbeiten mussten, ausserdem der Sack platzte, in welchem Hubmer einige hundert Maria-Theresienthaler trug, und schliesslich, als wir nach vielen Mühen schweisstriefend die grossen Palmenbüsche von Surk erreichten, Smeïda erklärte, er könne die Hausch (d. h. den Palmenbusch, an welchem gelagert wird) seines Schwiegervaters nicht finden, wir sollten nur warten, er wolle auf die Suche gehen. Jetzt glaubte ich in der That, wir wären verrathen, ich rief meinen Gefährten zu, die Revolver zu ziehen und auf alles gefasst zu sein. Einen Vorwurf konnte ich mir nicht machen, und meine Gefährten erhoben ihn auch nicht, denn griff man uns hier an, dann um so sicherer auch in Boëma. Sollte es aber einmal sein, dann wenigstens wollten wir unser Leben theuer verkaufen. Wir hatten Munition und fünf Revolver bei uns, damit liess sich schon etwas machen. Auf Erfolg war freilich nicht zu rechnen.

Da hörten wir plötzlich in einiger Entfernung rufen: "Uehnhu Uehnhu!" ([az]). - "Jetzt aufgepasst, meine Freunde!" rief ich. - Wir sassen lautlos. Plötzlich in nächster Nähe riefen mehrere Stimmen: "Mustafa Bei mahrababik, mahrababik, fi aman Allah, sartkum el Barka!" [106] Und im selben Augenblick standen zwei grosse Gestalten an meiner Seite. An ihrem linken Arm hingen allerdings zwei grossmündige Carabiner, auf dem Rücken hatten sie die lange Flinte mit geöffnetem Leder [107], aber ein warmer Händedruck bestätigte ihre freundlichen Worte. Wir waren gerettet.

Nun aber erklärte uns Smeïda, wie weit wir aus der Richtung gekommen wären, und noch fast einen Kilometer hatten wir zu gehen, ehe wir den Palmenbusch Krim el Rba's erreichten. Mein Neger Klili war nicht wenig erstaunt, als er uns ankommen sah, sehr aber freute sich der gute Schich, und trotzdem es Mitternacht geworden war, musste sein Sohn noch ein grosses Feuer anzünden, um Brot zu backen.

Was war inzwischen in unserm Lager vorgefallen? Das erfuhren wir am folgenden Morgen ganz früh. Nach der Aussage Ali's, des einzigen uns wirklich treuen Dieners, betrat Bu Guetin etwa zwei Stunden nach unserm Fortgange das Lager. Auf seine Frage: "Wo ist Mustafa Bei?", antwortete Ali: "Der schläft." - "Wecke ihn!" befahl der Schich. - "Das darf ich nicht", entgegnete Ali. "Dann will ich es selbst thun" und, seine Pistole ziehend, betrat er mein Zelt. "Er ist entflohen, er ist nicht drinnen!" rief er gleich darauf. Seine Gefährten, welche inzwischen die übrigen Zelte durchsucht hatten, bestätigten die Abwesenheit der Eigenthümer. Auf das Erstaunen, auf die Wuth, dass ihnen ihre Beute entgangen, folgte eine kurze Berathung. Dann aber wurde Ali aufgefordert, die Koffer zu bezeichnen, in denen das Geld sei. Das konnte er natürlich nicht, und jetzt machte sich die Horde daran, die Koffer und Kisten zu erbrechen. Den wilden Kerlen dauerte aber das Schlossaufbrechen sowie das Abheben der Deckel mit Stemmeisen viel zu lange. Sie nahmen einen schweren eisernen Hammer, der mehrere Pfund wog, und zerschmetterten damit die Kisten und Koffer, andere machten sich über die Lebensmittel her Säcke mit Reis und Gerste wurden verschleppt und zum Theil verstreut, die Butter kurzweg getrunken (Butter ist in Kufra immer schon im geschmolzenen Zustand, wenigstens bei Tage), die Kerzen und namentlich die Tabackpackete veranlassten Prügelei. Mohammed und Bu Bekr Bu Guetin beorderten inzwischen ein Schlachten der Hühner, damit zugleich ein Schmaus stattfände, und Bu Guetin und sein Schwiegersohn Ssala, nachdem sie noch 300 Thlr. baar gefunden hatten, riefen den frechen Plünderern stets zu, tüchtig Lakbi zu trinken, während sie selbst ihren Muth durch Trinken von Cognac und vielleicht auch Spiritus zu erhöhen suchten.

Nachdem ein schönes Harmonium und eine Spieluhr zerschlagen, die Instrumente bis auf die Aneroide und silbernen Taschenuhren zerstampft waren, machten sie sich daran, die Geschenkkisten zu zertrümmern, und zu verwundern ist nur, dass die kostbaren Sachen beim Zerschmettern der sehr festen Kisten nicht noch mehr gelitten hatten. Vom

Sonnenschirm wurden kurzweg die goldenen Fransen gerissen, und aus den kostbaren Gewehrkisten von Nussbaumholz trennten sie die fein eingelegten Messingstreifen heraus, in der Meinung, es sei Gold. Während aber Bu Guetin seine ganze Bande ziemlich walten liess, theilte er das Geld nur mit Ssala und dem frommen Sidi Agil; die Geschenke nahm er für sich allein in Beschlag, wobei er aber so roh verfuhr, dass er z. B. ein prachtvolles Stück Sammet, welches circa 40 m lang war, mit einem Schlauch Butter zusammenpackte.

Man wird sich denken können, dass diese Scene, die stundenlang dauerte und unter höllischem Lärm und Geschrei bei helllodendem Feuer stattfand, nach und nach eine grosse Menge Menschen herbeilockte. Dazu fand ein beständiges Schiessen statt, denn ausser einigen 1000 Patronen waren den Räubern fast alle Blechbüchsen mit Pulver in die Hände gefallen. Dass beim Oeffnen der Patronen, beim Feuern mit unbekannten Waffen nicht mehr Unglücksfälle vorfielen, muss als ein wahres Wunder betrachtet werden. Nur einer aus der Sippschaft der Bu Guetin, mit dem Laden eines schönen vernickelten Revolvers beschäftigt, schoss sich einen Finger der linken Hand ab. Dies Werk der Zerstörung und Vernichtung aller Gegenstände, auch der Zelte, dauerte bis gegen Tagesanbruch, und da war kein einziger unter den Suya, der seine Entrüstung über diese Schandthat laut werden liess. Doch einer! Ali erzählte nachher, ein alter Mann aus dem Stamme der Bu Guetin sei gekommen und habe gerufen: "Ich wollte nie etwas mit den Christen zu thun haben, ich bin stets dagegen gewesen, sie hierherzubringen, aber ihr habt das

Brot der Christen gegessen, und verflucht seid ihr für solchen Verrath!" Aber das war eine Stimme in der Wüste!

Das Lager muss am andern Morgen einen entsetzlichen Anblick gewährt haben: die Zelte zerrissen, die Kisten - 18 Stück und zum Theil sehr grosse - zertrümmert und zermalmt, dazwischen zerstreut Lebensmittel, namentlich zerstampfte Blechbüchsen, deren Inhalt sie nicht assen, aus Furcht, es sei Schweinefleisch, endlich überall einzelne Blätter zerrissener Bücher und aufgewühlter Boden. Denn die Suya, denen es hauptsächlich um baar Geld zu thun war, sahen sich doch in ihren Erwartungen getäuscht. Sie hatten sich in den Kopf gesetzt, und namentlich Bu Guetin verbreitete diese Meinung, wir führten 7000 Bu Thir (Maria-Theresienthaler) mit uns. Statt dessen fanden sie baar nur 300. Im Glauben nun, wir hätten das Geld vergraben, war der ganze Boden des Lagers und zwar mehrere Fuss tief von ihnen aufgewühlt worden.

Als es tagte, bekamen wir in Surk schon Nachricht von dem Ueberfall unsers Lagers. Die ganze Oase wusste es bereits. Als ob ein Telegraph existirt hätte, so schnell verbreitete sich die Kunde des Ueberfalls und der Plünderung. - In Surk standen aber die Mannen des Schich Krim el Rba auf der Wacht, da sie stark fürchteten, dass die Bu Guetin und die Gaderroha einen Ueberfall machen würden. Andererseits hatte der Schich selbst die grössten Aufmerksamkeiten für uns: eine Palme wurde frisch für uns geöffnet, obschon er zwei des Lakbi wegen schon verzapft hatte; sein bester Teppich diente uns als Lager, und wenn es auch nichts weiter zu essen gab, als

Brot und frische Datteln, so konnten wir uns doch vor allem dem Gefühle der Sicherheit hingeben, wir waren im vollsten Sinne gerettet. Seit Wochen hatten wir aber zwischen Tod und Leben geschwebt.

Entsetzlich schmerzhaft war es jedoch, gerade jetzt inmitten einer Aufgabe unterbrochen zu werden, wo man so fest auf das Gelingen rechnen durfte. Mit diesen Mitteln, mit einem so genau stipulirten und von der türkischen Regierung garantirten Vertrage, mit einer solchen Bedeckung glaubte ich, sicher und unfehlbar von Bengasi aus Abeschr, die Hauptstadt von Uadaï, zu erreichen, wie man in Deutschland von einer Stadt zur andern reist. Und nun war alles hin. Die Instrumente namentlich schlossen einen unersetzlichen Verlust in sich. In dieser Beziehung hatte unser Erretter sich leider verrechnet. Seinem Rathe folgend, nur baares Geld mitzunehmen, da die Räuber, sobald sie sähen, ich sei in Sicherheit, nicht wagen würden, die Gegenstände des Lagers anzutasten, liessen wir in der That alles stehen und liegen. Es wäre ja viel leichter für uns gewesen, unsere Tagebücher, Vocabularien, Landkarten u. s. w. sowie selbst die nothwendigsten Instrumente mitzunehmen, als jene, schweren Geldsäcke. Freilich, was Krim el Rba voraussagte, traf ein: nach Geld hatten sie hauptsächlich gesucht, aber nun in der ersten Wuth darüber, dass sie nicht mehr fanden, alles zerschlagen und zerstört.

Auf die Nachricht, ich sei geborgen und lebe, begann jedoch die Reue gleich am folgenden Tage; schon am 14. September thaten sich freiwillig einige zusammen, um für uns Gegenstände, Waaren u. s. w. zu sammeln.

312

Es war Daha (9 Uhr morgens) geworden, als einige, von 100 bewaffneten Leuten gefolgte Reiter herankamen und nach einer kurzen Begrüssung mit unserm Schich eine feierliche Midjeles eröffneten: "Es ist Djib el Lah el Abid, der Schich der Uled Amera", sagte mir der Sohn unsers Schich, und gleich darauf wurden Stecker und ich gerufen, um der Versammlung beizuwohnen. Nachdem wir uns gegenseitig begrüsst, redete mich Schich Djib el Lah folgendermassen an:

"Es ist dir ein grosses Unrecht geschehen, o Bei, man hat dein Lager überfallen, und ausgeplündert, und wie mein Freund Schich Krim mir mittheilt, konntest du dich dem Morde nur dadurch entziehen, dass du vorige Nacht dein Lager verliessest und hierherkamst. Ich will nicht fragen, weshalb du mich nicht besuchtest; mir ist es jetzt klar, dass Bu Guetin uns absichtlich auseinander hielt, denn Krim sagt mir, du seiest grossmüthig und gastfrei. Ich hätte dich auch nicht in Boëma aufgesucht, aber nun du im Unglück bist, komme ich zuerst zu dir, und ich und mein ganzer Stamm wollen dir dienen. Nur um eins muss ich dich gleich jetzt bitten. Ich verlange von dir eine schriftliche Erklärung, dass mein ganzer Stamm nicht betheiligt war beim Ueberfall, denn wir wollen unsere Heimat nicht aufgeben, sondern wünschen wieder zurückzukehren nach Barka."

Ich dankte für sein freundliches Entgegenkommen und versprach, den Schein zu geben, was aber erst nach grossem Suchen und Warten gelang, da niemand, als man endlich ein Blatt Papier aufgetrieben hatte, ein Tintenfass und eine Feder besass.

Gleich darauf wurden wir aufgefordert, ein Verzeichniss unserer sämmtlichen Sachen zu geben, womöglich mit Werthangabe. Am folgenden Tage beschlossen sie, nach Boüma zu ziehen, um zu sehen, was zu machen sei, zumal um dieselbe Zeit die Nachricht kam, dass ein gewisser Abu Mdaeus vom Stamme Djeluled [108] angefangen habe, Verschiedenes von den Gegenständen für uns zu sammeln und zu bewachen.

Dadurch, dass Djib el Lahel Abid mit seinem ganzen Stamm sich für uns erklärt hatte, war überhaupt in der ganzen Oase ein Umschlag in den Gesinnungen der Snya eingetreten. Als die Nacht kam, ritten Djib el Lah und Schich Krim unter starker Bedeckung nach Boëma, um die Herausgabe aller unserer Habe zu verlangen, und als am andern Morgen das Gerücht sich verbreitete, beide Schiuch seien in Boëma damit beschäftigt, die Sachen, welche nicht vollkommen zerstört wären, zu sammeln, dachte ich, es sei gut, Eckart und Hubmer hinzuschicken, um womöglich von unsern schriftlichen Arbeiten zu retten, was zu retten sei. Beide, muthig und voll Aufopferung, erklärten sich auch gleich bereit dazu, obschon kein einziger von den Ait Ksir [109] sie zu begleiten wagte. Ich gab ihnen die Richtung mit dem Kompass an und, mit Revolvern versehen, machten sie sich auf den Weg.

Wie erschrocken war ich aber, als Djib el Lah und Krim etwa zwei Stunden nach dem Abgange Eckart's und Hubmer's mit der ganzen Bedeckung zurückkamen und erzählten, sie seien allerdings in Boëma gewesen, aber die Sache wäre noch nicht reif zum Unterhandeln, im Gegentheil, Bu Guetin, Ssala und

314

der Chuan Agil schienen die Sache auf die Spitze treiben zu wollen, denn ersterer habe 100 Thlr. Bu Thir (circa 400 M.) dem versprochen, der mich meucheln würde. Wer kann sich meine Angst ausmalen? Ich glaubte die Schiuch mit der Bedeckung in Boëma, und erfuhr nun, es seien nur unsere Feinde dort, und dahin hatte ich meine Landsleute geschickt! Sofort sandte ich den ältesten Sohn Krim's beritten nach. Glücklicherweise traf er sie, und nach zwei Stunden kam er auch mit den beiden zurück; beide sassen auf meinem Hengst. Es war für sie auch keine Kleinigkeit gewesen. In Boëma waren sie, nichts Arges ahnend, bis zu unserm Lagerplatz gekommen, den sie in einem grauenhaften Zustande fanden. Natürlich hatte man sie gleich bemerkt, doch ihnen nichts zu Leide gethan. Der noch immer mit Graben beschäftigte Bu Guetin hatte sich wegbegeben, dann war einer gekommen mit der Frage: "Bist du Stecker Efendi?" worauf andere erwiderten: "Nein, das ist weder der Bei, noch Stecker Efendi, lass die nur gehen!" - Man hatte ihnen dann gesagt, sie sollten sich aus dem Staube machen, was sie sich nicht zweimal sagen liessen, sobald sie eingesehen, dass niemand von unserer befreundeten Partei dort sei.

Ganz erschöpft kamen sie an, sie hatten, ohne zu ruhen, den Weg hin und zurück - circa 40 km - gemacht, und ohne zu trinken. Erst dicht vor Surk fanden sie in einem Palmenbusch einen Topf mit Lakbi, der einigermassen ihren brennenden Durst löschte.

Wir aber mussten gleich darauf aufbrechen und nach Djof übersiedeln, weil Djib el Lah den Aufenthalt in Surk für uns nicht sicher genug hielt. Noch am selben Nachmittag brachen wir auf, durchritten erst den schönen Palmenwald von Surk, kamen dann in eine Sebcha und erreichten bald darauf Djof, ein im ganzen etwa 15 km von Surk entferntes, inmitten einer wunderschönen Vegetation gelegenes Suya-Dorf. Schon von weitem entzückte uns die Fülle und gewaltige Entwickelung der herrlichen Talha-Akazien. Vor dem Dorfe selbst war grosse Midjeles, man gab uns Quartier in einer geräumigen Hütte, welche zwei Abtheilungen hatte und einem uralten Suya gehörte, der eingestandermassen sein ganzes Leben lang Landräuber gewesen und jetzt der reichste Besitzer des Dorfs war; er hatte zwei schöne Gärten, und die hintere Seite unserer Hütte ging auf einen grossen Hof, wo seine eigene, aus Stein erbaute Wohnung stand.

Zuerst gingen wir daran, uns Lebensmittel zu kaufen, Mehl, Butter u. s. w., und Geschirr zu leihen, um wieder selbst kochen zu können, unser Wirth aber liess es sich nicht nehmen, uns stets mit frischen Datteln zu versorgen, die uns auch andere Bewohner des Dorfes unter freundlicher Begrüssung brachten. Die geraubten Gegenstände hatte man theilweise zurückgegeben.

Einen Augenblick aber schien es, als sollte alles wieder zu unsern Ungunsten sich entscheiden. Die Uled Bu Guetin und Ait Gaderroha schickten und baten um Gehör, und so wurden denn am 15. und 16. September allgemeine Rathsversammlungen ausgeschrieben, an welchen Abgesandte aller Stämme theilnahmen. Die Genannten mussten aber ohne Waffen erscheinen und ausserdem in Pistolenschussweite von mir entfernt bleiben. Man hielt die heftigsten Reden, vor allen Schich Bu Bekr: er schrie und brüllte: "Hört nicht auf den Christenhund, und du Schich Djib el Lah, traue ihm nicht, er wird euch alle in Bengasi verrathen. Tödtet ihn, den ungläubigen Hund, den ich allerdings hier mit herbrachte, aber dessen ich mich schäme. Die Christen sind die Feinde des Sultans, und dieser Brussiani ist einer der ärgsten; wir werden ihn foltern, damit er uns sagt, wo er sein Geld vergraben hat." - Seine Reden machten Eindruck, zumal er immer an den Fanatismus und die Habsucht seiner Landsleute appellirte und die Kraft seiner Stimme alles übertönte. Damit konnte ich mich nun allerdings messen, da ich meine Lunge nicht schonte, und im Grunde genommen errang ich ebenso viel Beifall, als Bu Guetin. Zuletzt verwandelte sich die Rathsversammlung in ein Redeturnier zwischen uns beiden. Sidi Agil war der Beistand Bu Bekr's, Schich Krim der meine. Hier stand ich; dort er, 200 Schritt von mir entfernt, bald sassen wir, bald sprangen wir auf. Dazu auf beiden Seiten Hunderte von Leuten. Dieses Turnier dauerte zwei Tage, und es hatte sich noch nichts entschieden.

Am 16. September abends jedoch erfolgte ein mächtiger Umschwung: es verlautete, in der Sauya sei ein Kurier von Djarabub angekommen, und zugleich erfuhr man mit Bestimmtheit, dass Sidi Agil das am 11. September abends erpresste Geld - seine sogenannte Anleihe -, allerdings nur einen Theil desselben, jetzt wirklich nach Bengasi geschickt habe. Natürlich jetzt wusste er, dass er Rechenschaft ablegen müsse. In der That war ein gewisser Sidi Hussein, ein sehr angesehener Chuan, von Djarabub gekommen mit den gemessensten Befehlen von Sidi el Madhi, dem obersten Chef der Snussi, uns nicht nur

gut aufzunehmen, sondern uns sogar Gastfreundschaft zu erweisen. Wie es gekommen ist, dass man
auf diese Weise in Djarabub Entscheidung traf: ob
der Schich der Snussi glaubte, es wäre klüger, den
Christenhass zu lindern, oder ob der Regierungsbrief
von Bengasi oder ein Bericht von Sidi Abd er Rahim
[110] aus Bengasi einwirkte, worin er Sidi el Madhi
das rein Wissenschaftliche der Expedition vorstellte,
ob alles das Veranlassung zu der veränderten Lage,
gab - das vermag ich nicht zu sagen; aber genug, der
Befehl war in Kufra angekommen, uns zuvorkommend zu empfangen. Leider einige Tage zu spät. Die
am 17. September abgehaltene Versammlung entschied sich denn auch definitiv zu meinen Gunsten,
da jetzt der Appell an den Fanatismus nicht mehr
gemacht werden konnte. Unter wüthenden Drohungen verliessen daher Bu Bekr und Ssala die Versammlung, nachdem sie schliesslich noch gerufen,
um die Eifersucht der Suya zum letzten mal anzusta-
cheln: "Wir gehen mit den Geschenken nach Uadaï,
übergeben sie dem Sultan und erhalten dafür von
ihm 500 Sklaven." - "Ist niemand da, mir die Schufte
zu binden?" rief ich ihnen nach; aber Krim zog mich
schnell fort: "Bedenke, es sind unsere Brüder, und du
bist blos Christ!"
Am selben Tage erhielten wir einen grossen Theil der
Waaren zurück, welche glücklicherweise nicht in Bu
Bekr's Hände, sondern in die eines der Ait Gaderroha (diese fielen jetzt alle von Bu Guetin ab) geriethen,
und da gerade eine grosse Karavane Sfaxer Kaufleute und Modjabra anlangte, konnten wir einen Theil,
namentlich Perlen, zur Befriedigung einiger Bedürfnisse in Geld verwandeln, da ich es für besser hielt,

318

das uns noch gebliebene Geld nicht zu zeigen. Nur Schich Krim el Rba hatte Kenntniss davon. Schich Bu Bekr, welcher seinen Plan, nach Uadäi zu gehen, aufgab, weil er dort Strafe fürchtete, nachdem er gehört, ich hätte an den Sultan geschrieben, nahm nun aber auch die Gelegenheit wahr, verschiedene unserer Gegenstände zu Geld zu machen: er verkaufte die zum Verschenken mitgenommenen silbernen Taschenuhren, sowie die Aneroide, welche er ebenfalls als Uhren losschlug. Ja, er besass sogar die Frechheit, die sammtenen goldgestickten Burnusse feil zu bieten , und gern hätte er sie für 50 Thlr. losgeschlagen, aber er fand keine Käufer. Die Leute der Karavane sagten ganz richtig: "Wenn der Sultan uns fragt, wie wir zu solch kostbaren Gewändern gekommen wären, würden wir keine Rechenschaft geben können." So musste er mit seinen Burnussen wieder abziehen. Den Schirm zu verkaufen, versuchte er nicht einmal, ebenso wenig konnte er daran denken, die übrigen kaiserlichen Gegenstände an den Mann zu bringen.

Die Ankunft Sidi el Hussein von Djarabub hatte insofern auch Erfolg, als der fromme Beutelschneider Sidi Agil, der Chuan der Snussi, der Vorsteher der Sauya in Schchörre, sich herabliess, zu mir zu kommen. Es war das eine der interessantesten Episoden, denn jetzt, wo wir uns vollkommen gerettet sahen, begann dies eigenthümliche Leben und Weben unter den Suya ein doppeltes Interesse zu gewinnen, da man die Gedanken dem Eigen- und Fremdartigen dieses Volks mehr zuwenden konnte. Namentlich die sonderbaren Ansichten über Mein und Dein, über Recht und Unrecht, welche kaum durch die Lehren des Islam beeinflusse erscheinen, erhielten sich hier noch in ursprünglicher Frische. Was namentlich auffällt, ist die Solidarität der Interessen des ganzen Stammes.

Sidi Agil, mit einem langen Stab in der Hand, betrat meine Hütte. Anfangs wollte ich sie gleich verlassen, hörte aber doch ruhig seine Rede an, die darin gipfelte, dass er, falls ich ihm ein Zeugniss über sein Wohlverhalten und auch darüber ausstellte, dass er das Geld von mir nur geliehen hätte, bereit wäre, den Rest des mir entliehenen (!) Geldes, den er noch besitze, nämlich 208 Bu Thir (circa 832 M.) zurückzugeben. Ich erwiderte, mit einem Räuberhauptmann (Kebir el haramin) und Wegelagerer (Gutl el Zhrik) wolle ich nichts zu thun haben; ich hätte geglaubt, die Snussi wären da, die Leute zu belehren und zu bessern, aber mit solch einem Snussi könne ich nicht unter einem Dache bleiben. - Ich stand schnell auf und verliess die Hütte. Mein Gefährte, Dr. Stecker, der alles mit angehört hatte, berichtete mir nachher, Sidi Agil sei erst schneebleich, dann roth und schweisstriefend geworden, einen Augenblick. später habe er - die frommen Leute gehen sonst immer im gemessenen Schritt und langsam, damit jeder Zeit hat, sie zu grüssen - rasch und wuthschnaubend seinen langen Stock durch die Lüfte schwingend, die Hütte verlassen. "Der Ungläubige wird es noch büssen!" brüllte er. Die anwesenden Suya, Schich Krim und verschiedene andere, rieben sich die Hände: "Das hat noch keiner einem der Chuan zu sagen gewagt", riefen sie, aber *lak in mahu el hak* ("er hat die Wahrheit gesagt"), fügten sie hinzu. Rathsversammlungen fanden alle Tage noch statt, und die in unserer Nähe lagernde Karavane brachte ungemeines Leben nach Djof. Ausserdem kamen täglich Tebu von Taheida und Tolelib, um Esel, Girben (Schläuche), Ziegen, Butter und Käse zu verkaufen, wofür sie Geld, Datteln, Baumwollstoffe, Messer und andere Artikel erhielten. Mit ihren Wurflanzen, den Schangermanger [111], in ihrem Litham [112] und dunkeln Toben [113], oft aber auch nackt, übrigens mit ausdrucksvollen Gesichtern, sehen sie höchst sonderbar aus, und gern hätte ich Verbindung mit ihnen angeknüpft, aber sie waren scheu wie die Waldtauben, und offenbar hatte man sie eingeschüchtert, mit uns zu verkehren. Ich konnte nicht einmal erfahren, woher sie seien, die Suya wussten es nicht oder wollten es nicht sagen, und sie selbst mieden jede Annäherung. Nur so viel konnte ich mit Sicherheit ermitteln, dass sie den Rschade angehörten.

Während unserer Anwesenheit in Kebabo kam es mehreremal zu Raufereien zwischen den Tebu und Suya, wobei erstere natürlich immer den kürzern zogen. Jedesmal fanden dabei erhebliche Verwundungen statt. Einmal war sogar die Rede davon, einen jungen Tebu, der einen Suya verwundete, zu verkaufen, ja, einige machten den Vorschlag, ihn mir zu schenken, um mir dadurch eine Genugthuung und Ehre zu erweisen! Aber auch unter den Suya selbst entspannen sich fast täglich grosse Streitigkeiten, wobei ebenfalls genug Blut floss. Hauptgegenstand des Haders bildete noch immer das Geld, welches die Escorte von mir in Bengasi erhielt. Einige hatten wirklich einen Antheil an ihre Stammesgenossen abgegeben, andere nicht. So wurde eines Tags von den Uled Amera unser nächtlicher Führer von

Boëma nach Surk, Smeïda, der Schwiegersohn des Schich Krim, festgehalten, und da er nicht zahlen wollte, nahm man ihm einen Sklaven. Er wollte nun, ich solle entscheiden, ob er zahlen müsse, d. h er wollte, ich sollte für ihn zahlen, da er aber reichlich war belohnt worden, so musste der noch reichlicher abgefundene Schwiegervater ihn auslösen.

Ganz wider mein Erwarten aber, und was kaum glaublich erscheint: Sidi Agil kam am andern Morgen noch einmal zu mir, jetzt sehr demüthig und um Verzeihung bittend. Schich Krim hatte mir vorher von ihm die ohne Bedingung verabfolgten 208 Thaler gebracht und zugleich gebeten, ich möge ihn empfangen: es sei nicht gut, die Sachen aufs äusserste zu treiben, er sei immerhin nicht nur Chuan, sondern gehöre einer der mächtigsten Familien an u. s. w. Ich versprach dann auch, ihn gut zu einpfangen. Ich musste mich in die Verhältnisse wol fügen, denn wenn Sidi Agil nach unserer Gesetzgebung und unsern Rechtsanschauungen Zuchthaus verdiente und bekam, so brach er zwar nach den Begriffen der Suya das Gastrecht, aber einem Christen gegenüber braucht man das ja nicht so genau zu halten. Was geschah denn im Grunde genommen eigentlich? Es war nicht einmal einer getödtet, und das unter Bedrohung mit dem Tode erpresste Geld gab der gute Mann ja zum Theil freiwillig zurück, zum Theil schwor er bei allem, was heilig ist, es solle wieder erstattet werden. Worüber konnte ich mich denn beklagen? Ich versetzte mich also in die Denkweise der Suya, und das war sehr gut, denn der fromme Mann liess sich sogar herbei, mir beim Abschied seinen Segen zu geben!

Wenn ich einen freien Augenblick hatte, suchte ich nach den Gärten oder nach den Ruinen eines ehemaligen Tebu-Dorfes zu gelangen, aber da dies stets nur in Begleitung von 10-20 mit Flinten bewaffneten Männern geschah, um mich vor einem Ueberfalle zu schützen, so konnte es nur selten stattfinden. In den Gärten wurde Durra, Ksob, Ngafoli, Gerste und Weizen gebaut, Felfel (rother Pfeffer) war gerade in Blüte und reif, ebenso Tomaten. Zwiebeln von vorzüglicher Art, Knoblauch, grosse Melonen und Wassermelonen, Fukus und Adjur sah man ebenfalls. Feigen bildeten mit Wein und sehr guten Datteln den hauptsächlichsten Fruchtbestand. Von Dattelpalmen hatte man Tausende angepflanzt, welche schon trugen. Gerade jetzt zur Zeit der Palmpflanzung konnte ich mich mehrere mal überzeugen, welch grosse Schösslinge man zur Einpflanzung nahm.

Bu Guetin war mit Ssala und seinen ihm treu gebliebenen Männern auf ein Häuflein von etwa dreissig Personen zusammengeschmolzen, ein Nichts gegen alle übrigen Suya, aber als Räuberbande, die den Schutz des ganzen Stammes genoss, die sich gewissermassen der staatlichen Anerkennung seitens der Suya erfreute, keineswegs zu unterschätzen. Was nützte es, dass die Chuan der Sauya alle diese Leute excommuuieirten: sie besassen doch nicht Macht genug, um die Bu Guetin zur Herausgabe der Geschenke und vieler andern kostbaren Gegenstände zu zwingen. Was nützte es, dass ich die Suya selbst jetzt offen auf meiner Seite hatte: ihre Sitten und Gebräuche litten es nicht, dass sie die Verbrecher fingen, um sie mir oder der türkischen Behörde auszuliefern. Ja, im geheimen wünschten sie Bu Bekr Bu

Guetin Glück und verfluchten die Ait el Hsir, die Leute des Schich Krim, welche treu zu ihm und mir hielten. Schich Krim war ebenso wenig sicher vor einem Morde durch die Bu Guetin, als ich selbst.

Das, was von unsern Sachen sich nicht im Besitze der Bu Guetin befand, hatte ich nun nach und nach wiederbekommen, auch einige Gerstenladungen, die Kamele zum Theil, fast alle Waaren, einige Posten baares Geld, aber in den Händen des grossen Räubers waren noch die Geschenke des Kaisers, alle Privatsachen und einige tausend Mark. Von unserer persönlichen Ausrüstung besassen wir nur noch das, was wir anhatten. Die Instrumente waren bis auf einige unwesentliche alle zerschlagen. Ich drängte also zur Umkehr, denn ein Weitergehen nach dem Süden war unmöglich, zumal jede Sicherheit fehlte. Zwar kam mittlerweile eine zweite grosse Karavane vom Norden her, und ich, dachte einigemal daran, mit ihr zu ziehen. Aber abgesehen davon, dass die Kaufleute sich fürchteten, mich mitzunehmen, bot eine solche Karavane so wenig Sicherheit, dass sie selbst sich vor den Erpressungen der Suya nicht zu schützen vermochte. Als sie den Hak el drub (Wegegeld) nicht in der Höhe entrichteten, wie die Suya es wollten, nahm man ihnen einfach Kamele, um sich damit bezahlt zu machen, und wieder spielte hier der Schich der Bu Guetin die Hauptrolle. Erst der Vermittelung Djib el Lah el Abid's gelang es, einen Vergleich zu Stande zu bringen. Der Einfluss Bu Bekr's war in der That so wenig gebrochen bei seinen Landsleuten, dass man wahrscheinlich mehr als zuvor seinem Rufe Gehör gegeben hätte, uns zu folgen und uns zu vernichten, falls wir südwärts gezogen wären.

Sobald ich daher diese Frage nur anregte, wollte sich niemand darauf einlassen, dahingegen versprachen mir die Amera eine Escorte von mindestens 100 Mann, falls ich nach dem Norden ginge; diese, dann die Ait el Ksir und verschiedene von den Djeluled würden genügen, um uns gegen Angriffe der Ait Guetin zu schützen.

14. Kufra (Fortsetzung)

Es war ein wichtiger Tag, der 21. September, denn an diesem Tage erhielten wir den Besuch von Sidi el Hussein, der von Djarabub kam und von Sidi Embark, einem der Schiuch der Sauya von Kufra. Das ganze Dorf regte sich, als beide, von vielen Negern gefolgt, angeritten kamen. Im Hofe unsers Wirthes, des alten Räubers, der auch Krim hiess, hatten dessen Sklaven den besten Teppich gebreitet, den er, Gott weiss welchem Kaufmann vielleicht früher abräuberte und, auf Tuareg-Polster gelehnt, lagen und sassen da die beiden Heiligen. Vor dem Teppich auf zwei Ziegenfellen sollten Dr. Stecker und ich sitzen, alle übrigen, auch die Chuan der Sauya, sowie die männlichen Dorfbewohner, welche herbeikanien, um die Zusammenkunft der Christen mit den Schiuch der Snussi zu sehen, hockten im Halbkreis um uns herum.

Als man uns hereinrief in den Hof und die Menge sich öffnete, um uns durchzulassen, wollte der alte

Landräuber uns die Ziegenfelle als Platz anweisen; aber um den Suya und den Snussi zu zeigen, dass wir uns in socialer Beziehung mindestens gleichberechtigt mit ihrer obersten Geistlichkeit schätzten, betrat ich resolut den Teppich, und ehe er es hindern konnte, sass ich schon. Stecker that natürlich dasselbe. Obgleich Sidi Embark, der viel fanatischer war als sein Glaubensgenosse, aus seinen schwarzen Augen Blitze schleuderte, wagte er nichts zu sagen, als der taktvolle Sidi el Russein anhub:

"Willkommen in Kufra! Gott grüsst euch und auch der Schich (Sidi el Madhi) lässt euch grüssen. Er - Gott giesse des Segens Fülle auf sein Haupt! - hat mich hergesandt, um euch beizustehen. Es schmerzt mein Herz [114], dass man dich ausgeplündert hat. Aber es war von Gott geschrieben [115], und es würde Sünde sein, gegen Gottes Willen zu murren. Wir haben dem Schich Bu Bekr den Zutritt zur Sauya verboten, sowie auch seinen Anhängern, und werden uns bemühen, alles nach deinem Wunsche zu machen. Wir sind arme Leute und leben nur vom reichen Gnadenschatze des Höchsten und unsers gnädigen Herrn Mohammed, Gottes Liebling, aber was wir haben, gehört dir. Wir haben drei Ziegen als Gastgeschenk mitgebracht, nimm sie als Zeichen unserer Liebe [116] und sage uns, was du wünschest."

Auf diese lange Rede, welche ich mich bemüht habe, so wörtlich wie möglich wiederzugeben, erwiderte ich:

"Ia [117] Sidi el Hussein, ich bin dem Schich und dir sehr dankbar für eure guten Gesinnungen. Unser gnädiger Herr Jesus sagt, man solle auch seinen Feinden vergeben und Gutes thun denen, die einem

326

Böses gethan hatten. Wenn ich auch verzeihe, denn was geschehen ist, ist geschehen, so sollte doch ein solches Verbrechen von der weltlichen Gerechtigkeit nicht ungestraft bleiben. Ihr aber habt thatsächlich die Regierung hier in Händen. Was mich aber am meisten gewundert hat, ist, dass nicht nur keiner der Chuan der Sauya mich, den Fremdling, beschützte, sondern dass einer eurer vornehmsten Chuan, der Schich der Sauya Schchörre, Sidi Agil, unter Androhung des Todes Geld von mir erpresste!"

"Ia Bei, höre auf meine Worte und präge sie tief in dein Herz", erwiderte Sidi el Hussein, "wir Chuan der Snussi sind ganz arme Leute [118], wir leben nur von der göttlichen Gnade; mit weltlichen Angelegenheiten beschäftigen wir uns gar nicht, wir beten und unterrichten die Kinder im Worte Gottes. Deshalb haben wir hier auch gar keinen Einfluss. Wir können daher auch Bu Bekr Bu Guetin nicht anders strafen, als dass wir ihm den Zutritt zu unserer Sauya verbieten. Was aber Agil anbetrifft, so bist du nicht recht unterrichtet, er ist keiner der Chuan, noch weniger war er je Schich einer Sauya [119]; behüte uns Gott vor dem verfluchten Satan!" [120]

Da ich sah, dass auf diese Weise nichts zu erlangen war, begnügte ich mich, mit der bekannten Koran-Phrase zu antworten: "Was Gott will, geschieht, und was er nicht will, geschieht nicht." [121]

Sidi el Hussein hob dann wieder an: "Du stehst jetzt im Schutze aller Suya, die, Gott sei gelobt! Gläubige sind, und besonders die Ait Amera und Ait Ksir werden dich bewachen; aber gib Acht, Bu Bekr trachtet nach deinem Leben, und wenn ein Suya auch wol nicht die 100 Thaler verdienen möchte, so könnte

sich nachts ein Tebu einschleichen. Sidi Embark",
fuhr er dann, zu diesem ge-wandt, fort, "du wirst
von jetzt an mit wachen des Nachts, damit unser
Gast ruhig schlafen kann, und du, o Schich Krim",
sagte er zu diesem, "achtest darauf, dass jede Nacht
der Kopf unsers Gastes anderswo zu liegen kommt,
denn eine Kugel findet sonst leicht den Weg, und
nachts müssen stets 100 Mann Wache halten."
"Ich danke dir, ia Sidi el Hussein, für deine Güte gegen uns; aber wie kommt es, dass die Chuan früher
so feindlich waren, dass sie uns schon die blosse Annäherung der Sauya verboten, jetzt aber du und, wie
es scheint, alle Chuan jetzt so freundlich gegen uns
seid?"
"Nur Gott sieht in die Herzen der Menschen", entgegnete Sidi el Hussein, "und Gott ist der Höchste.
Seine Wege sind gerade. Die heiligen Orte von Mekka und Medina hat Mohammed, der Liebling Gottes,
den Ungläubigen verschlossen [122], wir aber gehören Gott an und kehren zu ihm zurück. Und jetzt
zum Fötha!"
Er erhob die Hände wie einer, der mit beiden Händen einen Ball fangen will, wir und alle Umhocken-
den thaten desgleichen. Alsdann repetirte er mit lauter Stimme das erste Kapitel (Fötha) des Koran, und
nach Beendigung desselben strichen wir uns beim
Worte "Amin" das Gesicht und den Bart.
Die beiden Heiligen erhoben sich nun, und alle
drängten sich herbei, um den Saum ihres Kleides zu
küssen und einen speciellen Segen zu erhaschen. Ich
aber eilte schnell noch nach und sagte: "Sidi el Hussein, du gestattest wol, dass ich dein Gastgeschenk
erwidere; unter meinen Sachen habe ich einen wei-

ssen Burnus, deiner zwar nicht würdig, aber mein Herz würde lachen, wenn du ihn annehmen wolltest." - "Ia Bei", erwiderte der fromme Mann, "Gott öffne dir! [123] ich sagte dir, wir sind arme und unbedeutende Männer, wir sind Diener des Höchsten und leben nur von seiner Gnade, nie empfangen wir Geschenke [124], aber unser gnädiger Herr Mohammed, der Geliebte des Höchsten, hat uns gesegnet, und Speise und Trank kommt uns vom Himmel. Also auch von dir können wir keine Geschenke annehmen, aber, so Gott will, sehe ich dein Antlitz noch wieder."

Darauf verliess er uns, und einer seiner Neger brachte jetzt drei schöne Ziegen, Datteln und Zwiebeln. Als ich Dr. Stecker bat, dem Neger 10 Thaler als Gegengabe zu reichen - denn so viel repräsentirten die Thiere an Werth -, wurde auch dies Geschenk zurückgewiesen. Die Snussi wollten uns nun absolut verpflichten, und jedenfalls erhielt Sidi el Hussein von Djarabub aus die genauesten Weisungen, wie er sich zu verhalten habe.

Am Abend aber kam Krim el Rba und sagte mir: "Wenn du Sidi Embark etwas schenken willst, wird er es nicht zurückweisen, und da er von den Chuan der angesehenste nach Sidi el Hussein ist, so thust du gut, ihm einige Waaren zu senden." Ich liess mir das nicht zweimal sagen, und gleich darauf wurde Schich Krim el Rba und Ali mit einem weissen Tuchburnus, mit Baumwollstoffen und andern Gegenständen gesandt, welche Sachen auch alle Gnade fanden bis auf ein Stück Shirting, etwa 40 Ellen, das Sidi Embark zurückschickte, weil es an einigen Stellen durchgescheuert sei. Er bekam dafür natürlich ein anderes Stück.

Bu Guetin, der selbstverständlich von dem Besuche der Chuan hörte und gewiss auch vernahm, dass ich, der Ungläubige, Geschenke von ihnen bekommen habe, während die Chuan sonst doch nur solche zu empfangen pflegen, liess mir am folgenden Tage sagen, er sei bereit, alle Sachen zurückzugeben, falls ich ihm eine Bescheinigung schriebe, dass nichts vorgefallen wäre. Alle Suya riefen: "Hamd Allah!" und glaubten, jetzt würde Frieden geschlossen, nur Krim el Rba, der den alten Fuchs am besten kannte, warnte und sagte: "Die Geschenke wird er wol herausgeben, das Geld aber nimmer, und sicher bist da doch nie vor ihm!"

Ich würde ohnedies nicht darauf eingegangen sein, denn ich konnte doch unmöglich dem Manne, der die ganze Expedition zerstört hatte, eine Bescheinigung schreiben, er habe sich wohl verhalten. Da kam ein Scherif - unter den Suya lebt ein Scherif, der vom Rharb el Djuani (Marokko) stammen will und ausser den Snussi als eine Art Privatheiliger verehrt wird - und machte einen noch sonderbarern Vorschlag: "Alle Suya erklären sich solidarisch verantwortlich für die Ausplünderung und ersetzen dir in Geld oder Datteln und Kamelen den Schaden, aber du darfst dann nicht klagen und namentlich nicht klägerisch gegen unsere Brüder Bu Bekr, Ssala und Agil auftreten." Diese Proposition wurde namentlich von den Uled Amera unterstützt, auch Krim el Rba zeigte sich geneigt, darauf einzugehen. Zum Theil fand dieser Vorschlag Beifall, weil in den Augen der Suya Bu Guetin eigentlich gar kein Verbrechen begangen hät-

te, sie daher auch recht gut solidarisch für das Geschehene mit eintreten könnten, andererseits, weil sie
gar keine Idee hatten von dem angerichteten Schaden; sie meinten in ihrem Unverstande, dass an zer-
brochenen Gegenständen, Geschenken, Waffen,
Waaren, Kisten, Uhren (die meisten Instrumente
wurden Uhren von ihnen genannt) vielleicht ein Verlust von etwa 100 Thalern gut zu machen wäre, und
das baare Geld müsste ja noch da sein. Sie dachten,
ich würde wol mit mir handeln lassen und für 50
Thaler über alles quittiren.

Als ich aber dem Schich Djib el Lah auseinandersetzte, einer müsse doch die Schuld am Unglück tragen,
und dass die Regierung, wenn wir zurückkämen,
daraufhin jedenfalls Massregeln ergreifen und vielleicht auch ihn als Mitschuldigen bezeichnen würde,
erschien ihm die Sache bedenklich. Um aber meinen
guten Willen zu zeigen, sagte ich den Abgesandten
Bu Bekr's, die alle ebenfalls grosse Schufte und seine
Hauptmitschuldigen waren. "Sagt euerm Schich, erst
müsse er die Gelder ausliefern, welche er besässe
und die sich noch auf 535 Maria-Theresienthaler
(2140 Mark) beliefen, dann könnten wir weiter unterhandeln." Aber dieser dachte gar nicht daran, von
den Geldern auch nur einen Thaler herauszugeben.
Man ersieht hieraus, dass alle Tage noch Verhandlungen stattfanden, Verhandlungen, die allerdings
weiter nichts zu Tage förderten, als eine Unmasse
verlorener Worte.

Am 23. September machte mir Sidi el Hussein abermals einen Besuch. Diesmal kam er nicht ins Dorf,
sondern, von einem Ritt zum Lager der grossen Karavane zurückkehrend, liess er mich ersuchen, he-

rauszukommen, worauf wir, nachdem er vom Pferde gestiegen, beide unter einem grossen Talha-Baum hockten.

"Dein Tag sei gesegnet [125], ia Bei!" begann er; "ich hörte, du habest dich darüber gewundert, dass wir dir trotz unsers grossen Gartens keine Früchte schickten; das that mir sehr leid, und ich bitte, morgen einen der Deinigen mit einem Packesel zu senden, er soll eingehen in unsern Garten und mitnehmen, was er findet. Aber es wird besser sein, wenn du und Stecker Efendi nicht kommen, sondern lieber einer von den andern beiden Christen."

Nachdem ich schon vorher den Gruss erwidert hatte, sagte ich: "Ich stehe noch unter dem Drucke der Güte deiner letzten Gabe und würde mir nie eine solche Aeusserung, ja, nicht einmal einen Gedanken daran erlaubt haben. Wenn du aber gestattest, dass ich einen der Meinigen morgen schicke, werde ich mit grossem Dank gegen Gott und dich die Früchte entgegennehmen, denn Früchte aus euerm Garten müssen ähnlich sein den Früchten im Paradiese, es haftet der Segen daran; Gott sei gelobt!"

"Gott führe dich auf den Weg der Gläubigen, denn nur der wahre Glaube führt ins Paradies, und nur die wahren Gläubigen werden dereinst von den Früchten des Paradieses geniessen. Gott der Höchste hat es so gefügt, dass er dich hier länger festhielt als gewöhnlich, und es scheint mir sein Wille zu sein, dass ihr euch alle zum alleinseligmachenden Glauben bekehrt."

Hierauf erwiderte ich: "Ia Schich Hussein, glaube das nicht, die Christen haben auch ein Buch, und wenn es Gottes Wille ist, denn Gott ist allmächtig, kann er

332

auch in diesem Augeüblick alle Gläubige zu Christen machen und umgekehrt, aber seit 1000 Jahren bestehen Christen, Juden und Mohammedaner nebeneinander, das ist so der Wille des Höchsten, also lass uns davon nicht sprechen."

"Wie du willst, o Bei, ich wollte nur meine Pflicht thun, Gott der Höchste, wenn er will, kann auch den Satan tödten, er lässt ihn aber leben, der Wille Gottes sei gelobt! Also morgen sende jemand, wir werden ihn im Garten erwarten." Dass diese Einladung von meinen Gefährten wie von den Dorfbewohnern mit ungetheilter Freude aufgenommen wurde, ist selbstverständlich. Ich bestimmte zu dieser interessanten Excursion Franz Eckart aus Apolda und bat den alten Räuber Krim, seinen Sohn, der 14 Jahre alt sein mochte, mitzuschicken, sowie einen Esel mit zwei Schuari [126] zu leihen. Ich schärfte Eckart beim Weggehen ein, genau die Zeit des Abgangs wie der Ankunft zu merken, die Richtung des Wegs mehreremal mit dem Compass zu fixiren und sich alles so einzuprägen, dass man einen möglichst genauen Bericht danach machen könne.

Eckart wurde bei seiner Ankunft im Garten aufs freundlichste von zwei Chuan empfangen, die ihn durch den wohlgepflegten, einige Hektar grossen Anbau führten, welghen eine über mannshohe, steinerne Mauer umgab. Mitten durch denselben führten breite, von Weinreben überwölbte Gänge in Kreuzesform. Ausser herrlichen Palmen sah er Olivenbäume, Orangen und Citronenbäume, Granatäpfel, Pfirsiche, Mandeln und Aprikosen, von Gemüsen Eierfrüchte, Tomaten, Pfeffer, Zwiebeln, Knoblauch, also alles das, was sonst die nördlichsten Oasen an

Pflanzen hervorbringen. Die hohe Lage von Kebabo, durchschnittlich 400 m über dem Meere, erklärt dies wol zum Theil.

Vom Garten aus hatte Eckart auch die Möglichkeit, einen Blick auf die kaum 1 km entfernte Sauya zu thun, welche auf einem kahlen felsigen Hügel, wahrscheinlich da liegt, wo sich früher ein Gasr befand. Der von hohen Mauern umgebene Ort sieht in der That aus wie eine Festung, und er musste wol so angelegt sein, da in der ersten Zeit seines Bestehens das Dorf Djof noch nicht existirte, auch die dort sich aufhaltenden Chuan nicht so zahlreich waren wie jetzt. Zogen dann aber die Suya nordwärts, so mussten die in Kebabo verbleibenden Chuan Schutz vor etwaigen räuberischen Einfällen der Tebu hinter den Mauern suchen. Heute sind sie so stark, dass sie im Verein mit den Djofensern nichts mehr zu fürchten brauchen. Freie Bewohner dürften sich in der Sauya el Istat [127], wie der ganze Name lautet, circa 250 Seelen aufhalten, mit den Sklaven aber beläuft sich die Zahl wol auf 500. Im Innern ist eine grosse Moschee, eine grosse Wohnung des Schich der Sauya, Sidi Omar Bu Haua, eine Medressa [128], und auch einige Kaufläden. Die Sauya liegt circa 6 km von Boëma gerade westlich, und von Djof nordöstlich ungefähr in halber Entfernung.

Natürlich hatte Eckart, bei aller Bescheidenheit seinerseits, doch die beiden Schuari ganz gefüllt. Als er wieder in Djof eintraf, wurde er nicht nur von uns, sondern von allen Suya mit Jubel empfangen. Das war ein Tag des Festes, denn wenn unsere Dorfbewohner vorher schon von den Ziegen der Chuan - eine behielt ich für uns, zwei schenkte ich den Dorf-

bewohnern - assen, und namentlich der alte Landräuber, bei dem wir wohnten, die drei Ziegenfelle als
Wasserschläuche [129] für sich erhielt, gewährten
wir ihnen jetzt auch den Mitgenuss an den Wassermelonen, Zwiebeln, süssen Melonen und Granatäp-
feln. Letztere freilich, trotzdem sie aus einem so heiligen Orte stammten, waren ganz abscheulich.

Ja, ein Festtag! denn nachmittags kam auch ein Modjabra und wünschte mich allein zu sprechen. Als ich
vor unsere Hütte trat, überreichte er mir geheimnissvoll ein grosses Packet mit Zeitungen und Briefen.
Das waren, seit wir Cyrenaïka verlassen hatten, die
ersten Nachrichten von den Unserigen. "Ich habe",
fügte der Modjabra hinzu "noch eine Kiste für dich,
aber da vino darin ist, konnte ich sie nicht bringen,
damit die Leute es nicht bemerkten, du weisst, die
Chuan lieben das Trinken von vino und Araki nicht."
"Fürchte dich nicht, lieber Freund, die Suya sind alle
Säufer, höchstens würden sie mich beneiden um die
Sendung; sag mir nur, wo du lagerst, ich werde
gleich die Kiste holen lassen." Seine Karavane war
nun allerdings erst in Hauari, aber ich beauftragte
noch am selben Tage den ältesten Sohn des Schich
Krim el Rba, auf einem Kamel hinüberzureiten, und
abends konnten wir Bier trinken, denn die Kiste ent-
hielt 12 Flaschen Puntinghammer Lagerbier aus
Graz, das mir meine Frau geschickt hatte. Deutsches
Bier in Kufra!

Indess an Aufbruch konnte man noch nicht denken:
täglich fanden noch Verhandlungen statt, und täglich brachte man noch Gegenstände, denn die Plün-
derer waren gleich nach der That bemüht gewesen,
alles zu verschleppen. Und obschon ich Krim el Rba

officiell zu meinem Ukil (Anwalt, Notar) ernannt hatte, musste ich den Hauptversammlungen selbst beiwohnen. Man disputirte und berieth über die geringfügigsten Gegenstände. Nachdem wir aber so ziemlich das, was Bu Bekr nicht besass, abgesehen von den zerschlagenen Sachen, zurückerhalten und die uns begleitenden Uled Amera sich in Marschbereitschaft gesetzt hatten, brachen wir am 27. morgens 9 1/2 Uhr von Kebabo auf.

Als ich mich aufs Pferd schwingen wollte, erschien noch Sidi Embark, und hielt eine lange Rede, worin er die Begleitung ermahnte, treu zu mir zu stehen, denn seit ich mit den Chuan in Verbindung stände, seien sie moralisch verantwortlich für meine sichere Ueberkunft. Aber während er noch sprach, kam die Meldung, Bu Bekr Bu Guetin mit etwa 50 Mann habe sich in die Berge zwischen Hauari und Djof geworfen und beabsichtige einen Ueberfall oder, wenn das nicht, würde er doch versuchen, mich aus der Escorte herauszuschiessen. In der That hatte der Bote nicht gelogen, so wenig aussichtsvoll Bu Bekr's Unternehmen auch war. Was bezweckte eigentlich der wüthende Kerl, was wollte er jetzt noch? Während in dem frühern Angriff, bei dem er mich zu ermorden hoffte, insofern ein gewisses System lag, als er sagen konnte - und die übrigen Suya würden sicher mit gelogen haben -: die Tebu überfielen das Lager der Christen, tödteten sie und plünderten dasselbe, lag in seinem jetzigen Vorhaben kein Sinn und Verstand. Meucheln konnte er mich vielleicht, aber was wollte er mit seinem offenen Angriffe bezwecken? Krim el Rba meinte zwar, dann würde er sagen: "Ich oder einer der Uled Amera hätten dich umgebracht", aber so konnte doch eigentlich nur ein Kind folgern. Freilich grosse, aber böse Kinder waren die meisten Suya!

Da zogen sie dahin zwischen den Bergen, die Bu Guetin, und einige von den Gaderroha, alle mit Flinten und, wie man deutlich sehen konnte, mit herabhängendem [130] Leder.

Nach einer kurzen Berathung wurde aber doch beschlossen, aufzubrechen. Anfangs wollte man uns in die Mitte nehmen, aber man detachirte einige Leute rechts und glaubte so hinlänglich für unsere Sicherheit gesorgt zu haben. Ausserdem beschlossen gleich noch mehrere Dorfbewohner, unter andern der alte Landräuber, unser Wirth, uns das Geleit zu geben. Sidi Embark sprach nun das Fötha (1. Koransure). Alsdann nahmen wir Abschied von den Dorfbewohnern, und fort ging es in nordwestlicher Richtung, um das Gebirge gar nicht zu berühren.

Wenn wir durch das Gebirge zogen, gerade nordwärts, wer weiss, was passirt wäre, aber ins Offene getraute sich Bu Bekr doch nicht, unsere Macht war ihm zu stark. Wir bildeten eine Karavane von 80 Kamelen und zählten mindestens 60 Mann, von denen allerdings 20 wieder nach Djof zurückkehren wollten. Dafür standen aber wieder andere Leute aus Hauari, Buseïma und Taiserbo in Aussicht, die wahrscheinlich dort sich uns anschliessen würden.

Als wir uns in gleicher Höhe mit den Bergen befanden, sahen wir, wie Bu Bekr sich eilig zurückzog. Wir erreichten Hauari oder vielmehr den Lagerplatz bei Hauari nachmittags und lagerten ausserhalb der Palmen auf einem dominirenden Punkt, um vor einem Ueberfall gesichert zu sein. Sidi Embark, der

Chuan, nahm es auf sich, uns mit schönen Datteln zu bewirthen, denn auch in Hauari haben die Snussi grosse Besitzungen. Nachts kam aber die überraschende Kunde, ein Theil der Bu Guetin wolle die geraubten Gegenstände herausgeben, wir sollten in Hauari warten. Da diese Nachricht durch ein Schreiben von Sidi el Hussein an Sidi Embark kam, also keinem Zweifel unterlag, so blieben wir, und nun sollte ich wirklich die Macht der Snussi in Erfahrung bringen und was sie mir hätten sein können, wenn einige Tage früher ein entsprechender Befehl von Djarabub gekommen wäre.

In der That wurden uns eine Menge Gegenstände wieder ausgeliefert, ja, wir erhielten die Nachricht, Bu Bekr Bu Guetin sei im Anzug, um noch mehr zu übergeben, und was niemand geglaubt hatte, er kam nach Hauari mit vier mir gehörenden Kamelen und verschiedenen Sachen, die er noch besass, namentlich waren darunter die kaiserlichen Geschenke. Zur Herausgabe des Geldes konnte er sich nicht entschliessen. Er wollte darüber weitläufige Verhandlungen eröffnen und verlangte, mit mir persönlich darüber zu sprechen, was jedoch die Suya und Sidi Embark nicht erlaubten. Aber 38 Thaler gab er heraus, die er einem der Djeluled als Beuteantheil versprochen, aber nicht gezahlt hatte. Die Djeluled, welche in Hauari besonders stark vertreten sind, packten ihn darauf an und liessen ihn nicht eher los, als bis er ihnen diesen, ihrem Stammesgenossen versprochenen Theil herausgab. Das Geld brachten sie sodann mir. Aber die grössere Summe Geldes von ihm zu erzwingen, dazu waren sie nicht zu bewegen, auch Stecker's und meine Privatkoffer und Kisten waren nicht wieder zu bekommen. Diese Verhandlungen hielten uns bis zum 29. September in Hauari fest, und dass sie überhaupt ein für uns so günstiges Resultat ergaben, verdankten wir ausschliesslich den Snussi. Wenn die Snussi früher durch ihre feindselige Haltung die Ursache zur Katastrophe gewesen. waren, so gebietet die Gerechtigkeit, zu sagen, dass sie hernach alles thaten, um uns beizustehen. Ja, ich glaube nicht zu viel zu behaupten, wenn ich sage, dass wir Kufra ohne die Snussi wol nicht lebendig verlassen haben würden, weil sowol Djib el Lah el Abid wie Krim dem Einflusse Bu Guetin's erlegen wären.

Am 29. September nachmittags brachen wir von Hauari auf und kamen noch am selben Tage in die Wüste. Mit dem Nordwärtsziehen vergrösserte sich unsere Karavane lawinenartig, und namentlich als wir Buseïma und Taiserbo durchzogen, schlossen sich ganze Gesellschaften an. Wachsamkeit bis zum türkischen Gebiet war immer noch von nöthen, denn wenn Bu Bekr Bu Guetin auch, den Umständen weichend, die Geschenke und den grössten Theil der Gegenstände, die er geraubt, zurückgegeben hatte, so musste doch seine Brust voll von Hass und Neid sein, und wie gern hätte er wol diesen Gefühlen freien Lauf gelassen!

Am 7. October erreichten wir den nördlichsten Ort von Kufra, Drángedi. Ehe wir aber am 9. October die Oase selbst verlassen, wollen wir ein Gesammtbild dieses grossen Inselarchipels entwerfen.

15. Gesammtbild von Kufra

Die Oase Kufra liegt zwischen 26 und 24deg. nördl. Br. und 21 und 24deg. östl. L. von Greenwich. Das Land steigt von Norden nach Süden an, da die nördlichste Oase Taiserbo circa 250 m über dem Meere, dagegen Kebabo circa 400 m höher liegt. Es ist nicht unwahrscheinlich, dass nach dem Süden bis Uadjanga eine ebenso allmähliche Steigerung stattfindet wie von Audjila-Djalo bis Kufra. Die Gestaltung des Bodens ist derart, dass im Norden die Oase von einem schmalen Dünenkranz, nördlich von Taiserbo die Maislik-Dünen genannt, umsäumt wird. Mitten durch die Oase ziehen sich auch Dünen, welche im Zusammenhang mit dem libyschen Sandocean zu stehen scheinen, also eine Ausbuchtung des Sandmeers nach Westen bilden. Nördlich von Kufra erstrecken sie sich aber nicht so weit nach Westen; dass sie die Karavanen behindern könnten, und selbst der Weg von Djalo nach Sirhen ist vollkommen sandfrei, während eine Communication bis Djarabub wegen der Dünenzüge nicht existirt. Die Dünen erreichen mit Erbehna ihre Westgrenze, und die ganze Gegend im Süden von Kufra bis Uadjanga ist sandfrei. Der Boden der Oasen selbst, nördlich wie südlich, besteht aus mergeligem Sand, dagegen ruht das hervorstehende Gebirge auf nubischem Sandstein, der im Gebirge südlich von Kebabo zu Tage tritt. Der Sandstein ist vom Kalk überbaut und von lavaartigen Massen übergossen. Versteinerungsschichten kommen nirgends in Kufra vor. Die Gebirge und Berge sind alle tafelförmig und der Anblick derselben so, als ob das Umland fortgehoben wäre -

ob durch Windesgewalt oder Wasser, lasse ich dahingestellt sein -, während die Bergketten und Ge-
birgsreste als "Zeugen" stehen blieben. Sie sind alle
gleich hoch, d. h. es gibt keine hervorragenden Spitzen, aber die Höhe nimmt gleichmässig nach Süden
zu.

Was die hydrographischen Verhältnisse von Kufra
anbetrifft, so gibt es, in keiner der Inseln ein fliessendes Gewässer, und wären es auch nur Wasserfäden
wie die, welche die Quelle von Rhadames oder die
von Sella erzeugt. Es scheint indess in jeder Oase
eine mächtige Wasserschicht zu bestehen, welche je
nach der localen Erderhöhung bei einer Tiefe von 1 -
3 m auf Wasser führt. Ob ursprünglich alle Oasen,
wie jetzt noch Erbehna und Buseïma es zum grössten
Theile noch sind, Seen oder doch Sümpfe waren (Li-
comedis palus, Cleartus palus), wage ich nicht zu
entscheiden. Thatsache ist, dass in den beiden
grossen Oasen Taiserbo und Kebabo noch ausgedehnte Sümpfe mit kleinen Seen vorhanden sind,
wenn auch heute derart stellenweise von Sand über-
schüttet, dass sich überall und nicht blos an den
Rändern die den Salzsümpfen der Oase eigene Vegetation, Kasbah und Ethel, hat entwickeln können. Mit
fast allen andern Oasen der Sahara haben die Inseln
Kufras das gemein, dass sich unmittelbar neben den
Salzseen und Salzsümpfen und Sebchas Quellen mit
Süsswasser finden. Eine genaue chemische Analyse
ergibt allerdings immer, dass auch diesen Süsswas-
serquellen bedeutende Partien Salz beigemengt sind,
wenn auch die an Salzwasser oder Bittersalzwasser
gewöhnte Zunge des Menschen das reinste und süsseste Wasser zu schmecken glaubt.

Woher die so reichlichen Wässer in Kufra stammen, muss vorläufig wol eine offene Frage bleiben, bis die Gegenden südlich von dieser Oase einer genauen Untersuchung unterzogen sind. In Kufra soll es regnen, aber nicht in jedem Jahre, und Zeichen von Regenspuren, wie sie z. B. in grossartiger Weise in Djofra, in den Uidian und den von den Bergen kommenden leeren Rinnen sich zeigen, gibt es in Kufra nicht. Man muss also annehmen, dass die Gewässer unterirdisch zugeführt werden, vielleicht von Uadjanga her, wo nach den Aussagen der Suya jedes Jahr Regen fallen soll. Wahrscheinlich sind die Berge von Uadjanga und namentlich Ennedi höher als wir annehmen. In Uadjanga soll ein Fluss zu passiren sein (Ger), der nach Aussage der Karavanen zuweilen trocken, zuweilen eine halbe Stunde breit ist und seine Hauptrichtung von Osten nach Westen nimmt.

So kommt in Kufra und zwar in Taiserbo nur einmal die Benennung Uadi vor, worunter man aber einen langgestreckten Salzsumpfsee mit Salzwassertümpeln versteht.

Kufra enthält fünf Hauptinseln, von denen zwei im Norden, eine in der Mitte und zwei südlich von der Kufra durchschneidenden Djebel Neri gelegen sind. Im ganzen haben diese Inseln nach einer von Behm vorgenommenen Berechnung ein Areal von 17818,3 qkm. Hiervon kommen auf Kebabo 8793,5 qkm, auf Sirhen 2053,8 qkm, auf Bu Seïma 313,9 qkm, auf Erbehna 313,9 qkm und auf Taiserbo 6343,2 qkm.

Kufra unterscheidet sich insofern von allen ähnlichen Oasen, z. B. von Dachel, Djofra, Chargeh u. s. w., als man überall dem Boden gutes Wasser entlocken kann und überall Vegetation findet, wenn auch letztere meistens aus Kamelfutter besteht. Aber mit Ausnahme von Kebabo, wo sich ein langgestreckter Felsgrat von Osten nach Westen durch die Oase erstreckt, sodass Kebabo eigentlich aus zwei Oasen besteht, ist innerhalb der Oasen nirgends vegetationsloser Boden.

Da die einzelnen Oasen beim Durchziehen derselben schon Berücksichtigung gefunden haben, so bleibt mir nur noch übrig, bezüglich Sirhens zu sagen, dass diese Insel gerade östlich einen starken Tagemarsch, circa 50 km von Taiserbo entfernt liegt. Sirhen hat keine Datteln, aber könnte sie haben. Dagegen soll das Wasser dort vorzüglich sein, und die ausgezeichnete Kamelweide macht, dass Sirhen der Durchgangspunkt für die Karavanen von Norden nach dem Süden und umgekehrt ist. Weil in Kufra noch Land genug brach liegt, das für die Cultur der Dattelpalme verwandt werden kann, so haben Snussi wie Suya bisjetzt auf Anpflanzungen in Sirhen verzichtet.

Erbehna, auf gleicher Höhe wie Kebabo, vielleicht etwas mehr nach Norden gelegen, soll ganz von derselben Grösse wie Buseïma sein. Auch darin soll es dieser Oase gleichen, dass sich das mit Palmen bestandene Land um einen an einem Berge gelegenen Salzsee erstreckt. Erbehna dürfte identisch sein mit dem auf Nr. I der Zehnblattkarte verzeichneten Arbat. Man lobte uns den Gazellenreichthum der Oase, der ja auch sehr leicht möglich ist, da sowol Tebu wie Araber nur zu kurzem Aufenthalte hierherkommen.

Da über Pflanzen und Thiere noch besondere Abhandlungen folgen, so brauche ich nicht dabei zu verweilen, und zu den Bewohnern übergehend, stehe ich nicht an, zu erklären, dass ich Kufra für einen uralten Stammsitz der Garamanten halte. Die in Buseïma gefundenen Bauten lassen auf viel älteres Volk schliessen, als die modernen Tebu oder Teda es sind. Und bezeichnend war es, dass ich bei einem Spaziergange südlich von Boëma eine wunderschön gearbeitete Wurfspiessspitze aus Feuerstein fand, welche leider beim Ueberfall verloren ging. Dieselbe hatte diese Form und Größe.

Zu unserm Bedauern konnten wir wegen unserer so ungünstigen Verhältnisse in Kufra über die Tebu gar nichts erfahren. Die Suya waren in dieser Beziehung so verschlossen, dass ich nicht zu erkunden vermochte, ob die Tebu blos vorübergehend nach Erbehna und Kebabo kommen, oder sich irgendwo daselbst wieder ansässig machten. Sonst gibt es feste Besiedelungen nur in Sauya el Istat und Djof auf Kebabo. Djof ist ganz neuen Datums und hat höchstens 200 Seelen. Aber der starke Nachwuchs, das reichliche Land, die gesunde Luft lassen vermuthen, dass sich die Einwohnerzahl bald verdoppeln werde. Im ganzen dürften also in Kufra, die Sklaven einbegriffen, kaum mehr als 700 Menschen wohnen, bei der Grösse des Landes eine mehr als schwache Bevölkerung.

Ungefähr 50 km südlich von der westlichsten Vegetationsgrenze von Kebabo, 60 km vom Brunnen Taheida entfernt, hat Siäi el Madhi von Djarabub vor einigen Jahren einen Brunnen, Bir Bischra genannt, graben lassen, welcher 40 Gamat, d. h. circa 40 m tief sein soll. Dadurch ist die lange wasserlose Strecke bis Uadjanga etwas abgekürzt worden. Ich zweifle übrigens keinen Augenblick, dass sich auch zwischen Audjila und Taiserbo Brunnen würden anlegen lassen, aber die Suya selbst wollen nichts davon wissen, damit der Zugang zu ihrer Oase ein schwieriger bleibe. Es ist allerdings keine Kleinigkeit, die Früchte von einer Million Palmen - so hoch kann man den Bestand aller Palmen in Kufra veranschlagen - allein geniessen zu können!

Dazu kommt, dass man die jungen Anpflanzungen, namentlich in ganz Kebabo, aufs grossartigste pflegt: Schich Krim el Rba hat allein einige hundert junge Palmen gesetzt, welche schon anfangen zu tragen. Aber das Eigenthümliche bei den gepflanzten Palmen Kufras ist die Tendenz, sich zu verbuschen, wie denn überhaupt einzelne Palmen in der ganzen Oase nur ausnahmsweise zu finden sind. Man sieht riesige, bis an 20 m hohe Büsche von 30-50 m im Umfang, gebildet aus dem dichtesten Unterholze, wenn ich mich bei Palmen dieses Ausdrucks bedienen darf, und aus demselben heraus entwickeln sich 20-60 Palmbäume. Ein ganzer solcher Busch, wenn man daran lagert, wird "Hausch" genannt.

16. Von Kufra nach Bengasi

Nachdem ich den Leser mit Kufra bekannt machte, einer Oase, welche, obwol von Reisenden oft erstrebt, bis 1879 nie erreicht ward, erübrigt mir noch, den Rückzug nach Bengasi kurz zu beschreiben.

Wir legten die Entfernung von Buseima nach Djalo in etwas längerer Zeit zurück als auf der Hinreise.

Trotzdem war der Weg beschwerlicher, da wir uns erschöpft fühlten, denn seit dem Tage des Ueberfalls lebten wir nur von Mehl, Wasser und, Datteln, und in Kebabo, abgesehen von den drei Ziegen, konnten wir uns von den Tebu nur für einige Tage Butter verschaffen. Bis auf einige Fleischbüchsen, die aber trotz sorgsamster Eintheilung nicht auslangten, waren ja alle Lebensmittel geraubt worden, und die früher von uns aufgekauften Hühner hatten die Räuber selbst verzehrt.

Am 14. October kamen wir in Djalo wieder an, wo wir diesmal von den ersten Kaufleuten sympathisch empfangen wurden. Sie hatten Mitleid mit unserer unglücklichen Lage, und einige der Reichern erboten sich sogar, uns Geld zu leihen. Jetzt brauchten sie ja wegen Uadaï keine Furcht mehr zu hegen, und da der Ort von der bengasinischen Regierung wegen schlechten Verhaltens eine heilsame Lection bekommen hatte - der Pascha liess in Bengasi Modjabra einstecken und erpresste von ihnen wegen schlechten Benehmens gegen mich 100000 Piaster -, so wussten sie uns diesmal nicht genug Gutes zu erweisen. Europäische Genüsse, die der Kaimakam uns brachte, Zwieback, Oliven, Käse von Kreta u. s. w., waren uns am allerwillkommensten.

Wir blieben in Djalo nur eine Nacht und zogen alsdann nach Audjila, wo wir ebenfalls nur zwei Tage verweilten. Auch hier fanden wir einen vollkommenen Umschwung der Dinge. Selbst Omar Bu Haua, der Schich der Sauya el Istat von Kufra, welcher gegenwärtig in Audjila sich aufhielt, schickte nicht nur seinen Sohn zu uns, uni sein Bedauern über das Vorgefallene ausdrücken zu lassen, sondern sogar Le-

346

bensmittel und eine Mahlzeit. Selbst zu kommen, dazu konnte er sich indess nicht entschliessen.

Und so erreichten wir denn am 25. October nachmittags Bengasi. Mein Begleiter, Dr. Stecker, der mit Schich Krim el Rba von Bir Rissam vorausgeeilt war - und zwar auf Vorstellung des rechtlich denkenden Krim, welcher zu mir sagte: "Wenn du die andern drei Schiuch noch in Bengasi halten kannst, dann hast du gleich eine Handhabe, um die Saya zahlen zu machen" - um womöglich die Wirkung meines von Kufra aus an Herrn Rossoni geschriebenen arabischen Briefes [131] zu neutralisiren, kam um einen Tag - leider! - zu spät an. Gerade einen Tag vor unserer Ankunft war es Herrn Rossoni gelungen, die Schiuch frei zu erhalten. Er schrieb dann damals an die Geographischen Gesellschaften von Berlin und Rom: "Jetzt wird es leicht sein für Rohlfs, weiter zu reisen, die Suya sind befreit, nun wird er auch frei sein." Ich war es schon seit vier Wochen und befand mich, als er das schrieb, nur noch 50 km von Bengasi, aber ausgeplündert und mehr als einmal dem Mord ausgesetzt gewesen!

Damit will ich aber keineswegs gesagt haben, dass Herrn Rossoni irgendwie eine Schuld trifft. Meinem Briefe zufolge konnte er nicht anders handeln; aber die türkische Behörde, welche unsere Abmachung bezüglich des "arabischen" Briefs kannte, hätte die Freilassung der Geisseln nicht bewilligen sollen. Die Dienstleistungen und die Gastfreundschaft des Consuls Rossoni und seiner Familie kann ich nicht genug anerkennen. Ebenso haben auch Herr von Goyzueta, der italienische Consul in Tripolis, und seine liebenswürdige Gattin trotz der tiefen Trauer, in welche ihre Familie versetzt wurde, nicht aufgehört, das Fortschreiten der Expedition mit grösster Sorgsamkeit zu überwachen, wie überhaupt alle Beamte des italienischen Consulats in Tripolis es sich angelegen sein liessen, die Expedition soviel wie möglich zu fördern.

Und wenn ich hier zugleich noch Gelegenheit nehme, meinen Dank öffentlich unserm deutschen Consul, Herrn Ferro in Malta, auszusprechen, der so manchem deutschen Reisenden - ich erinnere nur an Maltzan, Nachtigal, von Bary u. s. w. - beigestanden, und hervorhebe, wie Graf Hatzfeldt in Konstantinopel durch seine energische Unterstützung den Abgang nach Kufra ermöglichte, so glaube ich dadurch nicht wett zu sein, sondern nur meinen Gefühlen Ausdruck zu geben.

Der Vorstand der Afrikanischen Gesellschaft aber hat durch Organisation der Expedition und Bewilligung der Gelder es ermöglicht, dass, wenn auch nicht das vorgesetzte Ziel der Expedition erreicht ward, so doch die Erforschung der Libyschen Wüste mit der Exploration der Oase Kufra als abgeschlossen betrachtet werden kann.

Nur von Ali Kemali Pascha war keine Genugthuung zu erlangen. Er, der officiell, wie aus dem Contract hervorgeht, für die beiderseitige Ausführung desselben garantirt hatte, verschanzte sich jetzt hinter Mittellosigkeit, weshalb nichts anderes übrig blieb, als die Hülfe der deutschen Regierung in Anspruch zu nehmen.

Dieselbe hat auch nicht auf sich warten lassen. Seine Durchlaucht der deutsche Reichskanzler erwirkte, nachdem er sich von mir einen mündlichen Vortrag über die Expedition und die Katastrophe von Kufra hatte halten lassen, einen sofortigen Ersatz von der türkischen Regierung, welcher der Afrikanischen Gesellschaft in der Summe von 16000 Mark übermittelt wurde.

Fußnoten

[1] Ein Elefant kann 2500 kg tragen, aber gewöhnlich belastet man ihn nur mit 400 kg. Die Belgier gaben ihren Thieren 500 kg zu tragen, was angesichts der schlechten Ernährungsverhältnisse wol zu viel sein dürfte.

[2] Finden die Elefanten in der heissen Zone nicht täglich Wasser zum Bespritzen, so leiden sie, und dies allein dürfte vielleicht den Verlust der drei belgischen Elefanten erklären helfen; vgl. Brehm's "Thierleben", III, 469 fg.

[3] Die belgische Expedition wendet jetzt mit Erfolg Esel zum Transport an.

[4] "La question africaine", par le Dr. Dutriene (Bruxelles 1880), s. 10.

[5] Wenn von Thalern die Rede ist, so sind damit immer die österreichischen Maria-Theresienthaler gemeint, die den Werth von 4 Mark oder 5 Frc. haben.

[6] Im Jahre 1865 wurde mir vom Sultan Adul Asis die Bei-Würde verliehen: eine hohe Auszeichnung im türkischen Reiche, wenn sie vom Sultan selber ausgeht. "Bei" bedeutet eigentlich Fürst und entspricht dem Worte Beg. Wird der Titel, wie das häufig vorkommt, von Statthaltern, z. B. vom Vali von Tripolis verliehen, so hat derselbe in der Türkei keinen berechtigenden Werth.

[7] Entspricht dem 3. November 1878.

[8] Alle arabischen, türkischen und persischen Schriftstücke tragen am Kopfe irgendein geheimnissvolles Zeichen, meistens einen Buchstaben, über dessen Bedeutung die meisten Schreiber selbst keine

Auskunft geben können. Der Gebrauch, irgendeine Ecke an einem Schriftstück, meist oben rechts, abzuschneiden, soll Glück bringen. Oft aber tragen die Briefe Zeichen, wodurch man den Adressaten benachrichtigt, das Gegentheil von dem zu thun, worum er brieflich angegangen wird.

[9] Ganz abgesehen von den Massebegleitungen, worunter z. B. einige mit 100 Bewaffneten, andere sogar mit mehrern Tausenden den Zug wie einen Eroberungszug mit unternehmen wollten.

[10] Genab heist eigentlich "Seite" ein sehr beliebter Ausdruck der Araber in der Rede und in Briefen; man kann es mit "theuerster Freund" übersetzen.

[11] Bei fast allen Völkern in Afrika ist der Deutsche und Deutschland selbst unter dem Namen "Boruss, Borussia" eingebürgert. "Nemsa" ist Oesterreich.

[12] Da der Originalbrief nebst Uebersetzung von den Suya vernichtet worden ist, kann ich aus dieser abschriftlichen Uebersetzung das Datum nicht herausfinden, Der Brief wird wol im October 1878 verfasst sein.

[13] In Centralafrika sind die langweiligen Palaver ebenfalls zeitraubend genug, und ehe ich in Bengasi meinen Contract mit dem Suya zu Stande brachte, wurden mindestens ein Dutzend stundenlange Sitzungen gehalten.

[14] Es ist mir leider nicht mehr möglich, genau die Provenienz der Instrumente anzugeben, da diesbezügliche Noten verloren gegangen sind.

[15] Gilen, d. h. die heisseste Zeit des Tags mit Zeltmachen verbringen

[16] Die Weinsteinsäure ist bedeutend billiger als

Citronensäure, erfüllt aber ebenso gut denselben Zweck wie diese.

[17] Erst kürzlich brachte eine französische Zeitung, deren Inhalt im "Bremer Courier" abgedruckt war, wieder die Nachricht - ich sass schon seit Wochen ruhig in Weimar -: "Der Afrikareisende G. Rohlfs durchreist augenblicklich Tunesien, um für die italienische Regierung die Annectirung der Regentschaft zu betreiben." Und 1870, als ich während des deutsch-französischen Kriegs mit Henri Duveyrier in Schlesien ein Glas Bier trank, wurde im selben Augenblicke der Afrikareisende Junker in Batna ins Gefängniss geworfen, weil die Franzosen sich in den Kopf gesetzt hatten, ich revolutionäre ihre Colonie. Es sollte mich gar nicht wundern, wenn die französischen Zeitungen mich in nächster Zeit wieder nach einer andern Gegend expediren, während ich ruhig in Deutschland sitze und meine Erlebnisse zu Papier bringe.

[18] Man sollte der Südhälfte des Atlantischen Oceans, d. h. dem Theil desselben, welcher südlich von einer Linie liegt, die man sich gezogen denkt zwischen Cap Palmas und Cap San-Roque, einen andern Namen geben.

[19] Bei uns jetzt allerdings nicht mehr, und doch ist man von dieser Anschauung in einigen Ländern nicht weit entfernt, wo Arbeit am Sonntag überhaupt für Sünde gilt. Warum so extrem? Warum will man einem armen Mann verbieten, Sonntags durch stille würdige Arbeit einen Pfennig extra zu verdienen? Wollte man consequent sein, müsste man auch Sonntags das Predigen, das Messecelebriren verbieten, denn im Grunde genommen ist das auch arbeiten.

Das Arbeiten hat noch nie die Leute schlecht gemacht, nur Müssiggang ist aller Laster Anfang. Auf
einem müssigen unbearbeiteten Acker wächst trotz
alledem etwas, nämlich Unkraut.

[20] Bollettino consolare italiano, Vol. XII, fascicolo 4.

[21] Herein kamen 1141, aus liefen 1094, davon behaupteten ebenfalls die Italiener den zweiten Rang
mit 230 und 229 Schiffen. Auch ein deutsches Schiff
kam 1875 und lief aus.

[22] Bollettino consolare italiano,- Vol. XII, p. IV.

[23] Fenaduk ist Plural von Funduk, Waarenhaus,
auch Wirthshaus.

[24] Vgl. Rohlfs: "Von Tripolis nach Alexandrien"
(1871), S. 88.

[25] "L'Afrique explorée et eivilisée, journal mensuel,
par MM. G. Magnie et Ch. Faure" (Genève, Jules
Sandoz) 1, 235: L'élevage des autruches au Cap et en
Algérie.

[26] Siehe aueh Brehm's "Thierleben", VI, 192.

[27] Vgl. Barth, "Wanderungen durch die Küstenlän-
der des Mittelmeers", S. 310.

[28] Vgl. Berlioux, "Les anciennes explorations"
(Lyon 1879).

[29] Ich setze hier absichtlich die wörtliche Uebersetzung des Ausdrucks "iaklu": aufessen oder auffres-
sen, weil derselbe bei neuern Reisenden die Veranlassung gewesen ist, Stämme der Mensehenfresserei
zu bezichtigen, die nie daran gedacht haben. "Wir
wollen den und den Stamm aufessen" ist eine bei
allen afrikanischen Völkern übliche Redensart.

[30] Barth, I, 79: "Durch alle diese Constructionen ist
vollkommen erwiesen, dass diese Bauten nicht zu
Eingängen oder Portalen bestimmt sein konnten;

denn der Raum zwischen den aufrechten Steinen ist so eng, dass nur der schlankeste Mensch sich eben hindurchpressen könnte."

[31] Da es sich - um eine während des russisch-türkischen Kriegs oft genannte Persönlichkeit handelt, welche einer Palastintrigue zum Opfer fiel - denn die Ernennung Mahmud Damadh's zum Generalgouverneur von Tripolitanien war thatsächlich eine Verbannung -, so glaube ich nicht unterlassen zu dürfen, was die Herren Fanton und Schweiger-Lerchenfeld in ihrem Buche ("Serail und Hohe Pforte", Wien 1879, S. 814) über ihn sagen, mitzutheilen, ohne indess für die Richtigkeit einstehen zu wollen. Mahmud Damadh, der unserer Expedition nur nützlich war, desertirte Ende 1879 von seinem Posten als Generalgouverneur und befindet sieh jetzt auf einer der kleinen Inseln, da er nach Stambul vorläufig nicht zurüekkehren darf. Die Herren Fanton und Schweiger-Lerchenfeld charakterisiren ihn S. 324 so: "Damadh Mahmud Pascha .... Wir kommen nun auf eine Persönlichkeit zu sprechen, die mit den Miserfolgen im letzten russisch-türkischen Kriege eng verflochten ist, d. h. welche dieselben unmittelbar verschuldet hatte. Es ist dies der Schwager des Sultans Abdul Hamid, Gatte der Prinzessin Dschemile, deren Mutter auch die des actuellen Padischah war. Mahmud's Vater bekleidete unter Abdul Medschid die Stelle eines Zeughaus- und Artilleriedirectors, war aber im übrigen nur seiner Vorliebe zu geistigen Getränken halber ein Liebling Abdul Medschid's, nicht etwa auf Grund besonderer Kenntnisse oder Eigenschaften.... Wenn das Sprichwort gilt, dass der Apfel nicht weit vom Stamme falle, dann ist es jedenfalls

auf Mahmud Damadh Pascha, auch Mahmud Dschellaleddin genannt, anwendbar. Damadh Mahmud bekleidete wiederholt Staatsposten, und zwar dreimal den eines Handelsministers, zweimal unter den beiden Grossveziraten Mahmud Nedim's und das dritte mal unter der Regierung Murad's V. Er hat hinsichtlich dieser Amtsthätigkeit schlimme Erinnerungen zurückgelassen, Erinnerungen, die sich auf eine unglaubliche Unfähigkeit beziehen. Grenzenlose Beschränktheit, grobe Unwissenheit bei stark ausgeprägtem Selbstbewusstsein und lächerliche Eitelkeit sind denn auch die Eigenschaften, welche verhängnissvoll genug innerhalb jener Zeit zur Geltung kommen sollten, da der Schwager des Sultans ein eigenmächtiges, unankämpfbares Regiment führte.

Was dieses Regiment zu bedeuten hatte, das empfanden zunächst die verschiedenen ottomanischen Heerführer. Es ist nie vorgekommen, dass einer derselben nach seinen Intentionen hätte handeln dürfen. So oft es sich um eine Bewegung, um eine Massnahme, ja auch nur um eine Idee handelte, trat Damadh Mahmud mit seiner Weisheit dazwischen und meinte, das sei nicht so, sondern anders; dieser oder jener General - Suleyraan, oder Mehemed-Aali, oder Osman - dünke sich als unfehlbarer Stratege, als grosser Taktiker, und doch wisse er (Mahmud) besser, wie die Sachen aufzufassen seien. Erwiesen sich die Generale widerspruchsvoll oder vollends unwillig, da beeilte sich Mahmud, seinen kaiserlichen Schwager aufzusuchen und von ihm ein Irade zu erwirken, der jederzeit eine Ordre enthielt, welche den Vorschlägen der Heerführer diametral entgegenlief."

In diesem Tone geht es über Damadh Mahmud weiter, dem von Herrn Fanton (dieser machte den ganzen Feldzug mit, er war früher Hauslehrer in der kaiserlichen Familie) der Name "Vice-Sultan" beigelegt wurde und der nach ihm sogar im Harem des Sultans grossen Einfluss gehabt haben soll. Damadh Mahmud, welcher Marschall des Reichs, Grossmeister des Artillerie- und des Festungswesens, sowie Präsident des Kriegsrathes war, hatte in der That lange Zeit die oberste Leitung aller Angelegenheiten des türkischen Reichs in seinen Händen. Wie unangenehm musste es daher diesem "Satrap" sein, nach einer Provinz verbannt zu werden, die nichts bot. Er, "der nur in die Hände zu klatschen brauchte, und auf schweren Silberplateaux dampften die köstlichsten Gerichte zur Thür herein, und die hohen Karaffen füllte das edelste Nass Frankreichs und des Rheins". Da war er nun in Tripolis und ritt, wie meine Frau mir schrieb, Visite bei den Consuln, und, wie di e losen Zungen der Tripolitaner hinzufügten, mussten einige Strassen erweitert werden, da er seinen Schmerbauch nicht hindurchschieben konnte. Lange litt es ihn nicht im einsamen Oea.

[32] Der Sufedjin entspringt auf den südlichen Abhängen der Sintanberge und, westlich verlaufend, ergiesst er sich südlich von Mesrata in die grosse Syrte. Die Länge seines Laufs ist wie die der Elbe.

[33] Edris Efendi ist Dr. Nachtigal.

[34] Hier die Namen der Ortschaften, deren Lage ich leider nicht mehr anzugeben vermag, da die hierauf bezüglichen Papiere mit verloren gingen:

Sbedet, Nora, Nemsadia, Sahu, Fuga, Getascha, Djemamla, Sikkeba, Dueira, Menesla, Seahu, Sbeah,

Chosim, Slefa, Sba, Ssadet, el Hellema, el Hossena, el Goeida, el Sserara, el Türba, el Auassa, Tlummat, uled Si Sliten, Monassir, uled Bu Ras, el Agib, el Mrharba, Sehu, Komat, Lisahaga, Ssiadat, el Lutofa, el Braghta, Futman, Schemamla. Interessant ist der Name Monassir, welcher häufig unter arabischen Städte- oder Ortsnamen vorkommt und stets auf ein altes christliches monasterium zurückzuführen ist.

[35] In den Mittheilungen der Afrikanischen Gesellschaft, 2. Jahrg., S. 40, hat sich offenbar ein Irrthum eingeschlichen, denn der von mir gemessene Brunnen war 40 m tief; wir mussten zum Heraufwinden des Wassers eigene Taue anschaffen.

[36] Dr. Nachtigal.

[37] Da vielfach an der Wahrhaftigkeit des Mitgetheilten gezweifelt worden ist, so erlaube ich mir hier aus Professor Carl's "Die elektrischen Naturkräfte" (München, 1871, S. 95) einige ähnliche Beispiele anzuführen.

Am 14. Januar 1824 bemerkte Maxadorff auf einem Felde nahe bei Köthen, dass auf einem mit Stroh beladenen Wagen, welcher unter einer grossen schwarzen Wolke stand, die Spitzen der Strohhalme sich aufrichteten und mit einem Lichtschimmer umgehen waren, selbst die Peitsche des Fuhrmanns strahlte in lebhaftem Lichte. Die Erscheinung verschwand, sobald der Wind die Gewitterwolke hinweggeführt hatte; sie hatte etwa zehn Minuten gedauert.

Am 8. Mai 1831 gingen auf der Terrasse des Forts Bab-Azoun in Algier Offiziere während eines Gewitters spazieren. Jeder bemerkte, als er seinen Nachbar beobachtete, dass sich dessen Haare sträubten und einen hellen Lichtschimmer ausstrahlten. Als sie die

Hände erhoben, bildeten sich an den Fingern Lichtbüschel.

Im Jahre 1855 liess sich ein Reiter auf einem Kahne mit seinem Pferde bei Aschaffenburg über den Fluss setzen und beobachtete dabei ein Leuchten der Mähne und der Ohrenspitzen seines Pferdes sowie der Spitze seiner Reitpeitsche.

[38] Das Wort Djef-Djef, im Arabischen geschrieben, lässt sich in der Aussprache mit deutschen Lautzeichen nicht genau wiedergeben, weil es ganz so gesprochen wird, alg ob die Franzosen gefgef schreiben wollten. Das entspricht zwar nicht genau dem arabischen; es dürfte das Wort aber auch nicht arabisch, sondern berberisch sein.

[39] Plinius, V, 6.

[40] Siehe auch "Zeitschrift für Erdkunde", 1889, S. 139: Die Oase Djofra.

[41] Sokna selbst 268 m, Djebel Filgi 453 m, Hon 212 m, Uadan 210 m, Garat Tschausch 420 m, Djebel Ferdjan 301 m, Ain Hammam 332 m.

[42] Duveyrier, S. 79.

[43] Petermann's "Mittheilungen", 1855, S. 250 in der Fussnote.

[44] Der Name Bu-Dabus - so sprechen Europäer und Araber ihn aus - kommt vom arabischen Wort "Dharba, Schlag" her. Bu-Dharba also: Vater des Schlags. Schlag ist ja in dem Sinne einer Ohnmacht auch bei uns gebräuchlich.

[45] "Ausland", 1880, S. 19.

[46] Die Schafe haben in Djofra noch Wolle, während sie diese in den südlichen Oasen verlieren oder gegen das kühlere Haar vertauschen.

[47] Das Verzeichniss der Stämme ist leider mit zerstört worden.

[48] Auch hier fehlen mir leider die Zahlenangaben.

[49] 1 Piaster hat 19 Pfennige Werth.

[50] Mit Ausnahme der Sansibaren, welche, irre ich nicht, Hanbalisten sind.

[51] Vogel gibt für Sokna 2500, Lyon 2000, Denham über 3000 und Nachtigal gegen 3000 Seelen an.

[52] Auction.

[53] c d es, d c es, d c es, d c e-s, c d es, c d es, c d es.

[54] Meine completen Vocabularien und eine Grammatik sind leider verloren gegangen.

[55] Jerusalem.

[56] Solche Schnellläufer legen unglaublich grosse Entfernungen in kürzester Zeit zurück, wenigstens 100 km innerhalb 24 Stunden. Schich Urida machte den Hin- und Rückweg von Sella nach Sokna in 31/2 Tagen. Hätten wir nicht später mit dem Suya auch solche Parforcetouren gemacht, würde ich immer noch an einer solchen Leistung zweifeln und trotz seiner brieflichen Bescheinigung nicht darauf schwören, dass Schich Urida in Sokna gewesen sei.

[57] Ergänzungsband II, 75.

[58] Nach Moritz von Beurmann.

[59] Ergänzungsheft II, 90.

[60] Sqair soll sserhir, klein, heissen.

[61] Rhadir ist Cisterne.

[62] Einsenkung, in der nach Regenjahren geackert zu werden pflegt.

[63] Die Marabutin oder Heiligen haben meistens bunte Flaggen und Fahnen, oft zweifarbig und dreifarbig, auf ihren Gräbern; alle Farben sind dabei vertreten. Die Eingeborenen pflegen in ihrer Sprachwei-

se die Person an die Stelle der Decoration oder umgekehrt zu setzen.

[64] Das Wort Uah findet sieh überall in der Libyschen Wüste wieder. Si-uah, Uah-dan und die Oasen
Uau hängen etymologisch auch wol mit Uah zusammen. Nach Brugsch ist Uah das ägyptische Wort
für Oase.

[65] Ssabri Pascha, bei meiner Ankunft Generalgouverneur von Tripolitanien, wurde später nach Konstantinopel berufen, um dort einen hohen finanziel-
len Posten einzunehmen. Seine Allgemeinbildung
muss entschieden als eine gute bezeichnet werden,
und auch seine geographischen Kenntnisse gingen
weit über das Durchschnittsmaass seiner vornehmsten Landsleute hinaus. Das Gegenstück von ihm
war Ali Kemali Pascha, Generalgouverneur von Cyrenaïka. Er war so naiv in seinen Anschauungen,
dass er glaubte, Uadaï, Bornu und alle andern nordcentralafrikanischen Länder seien Provinzen des Reiches der Osmanli. Auch von seiner eigenen Provinz
hatte er nur so viele Kenntniss gewonnen, als ihm
seine Fahrten durchs Land, um Geld einzutreiben,
verschaffen konnten. Dass er, der hohe türkische Beamte, im übrigen noch ganz auf vorsündflutlichem
Standpunkte sich befand, wenn das Gespräch auf
Kosmologie kam - und er liebte dies Thema vorzugsweise -, bedarf kaum der Bestätigung.

[66] Bewohner von Djalo.

[67] In der östlichen Wüste heissen jetzt die Männer
ebenso häufig Snussi, wie Mohammed oder Abdallah, oder sie fügen doch den Namen Snussi ihrem
andern Namen bei.

[68] Modjabra heissen die Bewohner von Djalo.

360

[69] Hammed Efendi war früher Händler mit Baumwolltaschentüchern in Konstantinopel gewesen; wie er zu diesem Posten gekommen, kann ich nicht angeben.

[70] Die Djemma heissen: Djemma Deana mit 500 Palmen; Djemma Ben Djemil; Djemma Seragna mit vielen Palmen; Djemma Ruman; Djemma Segagna mit vielen Palmen; Djemma Sarug mit vielen Palmen; Djemma ben Mischkani ohne Palmen; Sauya mit vielen Palmen; Sauya Snussi mit acht Palmen; Djemma Sebuch mit vielen Palmen; Djemma Sidi Said mit vielen Palmen; Djemma el Fadhil mit vielen Palmen; Djemma el Megrissa mit vielen Palmen. Mehr als die Hälfte aller Palmen in Händen der Kirch!

[71] Leider auch alles zerstört worden.

[72] Interessiren dürften folgende Eigennamen, die ich einem an meine Frau gerichteten Briefe entnehme, a. Männernamen: Huda, Borku, Hallus, Bakir, el Hadali, Bota, Hummo, Yakoah, Müftah (letzterer, ein allgemeiner Name in Tripolitanien, bedeutet "Schlüssel"), Bu-Schnaf. b. Frauennamen: Saluma, Mariam, Mama, Ssalha, Alia, Mim, Sessia, Sselma, Boka, Kamela, Ifalima, Gelida.

[73] In Beziehung auf die Farbenbenennungen erinnere ich nur, dass sowol Soknenser wie Audjilenser "roth" und "schön" als identische Worte brauchen.

[74] Afrikanischen Gesellschaft, I, 123.

[75] Die von Herrn Hann berechnete Höhe hat also auch nur relativen Werth.

[76] Die Suya sind abhängig von der Pforte, da sie derselben Tribut zahlen, und sind zum Theil in Schchörre sesshaft, nur die in Kufra wonnenden sind

unabhängig. Stecker konnte das damals nicht wissen, da er seine Erkundigungen aus türkischen Kreisen erhielt, welche, je nachdem es passt, Kufra und Uadaï bald für türkisch, bald für unabhängig erklären.

[77] Die beiden wundervollen Spinnen, ein Männchen und ein Weibchen, die ich in Audjila nachts einfing, von der Grösse der Buschspinne, sind leider, da ich sie mit nach Kufra nahm, vernichtet worden. Die Mauerwespen nebst Larven u. s. w. befinden sich in Berlin.

[78] Chuan, Brüder, Mitglieder des Ordens.

[79] Wie der türkische Polizeidirector sich Geld zu verschaffen wusste, erhellt am besten aus Folgendem. Eines Tages trat in Kufra ein Araber auf mich zu mit den Worten: "Ich musste für dich in Bengasi im Gefängniss sitzen und 5 Thaler zahlen." - Ich fragte ganz erstaunt: "Aber weshalb und wie so?" - "Der Polizeidirector hatte erfahren, du wollest nach Kufra reisen, und sagte, deine Sicherheit erheische, dass ich eingesperrt würde, und ich kam erst frei, nachdem ich 5 Thaler gezahlt." Zum Glück war der Mann überzeugt, dass ich nicht bei dieser Ungerechtigkeit betheiligt sei, und da man mich schon ausgeplündert hatte, verlangte er nicht einmal seine 5 Thaler zurück.

[80] Choms nennt man die, welche nicht den Riten der Hanbalisten, Schaffeïsten, Hannefiten und Malekiten angehören, den vier erlaubten oder orthodoxen Riten. Choms kommt von chamis her, d. h. fünf.

[81] Derzeitiger Schich der Schuager ist Essadi ben Hassan ben Miftah.

[82] Schich der Sdeïdi und zugleich der Gaderroha ist Abd el Krim Bu Halleg.

[83] Ihr Schich, zugleich Schich der Ameira, heisst Djib Allah el Abid.

[84] Der Schich heisst Dienab Bu Sekran.

[85] Ihr Schich heisst Krim Bu Abd er Rba und war unser Lebensretter.

[86] Ihr Schich heisst Abd el Krim Bu Haleg, er war Geisel.

[87] Der Schich Bu Bekr Bu Guetin verrieth und überfiel uns.

[88] Ihr Schich Fkrim Bu Mrhaïb war Geisel in Bengasi.

[89] Ihr Schich Mohammed ben Brahim el Rhadai el Alhueseh war ebenfalls Geisel.

[90] Regeb oder Redjeb oder Redscheb ist arabische Zeitrechnung, welche mit der persischen um ein Jahr differirt. Haziram ist persischer Monat, welcher bei feierlichen Gelegenheiten von den Türken angewandt wird.

[91] Was aber keineswegs der Fall ist, denn sowol die Regierung von Kufra, d. h. die Snussi, wie die Besitzer des Bodens, die Suya, protestiren gegen diese Annahme. Die Türken sind nie in Kufra gewesen und erhalten daher keinen Para Abgabe.

[92] Usen heisst das Gewicht, Usenet ist Plural.

[93] Someta ist eins der vorzüglichsten Nahrungsmittel auf Reisen. Die Someta besteht aus über dem Feuer gerösteter Gerste, welche nachher zu Mehl vermählen und sodann mit Salz und Pfeffer vermischt wird. Man braucht dann dem Wasser nur etwas Fett zuzumischen, um gleich ein nahrhaftes und leicht verdauliches Essen zu erhalten.

[94] Petermann's Mittheilungen, II. Ergänzungsband.

[95] Les anciennes explorations etc. (Lyon 1879).

[96] S. 143 seines deutschen Reisewerke.

[97] Eigentlich heisst der Falke auf arabisch "thir el horr", welcher Name übrigens den Suya auch geläufig war.

[98] Kommt auch in Kebabo vor, siehe darüber die beigegebene Abhandlung von Peters.

[99] Der von Behm in "Das Land und Volk der Tebu", S. 51, angeführte Schehaymah war eine den Suya wohlbekannte Persönlichkeit; ein gewisser Reis Ali, ein Suya, bekannt als einer der besten Führer, wollte sein Schüler sein. - Wenn es S. 51 dort heisst: "Von el Deemy ging Schehaymah 6 Tagereisen nordnordwestlich zum Djebel en Nari, wo er nur eine sehr kleine Menge Regenwasser in einem natürlichen, am Fusse des Berges gelegenen Reservoir vorfand" u. s. w.; und, dann: "Einige Leute von der Karavane suchten daher gegen Osten nach Wasser und kamen nach einem drei- bis vierstündigen Manch durch Sand zu einer unbewohnten Oase, wo es ein wenig Wasser gab. Wie es scheint, wurden sie zu dieser Richtung durch die Spuren eines alten Wegs veranlasst, der von Oberägypten hierher führte. - Nachdem der grösste Theil der Sklaven und Kamele vor Durst umgekommen war, beschloss man, die Richtung nach der Oase Kufarah in Nordwest einzuschlagen und erreichte sie in fünf Tagereisen über eine vollkommen sterile Wüste" - dann kann die Djebel Nari nur das Gebirge sein, welches nordwestlich von Kebabo sich befindet und Djebel Neri heisst, und die Karavane kam dann von da wahrscheinlich nach Hauari und später nach Taiserbo, welches wol zuerst den Hauptnamen Kufra führte. Dass Taiserbo Herrschersitz der ganzen Oase war, also ursprünglich allein

Kufra hiess, geht nicht nur aus den Aussagen der Suya hervor, sondern wird bestätigt durch die Ruinen von zwei Gasr, welchen ein dritter, den wir aber nicht gesehen haben, im Osten von Taiserbo, Keseba genannt, noch beizugesellen wäre. Die Verweschelung der Himmelsrichtung bei Schehaymah's Marsch ändert nichts an der Sache.

[100] Klosterbrüder.

[101] Chuan, Klosterbrüder.

[102] History of the recent discoveries at Cyrene etc. (London 1846.)

[103] Siehe Edrisii Africa, cur. Bartmann, S. 495.

[104] Choms, von chamis, fünf, weil alle die die Fünften heissen, welche nicht einer der vier orthodoxen Sekten angehören.

[105] Chuan, Klosterbrüder.

[106] Mustafa Bei, willkommen, willkommen, du bist im Schutze Gottes, dein Besuch bringt Segen.

[107] D. h. vom Schloss abgenommen, also schussbereit.

[108] Die Djeluled haben im südlichen Kebabo keine Besitzungen, sondern nur in Hauari und Taiserbo.

[109] Name des Stammes unsers Schich Krim Bu Abd el Rha.

[110] Sidi Abd er Rahim ist ein gelehrter Mann, und Sidi el Madhi gewiss ebenfalls. Ersterer, der eine gute Bücherei besass, kannte alle arabischen Geographen und hatte auch Kenntnisse von der übrigen arabischen Literatur.

[111] Schangermanger ist jene eigenthümliche eiserne Wurfwaffe, die den Tebu wie auch verschiedenen Tuareg national ist. In Aegypten heisst sie Trombadj. Diese Waffe wird oft mit dem Bumerang verglichen,

von dem man fabelt, er käme, geworfen, nachdem er eine Parabole beschrieben, zum Werfer zurück.

[112] Schleier.

[113] Grosses Sudanhemd.

[114] Iudjani gelbi.

[115] Mektub Allah.

[116] Mehabba.

[117] "Ia" ist so viel wie "o", es ist der Vocativ.

[118] In Kufra besitzen sie etwa 300000 Palmen und nehmen an Geschenken und Abgaben blos in dieser Oase mindestens 20000 Thlr. ein, wenigstens in den letzten Jahren, wo so viele und grosse Karavanen durchzogen.

[119] Hier log der fromme Mann offenkundig.

[120] "Auds bi Allah men es Schitan arrahim", eine beliebte Phrase.

[121] Ma scha Allah kan, u ma lam ischa lam ikun.

[122] "Harem", Ausdruck, der officiell für die heiligen Städte gebraucht wird, und damit wollte er wol andeuten, dass die Sauyat der Snussi auch "harem", d. h. verboten für Andersgläubige seien.

[123] "Allah istalik", "Gott öffne dir!" man versteht dabei das Paradies oder, da die Christen nicht direct ins Paradies kommen können, die Thore des Islam.

[124] Hier log der fromme Mann wieder, denn erst am Morgen hatte die Modjabra-Karavane die reichsten Geschenke in der Sauya abgegeben, wofür sie den Segen erhielt.

[125] "Nharek mabruk." Man sagt zu den Ungläubigen nicht den bekannten Gruss der Gläubigen: "essalamu alikum", und erwidert auch nicht mit "alikum ssalam". Den Christen pflegen sie irgendeine andere Begrüssung, z. B. "mögest du gesund sein, Gott helfe

dir!" zuzurufen, während der Christ "Gott grüss dich!" sagen darf.

[126] Schuari sind zwei grosse, in der Mitte durch Geflecht verbundene Körbe, die man dem Esel überlegt.

[127] "El Istat" bedeutet soviel als Heiligkeit, Eminenz, also Sauya Seiner Heiligkeit.

[128] Schule.

[129] Um Wasserschläuche zu gewinnen, darf das Fell nicht aufgeschnitten, sondern muss dem Thiere ganz abgezogen werden.

[130] Für gewöhnlich tragen die Suya ihre Gewehre derart, dass das Schloss mit einem Lederfutteral umwickelt ist; hängt letzteres herab, so fürchten sie, angegriffen zu werden oder wollen selbst angreifen.

[131] Dieser Brief, den ich unter den Drohungen Sidi Agil's in seiner Gegenwart arabisch verfassen musste, lautete übersetzt:

"Gruss von Mustafa Bei. Die Suya lassen mich nicht in italienischer Sprache schreiben. Sie bedrohen mich mit dem Tode, wenn der Pascha nicht ihre von ihm gefangen gehaltenen Schiuch aus dem Gefängniss befreit. Ich bin ihr Gefangener und darf weder nach Norden noch nach Süden gehen. Ich ersuche Euch daher, mit den andern Consuln zum Pascha zu gehen und die sofortige Freilassung der Schiuch zu erwirken. Wenn dieselbe auf diesen Brief hin nicht erfolgt, so werde ich von den Suya, in deren Gewalt ich bin, ermordet."